高品质课程的
意蕴与方法

提升学校课程品质 108 条

杨四耕 著

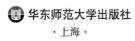
华东师范大学出版社
·上海·

图书在版编目（CIP）数据

高品质课程的意蕴与方法：提升学校课程品质108条／杨四耕著. -- 上海：华东师范大学出版社，2025.
ISBN 978 - 7 - 5760 - 5877 - 2

Ⅰ. G632.3

中国国家版本馆 CIP 数据核字第 2025JY7317 号

高品质课程的意蕴与方法——提升学校课程品质 108 条

著　　者　杨四耕
责任编辑　刘　佳
特约审读　陈成江
责任校对　王丽平　时东明
装帧设计　刘怡霖

出版发行　华东师范大学出版社
社　　址　上海市中山北路 3663 号　邮编 200062
网　　址　www.ecnupress.com.cn
电　　话　021 - 60821666　行政传真 021 - 62572105
客服电话　021 - 62865537　门市（邮购）电话 021 - 62869887
地　　址　上海市中山北路 3663 号华东师范大学校内先锋路口
网　　店　http://hdsdcbs.tmall.com

印 刷 者　常熟市文化印刷有限公司
开　　本　787 毫米×1092 毫米　1/16
印　　张　18.5
字　　数　270 千字
版　　次　2025 年 8 月第 1 版
印　　次　2025 年 8 月第 1 次
书　　号　ISBN 978 - 7 - 5760 - 5877 - 2
定　　价　62.00 元

出 版 人　王　焰

目　　录

> 课程是价值立场，是情境慎思，是理念转化，是目标聚焦，是学习选择，是内容联结，是新意摄入，是具身参与，是彼此观照，是特色凝聚，是个性生长，是逻辑建构，是诠释对话，是扎根研究，是协同共进，是生成过程，是内在自觉，是技术赋能……一句话，课程是充满意蕴的文化符号和行动框架。

第二章　学校课程深度变革的18条建议 / 75

学校课程深度变革有五条很重要的原理，我们谓之"首要课程原理"：一是聚焦学习原理，围绕学生，聚焦学习，增强学力；二是情境慎思原理，从学校实际出发，理清学校的课程发展历史与现状；三是文化融入原理，形成学校课程哲学，并将课程哲学融入学校体系；四是目标导向原理，确定学校课程目标，建构学校课程体系；五是扎根过程原理，多途径、多主体、多方式推进课程实施、评价与管理。课程建设这样来做，就会实实在在，收获不一样的精彩。

第三章　学校整体课程规划 18 问

研制学校整体课程规划有一把钥匙，那就是必须深刻理解课程概念。每一种课程概念的理解都是特定条件的产物，都有自己的认识论立场，都有自己的方法论取向，都有自己的范围所指，都有自己的实践视点。课程是一个需要不断探讨的概念，学校整体课程规划是一个需要"照着说"的话题，更是一个需要"接着说"和"展开说"的课题。

第四章　学校课程实施的 18 种方式 / 155

实践，课程最美的语言。学校课程实施方式其实是孩子们与世界打交道的方式。活跃学校课程实施必须让所有教师都动起来，跑起来，聪明才智蹦出来，多问几个为什么，多想几个怎么办，多试几个怎么做；扎根过程，让所有的信息流动起来，让所有的渠道畅通起来，让所有的脑细胞活跃起来，学校课程变革图景一定是美妙绝伦的。

　　从发展趋势看，学校课程评价强调评价的情境性、真实性以及过程性，重视学生解决问题的过程，重视采用灵活多样的评价方法调动师生参与课程评价的积极性。课程评价的发展历程彰显了不同历史时期的不同价值取向，学校课程评价对象从学生个体拓宽到了课程的方方面面，评价主体从行政管理者或专家团队拓展到了包括教师、学生以及其他课程利益相关者，课程评价的方式方法也越来越丰富。

第六章　学校课程管理的 18 个智慧 / 225

好的课程管理能想办法把要做的事情和有关的人配合起来，把要完成的任务交给每一个岗位和具体的人。管理最重要的功能就在于造就人、培育人，实现人的价值提升。我们要从学校长远发展的角度，在课程变革实践中锻炼人、发展人，让每一位教师都成为课程高手。

总论
学校课程的人学逻辑与实践意蕴

人学是面向个体和世界的学问，它关注人的心灵世界，追寻生命的意义。人学把人作为整体来考察，把人的发展作为整体来关注，以研究人为出发点，以成全人为落脚点，把美好人生作为学术追求。教育学的深处就是人学。人学对人的个性的尊重、对人的全面发展的重视、对人的主体性的弘扬，为学校课程变革提供了极富启发意义的理论视角。

课程是什么？有许许多多的答案：课程是教学内容，课程是学科门类，课程是学习经验，课程是发展资源，课程是社会改造，等等。丛立新教授指出：课程定义具有多样性、稳定性和变异性，课程是一个需要不断探索、使之逐渐接近完美的概念。① 哲学地说，课程是物质与精神结合、客观与主观统一、静态与动态平衡的复杂存在。课程为了谁？为了人，成全人，提升人，人是课程存在的全部价值，一切的课程和课程的一切都是为了人。可以说，人学立场是教育的核心立场，人学逻辑是课程的核心逻辑。学校课程的人学逻辑意味着：人是课程的终极目的，课程是人的生成方式。笔者以马克思主义人学立场为基点，探讨学校课程的人学逻辑，揭示以人为中心的课程平衡观，进而从"现实的人"的角度看"学习实践"的课程意蕴，以期进一步确认学校课程深度变革的时代焦点。

一、课程的知识取向与人学返魅

长期以来，人们把课程视为知识，视为学科，重视"文化要素"，讲究"基本结构"，知识与学科被当作课程的中心概念。布鲁纳（Jerome Seymour Bruner）说："不论我们选教什么学科，务必使学生理解学科的基本结构。"② 不仅仅是布

① 丛立新. 课程论问题 [M]. 北京：教育科学出版社，2000：1-8.
② ［美］布鲁纳. 教育过程 [M]. 上海师范大学外国教育研究室，译. 上海：上海人民出版社，1973：4.

鲁纳，学科中心主义课程论者均秉持这样的观点：知识是课程的核心，学校课程应以学科为基础；学校教学应以分科教学为核心，以学科基本结构的掌握为目标；学科专家是课程开发的领导者，教师是课程产品的使用者。课程的真正实施者教师不见了，课程的真正受益人学生隐身了。一句话，人不在了，课程已无关人，无关真善美，由此造成了"课程离心化"倾向。①

教育的目的是解放人，学校课程理应给人以精神敞亮。现在，我们似乎忘记了这个最重要的目的，课程变成了"知识编辑"，教育变成了"知识传递"，孩子们的精气神被一点点消磨，他们从健康的儿童变成了畸形的"知识人""考试人"，最后变成了"市场人"，错误的课程"核心"意识致使教师置身于"知识贩卖"的不良境地。

中世纪，"人是万物的尺度"尚未被普遍接纳，人被视为神造物，神性被认为是至高无上的，人性因此受到压抑，课程研制局限于"古典"和"教条"。文艺复兴是人性觉醒的一个重要开端，卢梭指出："儿童是有他特有的看法、想法和感情的"，"大自然希望儿童在成人以前就要像儿童的样子"。教育的目的不是把儿童塑造成"公民"，而是培养"自然人"，培养顺应天性的"自然人"，培养"体格健壮、敏于判断"的"自然人"，使他们"既有农夫和运动家的身手，又有哲学家的头脑"。② 课程是要让儿童直接面对大自然这本书，让儿童根据自己的亲身感受和直接观察来扩展知识范围。卢梭所提出的这一极富浪漫主义色彩的人性启蒙课程思想，是学校课程人学逻辑的一个端点。

沿着卢梭的逻辑，进步主义和人本主义课程思潮相继成为课程的人学逻辑之典范。19 世纪末 20 世纪初，面对"主智主义"和"权威主义"的泛滥，进步主义教育运动之父帕克（Francis W. Parker）呼吁满足实际生活需要的实用主义教育。进步主义课程论者主张：儿童的兴趣和自由、儿童的经验和生活以及教

---

① 杨四耕. 学校课程管理的生成性过程与方法论定位——过程哲学视角［J］. 教育学术月刊，2023
　（6）：3 - 11.
② ［法］卢梭. 爱弥儿（上卷）［M］. 李平沤，译. 北京：商务印书馆，2008：91 - 362.

材的心理组织。杜威指出：教育必须从探索儿童的能量、兴趣和习惯开始。"儿童与课程仅仅是确定一个单一过程的两极。正如两点决定一条直线那样，儿童现在的观点和学科中所包含的事实与真理决定着教学。从儿童的现在经验到被我们称为学科的有组织的真理体系所表征的经验，是一个持续改造的过程。"①也就是说，儿童与课程是统一的，是持续转化的。

20世纪70年代，人本主义课程继承并发展了进步主义课程所践行的儿童中心课程观，主张以整体的人为中心，强调人的尊严、价值、创造和自我实现，学校课程组织注重一切社会生活。主要代表人物罗杰斯（Carl Ransom Rogers）指出："人的心理过程是一个统一的有机整体，这个整体的基本特征是躯体、心智、情感、精神和心理力量的融贯一体。"②突出课程的情意基础，强调课程的个人意义，注重社会问题和个人意义联系，课程组织倡导"统合"原则，这是人本主义课程观的重要特点。和学科中心主义课程强调学科的逻辑结构不同，人本主义课程强调活动本身的价值，强调有意义的学习（significant learning）。所谓有意义的学习，就是具有个人参与性质的学习，个人的认知和情感均投入到学习活动之中的学习；就是自我发起的学习，学习者由于内在的愿望主动去探索、发现和了解事件的意义的学习；就是渗透性的学习，使学习者的行为、态度、人格等发生变化的学习；就是自我评价的学习，学习者自己评估自己的学习需求、学习目标是否完成。一句话，有意义的学习结合了逻辑和直觉、理智和情感、概念和经验、观念和意义。若以这种方式来学习，便会变成统整的人。③换言之，完整的人，是教育的价值追求；人学意蕴，是课程的价值焦点。

康德指出："在全部被造物之中，人所愿欲的和他能够支配的一切东西都只

① ［美］约翰·杜威. 学校与社会·明日之学校［M］. 赵祥麟，任钟印，吴志宏，译. 北京：人民教育出版社，1994：120.

② C. R. Rogers, A Wayof Being［M］. Boston: Houghton Mifflin, 1980: 354.

③ 余虹. 罗杰斯自由学习思想的历史影响和当代价值［J］. 内蒙古师范大学学报（教育科学版），2014（3）：26-28.

能被用作手段；唯有人，以及与他一起，每一个理性的创造物，才是目的本身。"① 也就是说，人是目的，不是手段。进一步的推理是：人是教育的目的，教育是人之生成，是人对人的活动，"教育人学"是以人的方式进行的、以人为目的的、以成人为根本旨趣的学问。② 这一观点清晰地说明，作为人学实践的课程，作为"理性的创造物"的课程，是以人为目的的实践，其本身就是人的生成和存在方式。

人是教育的目的，是课程的内在价值。知识和学科都不是课程的核心逻辑，人学逻辑才是学校课程的核心逻辑。这一事实和规律，是任何时代、任何人都改变不了的。虽然不同时代、不同流派有不同观点，但是课程的人学逻辑是自始至终、若隐若现、或多或少地存在着的。当前，学校课程建设必须整体性地回应这一人学返魅：课程目标要从"知识"走向"素养"，关注全人发展；课程内容要从"碎片"走向"系统"，重塑课程体系；课程实施要从"封闭"走向"开放"，实现真实学习；课程评价要从"单一"走向"多元"，助力个性成长；课程管理要从"虚无"走向"实在"，保障课程落地。

以上也是我们在上海市嘉定区、合肥市蜀山区、南京市玄武区、广州市黄埔区、郑州市金水区、南昌市东湖区、海南省三亚市、陕西省西安市、深圳市坪山区、浦东新区临港新片区等地推进"品质课程"的思考基点和价值追求。因为，"品质课程"是富有倾听感的课程，它以丰富儿童的学习经历为主旋律，有一以贯之的理念，是逻辑清晰的课程。"品质课程"有自己的特质：一是原点性，回归原点，为了儿童的成长与发展；二是现实性，针对学校课程的现实问题；三是发展性，聚焦人的素养提升；四是层次性，有不同层次的实践样态。宏观上，"品质课程"是一所学校的课程模式；中观上，"品质课程"可以是一个课程域群；微观上，"品质课程"可以是一门校本课程。③ 不论哪一个层次的

---

① ［德］康德. 实践理性批判［M］. 韩水法，译. 北京：商务印书馆，2003：95.
② 王啸. 教育人学内涵探析［J］. 华东师范大学学报（教育科学版），2006（1）：23-29.
③ 杨四耕. "品质课程"的行动架构与实施策略［J］. 上海教育，2018（9）：61-64.

实践样态，人学逻辑是其永远不变的逻辑，也是"品质课程"永远不变的追求。

二、以"现实的人"为中心的课程平衡

人是课程的出发点和落脚点。但是，这个人不是抽象的，而是具体的；不是陈述的，而是现实的。人是社会的人、现实的人，离不开他所存在的社会；人不仅从事物质再生产，而且从事人类自身再生产。马克思说："人的本质并不是单个人所固有的抽象物，在其现实性上，它是社会关系的总和。"① 马克思主义人学立场最重要的特征就是从"现实的人"出发，直接关注当代人类的真实的存在状况和生存状态，关注人的现实需要和问题解决，关注人的全面发展。因此，从人学角度来说，教育只有以"现实的人"为出发点，回到人的感性、具体、现实的生活中，才能真正指导人生，进入富有生命感的世界。诚如叶澜教授所言："教育的全部丰富性和复杂性，在于它是以生存中、成长中的人之多方面的发展与完善为宗旨。它是以'人际交往'为原型发展出来的人类特定的社会活动。所以，教育不能缺失真实人生中的真实人际交往，包括师生和同龄人的交往；教育不能缺失真实的活动，包括丰富多彩的学校生活，真实世界所开展的、有益于身心主动健康发展的各种活动。教育之伟力远远不止于知识与技能的传递，而在于个体生命精神力量之成长；在于有更强大的内心，能面对复杂多变的现实世界；在于有更清醒的生命自觉，成为自己人生小船的船长，从航线的制订，到暗礁的绕过、风浪的战胜，都要自主、亲历。"② 因此，我们对"现实的人"进行研究，不仅要研究人在静态时的完整性和现实性，即人的

① 中共中央马克思恩格斯列宁斯大林著作编译局. 马克思恩格斯选集（第 1 卷）[M]. 北京：人民出版社，1995：60.

② 叶澜. 静默的汹涌——难忘中国 2020 之春 [J]. 基础教育，2020，17（2）：5-8.

完整本质与现实存在，还要研究人在动态上的完整性和现实性，即生命成长的一般规律和存在形态，激活生命存在的多样可能。

儿童与社会是学校课程发展的两个价值端点，课程在这两个端点之间摆动。李臣之教授等人认为：学校作为一个社会性机构，必须履行传承文化、维护社会秩序、促进人的社会化等职责，社会作为课程变革的目标理所应当；学生是课程的服务对象，离开了学生，课程就失去了存在的必要。课程研究的立足点或聚焦点在"社会"和"儿童"上面，课程会在"纠偏"中实现二者的平衡。[①] 基于这种观点，我们认为，学校课程是在"儿童"与"社会"之间的动态平衡系统，处于失衡到平衡、再失衡再到新平衡的变化过程。从长时间角度看，学校课程永无休止地处于"平衡→不平衡→新平衡→……"的循环过程中，系统以"平衡轴"为中心点，从平衡到不平衡，从不平衡到新平衡；平衡中有不平衡，不平衡中有平衡，呈现出"平衡循环"和不断"趋向平衡"的运动规律。（如图1所示）

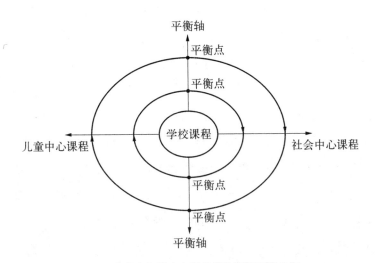

图1　在儿童与社会之间的学校课程平衡坐标

课程平衡是一种状态、一种趋势，也是一种方法。学校课程发展的全部过

---

①　李臣之，郭晓明，和学新，张家军. 西方课程思潮研究［M］. 北京：人民教育出版社，2001：382.

程就是课程的工具价值和内在价值从不平衡到平衡的发展过程。局部地看，课程总是存在着不平衡，但正是这些局部的不平衡恰恰实现了整体上的平衡。作为一种方法，课程平衡并非主观想象，而是一种课程研制实践，对学校把握课程建设的"度"是有积极意义的。基于这一课程平衡观，当我们抽象地说"人是课程的全部价值"时是要谨慎的。因为，儿童和社会都属于学校课程研制的本体论维度，它们规范着课程研制的价值取向，赋予课程以教育学内涵和社会学意义——"现实的人"便是学校课程平衡的中心点。原因是，人和社会有着本质的一致性，人是社会的人，社会是人的社会。人是社会发展的最终目的，也是解决各种社会发展问题的最终力量，教育从来没有像今天这样如此紧迫地需要回到"人即目的"这一本源命题上来，人的工具价值和内在价值也从来没有像今天这样如此紧迫地需要高度地统一于"现实的人"这一本真逻辑上来。诚如杜威在《我的教育信条》中所指出的："一切教育都是通过个人参与人类的社会意识而进行的。""这个教育过程有两个方面：一个是心理学的，一个是社会学的。它们是平列并重的，哪一方面也不能偏废。""我相信，受教育的个人是社会的个人，而社会便是许多个人的有机结合。如果从儿童身上舍去社会的因素，我们便只剩下一个抽象的东西。如果我们从社会方面舍去个人的因素，我们便只剩下一个死板的没有生命力的集体。"①

因此，学校课程永远不能放弃它的社会使命，学校课程不是保守的、无社会责任的。这意味着，学校要建立积极的课程社会学思维。课程不是简单地反映现实社会，而是要根据时代的要求主动适应和促进社会进步。因为"教育是社会进步和社会改革的基本方法"②。同时，学校课程应致力培养具有变革意识和社会责任感的人，诚如《学会生存》所言，"如果人们集中力量培养'完善的人'，而这种人又会自觉地争取他们个人和集体的解放，那么，教育就可以对改

① ［美］约翰·杜威. 学校与社会·明日之学校 ［M］. 赵祥麟，任钟印，吴志宏，译. 北京：人民教育出版社，1994：3-17.
② 赵祥麟，王承绪. 杜威教育名篇 ［M］. 北京：教育科学出版社，2006：9.

变社会和使社会具有人性作出巨大贡献"①。

总之，课程的生命价值和社会意义是统一的，是"通过个人参与人类的社会意识而进行的"，最终是由"现实的人"来承载和体现的。因此，学习者立场是学校课程研制的核心立场，聚焦学习是学校课程研制的核心取向。

正因为上述立场和取向，"品质课程"倡导将"活跃着的人"置于课程价值的原点，努力在学生的需求和社会的期待、当下的学习与未来的发展、认知学习与实践活动之间获得平衡，通过统整而非加减法的方式整合学校课程的价值端点。这本质上是"现实的人"的课程论立场，是彰显着人性关怀的、活跃的人学品格。

三、"学习实践"的课程意蕴

课程既是世界观，又是观世界。课程本质上是学习履历，是学习共同体，课程的逻辑本源性地就是学习的逻辑。因此，讨论学校场域中的学习及其课程意蕴就有了必要。

行为主义学习理论将人的意识与行为对立起来，将人异化为实验室的"小白鼠"，人的学习被视为行为刺激与改变，课程就意味着给出行为刺激；认知学习理论在批判行为主义学习理论的基础上，将人曲解为单向度的"原子人"，人的学习被视为信息加工、存储与提取的个体认知过程，课程就意味着信息提供与加工。

在现象学视域中，学习是发生于具体情境中的社会关联实践，是具体的、

---

① 联合国教科文组织国际教育发展委员会. 学会生存——教育世界的今天和明天 [M]. 华东师范大学比较教育研究所，译. 北京：教育科学出版社，1996：84.

鲜活的，而非被动接受的，是多维社会关联与交往互动的；学习作为一种实践活动，具有情境性、社会性特征，而并非只是纯粹个体的认知活动。① 2015 年，联合国教科文组织通过的《教育 2030 行动框架》将社会情感学习提上全球教育政策议程：教育不仅仅要关注认知学习，更要关注儿童识别和管理情绪、关心他人、做出负责任决定、建立积极人际关系及巧妙应对挑战性情境等社会情感能力的培养。② 所谓社会情感能力，就是学生在处理与自我、与他人以及与社会的关系中敏锐觉察和妥善应对的能力，其中既关涉"知道如何"的问题，又关涉"实践如何"的问题，是"认知"和"行动"的有机统一。

为此，学校教育要从人学的角度关注人的自然性存在、社会性存在和自为性存在。③ 基于人学逻辑，学习是"现实的人"的学习，是自我探索、社会建构和伙伴交往过程。诚如佐藤学所言，学习是建构客观世界意义的"认知性实践"，建构伙伴关系的"社会性实践"，探索自我的"伦理性实践"。④ 这一学习观明确指出，学习是一种实践，可以用"学习实践"这一概念来概括。"学习实践"是建构客观世界的意义实践、编织自我同他人关系的交往实践、探索自我价值的生命实践，这是"现实的人"的丰富多彩的学习面貌。"学习实践"将"世界""伙伴"和"自身"融为一体，极大地拓展了学校课程的人学内涵。

在这里，课程回归到了"跑道"和"奔跑"的原始词义，是有风景和情境的"学习进程"，是有互动和参与的"学习之道"，具有了生成转化和意义完善的意涵。诚如小威廉姆·E. 多尔所说："课程不再被视为固定的、先验的'跑道'，而成为达成个人转变的通道。"⑤ 摒弃"学习即认知"的狭隘观点是学校

---

① 彭杰. 现象学视角下的学习：一种新的面向和可能 [J]. 华东师范大学学报（教育科学版），2020（2）：103 - 113.

② 周洪宇，徐莉. 联合国教科文组织教育 2030 框架对中国教育现代化 2030 的启示 [J]. 河北师范大学学报（教育科学版），2017（5）：5 - 13.

③ 扈中平，蔡春. 教育人学论纲 [J]. 华东师范大学学报（教育科学版），2003（3）：1 - 9.

④ ［日］佐藤学. 课程与教师 [M]. 钟启泉，译. 北京：教育科学出版社，2003：376 - 378.

⑤ ［美］小威廉姆·E. 多尔. 后现代课程观 [M]. 王红宇，译. 北京：教育科学出版社，2001：250.

课程变革的时代焦点，把"学习实践"作为学校课程变革的指向便是自然而然的事了。这就意味着，学校课程要突破"认知人"的限制，寻找"社会人""文化人""关系人""伦理人""实践人"的道路。当我们把学习视为认知性实践、社会性实践和伦理性实践的时候，学习便是探寻人性内涵、生命意义和社会价值的过程。因此，把课程的全部涵义内在统一于"学习实践"之中，是成就"现实的人"的重要路径。

一是认知性实践，关注学习的智性转化。学习的本质并非仅仅学得事实性知识，更重要的是培育学习者思考的意识和行动的取向。学习者不仅想学到更多知识，而且想运用知识做更多有价值的事。因为学习总是发生于特定的情境、特定的时间和空间中，并且以已有的知识、经验和理解为前提，必须回到其发生的具体的和当下的情境之中，回到具体的场域中去设计学习、推进学习。课程是情境事件，是特定情境下的主体关联，是"学习实践"的别称。当我们"回到实际体验的这个世界"，"回到先于知识的那个世界，因为知识总是言说那个世界，在与世界的关系中，每一种科学的图式化都是一种抽象的、派生的符号语言"①，我们就能够恢复世界的本来面貌，发现智慧的完整样子。因此，基于认知性实践考量，课程设计的重心在于知识的情境化处理和应用，在于从问题的静态化结构迈向任务的开放性结构，在于让学习者置身于知识情境之中，驱动他们在探究中生成智慧。在这里，学习者将发生两个转换过程：第一个转换是"学习实践"的内化过程，就是学习者外部感知和实践操作不断内化并逐步建构意义的过程，是外部的实践活动向内部心理认知和思维的转化过程；第二个转换是"学习实践"的外化过程，就是将内部活动以语言和动作的方式表现出来，并在活动的外部行为中检验内化的效果和品质。正是学习者内部活动的外化和外部活动的内化之结合，才实现了学校课程的知识意义和智性转化。

---

① 范梅楠. 实践现象学：现象学研究和写作中的意义给予的方法［M］. 尹垠，蒋开君，译. 北京：教育科学出版社，2018：149.

二是社会性实践，关注学习的社会属性。实践具有交往性。交往性和实践性是社会生活的固有属性，交往实践与人的全面发展是密切相关的。^① 马克思指出：一个人"自己的感性，只有通过另一个人，才对他本身来说是人的感性"^②。在交往实践中，交往是实践性的，实践是交往性的。实践的对象和客体就包括交往。实践不断地改造交往，促使交往合理化。交往也包括实践，并且不断地扩充着实践的内涵。^③ 在一定的意义上，实践都是社会性实践，只有实践的社会交往性才能最终打破私人视阈的褊狭，进而获得真正的主体觉醒和群性交流。基于此种考量，学校课程应是具身体验、群性互动和经验回望；学习是基于特定情境的、具体的、生动的、鲜活的历程以及对这种历程的具身反思，是基于特定情境的自我呈现和互相暴露。学校课程可以因此而借助同伴之间的互动实现发生于更大范围的学习，包括发生于所参与的个体头脑中的理解和认识上的变化过程、发生于个体身上的变化并演变成更广泛的社会单元的变化过程、通过社会互动而发生的所有的参与者身上发生的变化过程。

三是伦理性实践，关注学习的德性内涵。加拿大学者克里夫·贝克（Clive Beck）指出："道德是通向美好生活的一种手段。"^④ 学会过美好生活，是学习的价值选择。因此，学习也是一种伦理性实践，是"朝向人真实地需要的完善与充实的生活的伦理学"^⑤。就学习而言，伦理性实践有两层含义：一是德性是可以学习的，学习德性是可能的；二是学习可以是德性的，德性的学习是可能的。伦理性实践是使人成为人，成为具有健全人格的人的修身过程。从社会学

① 赵荷花. 马克思交往实践观研究 [D]. 重庆：西南政法大学，2010：56.
② 中共中央马克思恩格斯列宁斯大林著作编译局. 马克思恩格斯全集（第6卷）[M]. 北京：人民出版社，1961：486.
③ 韩小荣. 交往实践的内涵、特征及其现实意义 [J]. 陕西理工学院学报（社会科学版），2008（3）：46-50.
④ [加] 克里夫·贝克. 学会过美好生活——人的价值世界 [M]. 詹万生，等，译. 北京：中央编译出版社，1997：7.
⑤ 廖申白. 论德性伦理学的实践原理的两个基本含义 [J]. 北京师范大学学报（社会科学版），2012（3）：77-82.

的角度看，德性养成的过程同时也是个体社会化的过程。对个体来说，化内在的潜能为现实的德性，往往和接受普遍的社会规范相联系。因此，学校课程设计应包含这种普遍规范，并通过学习这一伦理性实践，唤醒学习者的道德情感，化外在规范为内在认同，使之成为主体意识之中的德性结构。杨国荣教授指出："社会的教化和个体的学习是同一过程的两个方面。相对一般的规范，生活实践具有更本源的性质，这一点既体现在规范的形成过程，又表现在对规范的把握上；就个体而言，对'应当'如何的了解，首先来自生活实践。"① 因此，作为伦理性实践的课程应与生活世界有机联系，让学习者通过德性的学习，实现价值系统的增值性扩建。诚如杜威在《儿童与课程》中所言："儿童的世界是一个具有他们个人兴趣的人的世界，而不是一个事实和规律的世界。儿童世界的主要特征，不是什么与外界事物相符合这个意义上的真理，而是感情和同情。"②生活世界是儿童和课程这一"单一的过程的两极"的基础，是伦理性实践的真实空间。

马克思指出："人的根本只有人本身"，人的问题只有回到现实的社会生活之中，才能抓住问题形成的根本。③ 回到现实的社会生活之中，任何个人都是具体的、历史的、现实的，学校课程变革要坚持"具体的""历史的""现实的"人学立场，不断拓展学习的实践视野和生长内涵。学校课程要把"学习实践"作为重心，关注学习的认知、社会和伦理维度，把"围绕学生、聚焦学习、增强学力"作为学校课程变革的中心任务。正因如此，"品质课程"关注学校课程的丰富性，即课程能否满足学生的多元个性发展需要；关注学校课程的支持性，即课程能否很好地支持学生的认知性实践、社会性实践和伦理性实践需求；关

---

① 杨国荣. 伦理与存在 [M]. 上海：上海人民出版社，2002：167.

② [美] 约翰·杜威. 学校与社会·明日之学校 [M]. 赵祥麟，任钟印，吴志宏，译. 北京：人民教育出版社，1994：116.

③ 中共中央马克思恩格斯列宁斯大林著作编译局. 马克思恩格斯选集（第1卷）[M]. 北京：人民出版社，1995：9.

注学校课程的精致性，即课程是否为学生提供尽可能多的实践体验和交往互动机会，基于历时性和共时性维度布局学习生活，建立纵向连续和横向交融的学习体系，赋予"学习实践"以内在价值与意义。

亚里士多德指出："在每一系统的探索中，存在第一原理，是一个最基本的命题或假设，不能被省略或删除，也不能被违反。"① 在我们看来，学习原理是课程的"第一原理"，人学逻辑是课程的"第一逻辑"，它是超越因果律的第一因，且是唯一因，因而也是学校课程变革的"第一因"。

综上所述，教育就是要让人过有意义的生活，学校课程理应充满人类情怀、绽放人性光彩。人学逻辑是学校课程的核心逻辑，人的生长是学校课程的价值原点，是学校课程的第一要义。除了人、除了生长，课程别无所求，这是学校课程深度变革的"复魅"与"皈依"。

---

① ［古希腊］亚里士多德. 物理学［M］. 张竹明，译. 北京：商务印书馆，1982：256.

第一章
高品质课程的 18 个关键特征

  课程是价值立场，是情境慎思，是理念转化，是目标聚焦，是学习选择，是内容联结，是新意摄入，是具身参与，是彼此观照，是特色凝聚，是个性生长，是逻辑建构，是诠释对话，是扎根研究，是协同共进，是生成过程，是内在自觉，是技术赋能……一句话，课程是充满意蕴的文化符号和行动框架。

派纳指出：课程需要概念重构，需要从现象学、精神分析、存在主义等思想中找寻有益的理论架构及方法，需要对当代历史和文化发展有敏锐的察觉，如此才能真正促进我们对课程本质的把握。①

基于概念重构的多维理解，笔者以为，课程是价值立场，是情境慎思，是理念转化，是目标聚焦，是学习选择，是内容联结，是新意摄入，是具身参与，是彼此观照，是特色凝聚，是个性生长，是逻辑建构，是诠释对话，是扎根研究，是协同共进，是生成过程，是内在自觉，是技术赋能……一句话，课程是充满意蕴的文化符号和行动框架。

高品质课程建设直接影响着基础教育的高质量发展。高品质课程建设需坚守三个基本原则：一是坚持立德树人，服务国家战略；二是坚持人民满意，助力学生成长；三是坚持守正创新，传递中国声音。面向新时代，推进高品质课程建设是建设高质量教育体系的重要内容。

高品质课程建设包括两部分的内涵：一是建设高品质课程；二是课程的高品质实施。前者包含高清晰性课程立场、高敏感性课程情境、高转化性课程理念、高一致性课程目标、高选择性课程结构、高联结性课程内容、高关注性课程摄入、高逻辑性课程体系以及高成长性课程评价，后者包括高具身性课程实施、高贯通性课程衔接、高聚焦性课程特色、高协同性课程治理、高诠释性课程空间、高自觉性课程主体、高专业性课程管理、高扎根性课程研究以及高赋能性课程平台。这里，我们根据学界的诸多研究成果和品质课程联盟的现实观察，聚焦高品质课程的 18 个关键特征，供中小学幼儿园推进高品质课程建设参考，为基础教育高质量发展贡献绵薄之力。②

---

① 袁桂林. 派纳论"概念重构"和"理解课程"［J］. 外国教育研究，2003（1）：1-8.
② 2023 年 9 月 16—19 日，第五届品质课程研讨会在南昌市东湖区召开。在此次研讨会期间，品质课程联盟发布了《高品质课程的 18 个关键特征》。

01 高清晰性课程立场：课程具有鲜明的意识形态属性

课程具有鲜明的意识形态属性，这是阿普尔课程思想的重要观点。在课程文化政治学重构和课程治理的国家体制等方面，沈阳师范大学郝德永教授有深入的研究。这里，我们根据郝德永教授的研究，提出一个观点：高品质课程应具有高清晰性课程立场。

课程具有鲜明的国家属性。建设高品质课程，需要遵循国家逻辑，体现课程改革的国家意志。① 课程体现国家意志，具有鲜明的政治属性。将什么知识编制成课程，具有明确的政治立场、严格的政治标准。没有政治上安全可靠的课程，教育就难以解决为谁培养人、培养什么人、怎样培养人的根本性问题。因而，学校课程建设不仅是一种专业活动，须遵循专业规范，更是一种政治活动，须遵循政治逻辑。

高品质课程具有鲜明的目的性和清晰的方向性。"品质"首先是一种矢量，具有明确的目的性和方向性。所谓高品质，一般意义上理解为对教育目的或目标的实现程度，这就意味着，高品质即高标准实现了教育目的和目标。毫无疑问，教育目的与目标具有明确的方向性，教育质量也必然表现出明确的方向性。在我国，高品质课程的方向性，根本之处在于坚持党和国家的教育方针，坚持社会主义教育性质，回答和解决好为谁培养人、培养什么样的人和怎样培养人的问题。

郝德永教授认为，所有的教育都具有意识形态属性，尤其是学校课程的意识形态性具有普遍性、客观性的特点。② 对于学校课程而言，意识形态属性在课程实践中是普遍存在的。可以说，意识形态属性是学校课程的基本属性与核心

---

① 郝德永. 论课程治理的国家体制 [J]. 教育研究，2023，44（1）：58 - 68.
② 郝德永. 论课程文化政治学的重构——基于课程政治安全的视角 [J]. 现代教育管理，2023（8）：40 - 49.

逻辑。理解学校课程的意识形态属性问题，不仅仅要深刻理解学校课程所承载的社会文化的性质、立场和原则，更要深刻理解课程的意识形态属性的合理性与合法性。意识形态属性是学校课程品质的核心意涵，当我们质疑某种课程承传的社会文化不够公平、不够合理的时候，不能因此而否定课程的意识形态属性与逻辑。基于学校课程的意识形态属性的定性与定位，对课程思政的立足点在于丰富学校课程的教育性品质。

为此，高品质课程需要有高清晰性课程立场，需要坚持"课程思政"的全面建设，需要坚持政治性和学理性相统一、价值性和知识性相统一的原则，缺乏思政品质与逻辑的课程不可能是高品质的。在实践层面，课程思政不只是要解决学校思想政治教育类课程缺乏的问题，更重要的是要解决学校各类课程的思想政治教育品质、逻辑与标准缺乏的问题。换言之，课程思政建设不仅要指向学校思想政治教育课程建设及思想政治教育模式创新，更为重要的是学校全部课程的思想性、政治性建设及实践范式重构。因而只有立足于课程的教育性品质与内在性逻辑，课程思政的定性与深度才能获得充分的辩护性依据和恰切的逻辑性支撑。①

因此，学校课程体系不仅指向"是什么"的问题，而且指向"为什么"与"怎么样"的问题，不仅要遵循科学逻辑与客观标准，而且要有自己的教育逻辑与政治立场。应立足于价值立场与教育逻辑，全面推进学校课程建设，重塑课程实践范式，确保立德树人根本任务落地、落实、落细。

任何时代，国家都要在教授正确的知识、规范和价值中发挥强大的作用。2019 年，《中小学教材管理办法》强调，思想政治（道德与法治）、语文、历史课程教材，以及其他意识形态属性较强的教材和涉及国家主权、安全、民族、宗教等内容的教材，实行国家统一编写、统一审核、统一使用。显然，强化对

---

① 郝德永. "课程思政"的问题指向、逻辑机理及建设机制 [J]. 高等教育研究，2021，42（7）：85-91.

学校课程的综合治理与顶层设计，大力推进国家课程、教材体制及体系建设，已成为我国学校课程、教材治理体制及体系改革的根本方向与举措。实践表明，过度地强调分权与放权，有可能会弱化课程的国家意志，引发不同程度的社会问题。

建设高品质课程体系，要处理好课程的政治治理与专业治理的关系。政治治理立足国家意志与立场，强调课程治理的国家干预与国家标准；专业治理立足教育的内在逻辑，强调课程治理的专业属性与规律。[①] 对高品质课程体系建设而言，课程的政治治理与专业治理要有机统一，这是高品质课程体系建设的重要维度。任何将课程治理的专业逻辑与政治逻辑对立的做法，都难以全面建设高品质课程体系。在课程治理多元协同体系中，国家在课程治理中居意识形态的主导地位，地方、学校、教师具有参与课程治理的权利，这种参与权更多的在于强化课程的国家意志，落实课程的政治属性、战略属性和民生属性。在课程治理过程中，统一领导与组织，是课程治理国家体制建构的基本原则，也是建设高品质课程体系的关键所在。

当前，推进高品质课程建设，应明确高清晰性课程立场的要求，把握课程的政治标准、战略要求和民生观点，让课程为培养社会主义建设者和接班人服务，为科技发展和强大国防服务，为学校高质量发展服务。

温馨提示

课程的意识形态属性具有普遍性和客观性。建设高品质课程，要有清晰的课程立场，要谨防"去政治化"和"泛政治化"两种错误倾向。

---

① 郝德永. 治理理论变革与课程治理逻辑重构 [J]. 教育科学，2023，39 (3)：1-7.

02 高敏感性课程情境：把握学校课程发展的语境论特征

学校课程总是处于一定的情境脉络之中，是特定语境的产物。学校课程情境是学校课程变革置于其中并受其影响的文化背景和育人情境，是课程育人的意义扩展的切入点和文化涵养的重要来源。作为课程发展语境的学校课程情境具有客观实在性与人为赋意性、文化传承性与应时发展性、整体囊括性与矛盾转换性、意域潜在性与对话依赖性、现实差异性与特色累积性等特征。

1. 客观实在性与主观赋意性。

学校课程情境本质上是一个动态的教育进程，是一个具备时空要素和关联紧密的场。它既是一个蕴含着课程要素和内在动力的复杂整体，又是一个涵摄内外时空的开放系统。[①] 学校课程情境具有客观实在性，是不以人的意志为转移的客观存在，有其自身发展的规律。学校课程发展总是在特定的情境中进行的，不管人们的主观愿望如何，也不管人们是否"看见"它，都无法阻隔它的存在及其影响。同时，学校课程发展客观上又构成其现存情境并对之产生一定的影响，人们同样不能无视和阻隔这种影响。有学者认为：语境约定了意义，是意义的判断标准；对特定语境结构的理解，就是接受相关意义的可能性条件。[②] 学校课程情境是客观的，也是可知的，人们可以发现、赋予学校课程情境以丰富内涵。换言之，学校课程情境具有主观赋意性，人们可以在特定语境或问题框架中赋予学校课程情境以约定性假设。对于不同学校的课程情境，人们则会给予

---

① 谢翌，罗玉莲. 解读课程情境：心理场论作为课程理解的方法论 [J]. 师资培训研究，2004（4）：16-21.

② 郭贵春. 走向语境论的世界观：当代科学哲学研究范式的反思与重构 [M]. 北京：北京师范大学出版社，2012：364-365.

不同的约定性假设。正是在这一约定之中，体现出学校课程情境所具有的不可通约性。因为，学校课程情境虽然具有客观实在性，但这并不意味着对它的赋意具有普遍性和随意性。恰恰相反，"只有在一个确定的语境中，人们才可以通过特有的约定形式在不同的层面对可能的意义进行多元化的构造和说明"①。任何一次学校课程情境分析过程都必须在具体的、特定的、确定的语境中进行。只有在特定语境框架内，学校课程情境的主观赋意才具有历史合理性和文化韵味感。

2. 文化传承性与应时发展性。

学校课程情境是一种文化存在，具有文化传承性。从根本上看，文化传承性是学校课程发展各要素特定联系方式所表现出来的"文化惯性"，学校课程情境一旦形成，就具有了一定的稳定性。这种稳定性表现在：学校多年来形成的办学传统、制度规范、文化风俗、价值观念等是不可以朝令夕改的；学校办学历史中的典型事件、理念话语、优秀事迹等被长期传诵和被反复提及；学校课程内在构成要素育人目标、知识经验、学习活动方式等具有相对稳定性；学校课程环境和课程决策者、设计者、实施者、管理者，以及相应的资源条件及其组合方式也具有稳定性；任何学校的课程结构都是人、社会、知识等客观因素对课程制约的产物，亦具有稳定性。这些稳定性其实是历史传承性的具体表征。当然，学校课程情境是不断发展变化的，一成不变的学校课程情境是不存在的，无论是学校课程情境各要素本身，还是各要素间的相互关系，抑或是情境因素对课程活动的作用，都是不断发展变化的。学校课程情境根植于社会土壤，表征着学校发展情况。随着社会发展变化，学校课程情境也会在历史际遇中得到丰富和完善，学校课程情境也因而具有应时发展性。因此，研究学校课程情境不仅要认识其现状，而且要认识其变化发展规律，善于对学校课程情境作动态考察，深刻理解社会诸要素是如何通过各种途径进入学校课程情境，从而对学

---

① 胡瑞娜. 20 世纪反实在论语境分析方法的建构 [J]. 哲学研究, 2005 (11): 49-54.

校课程发展产生影响的，其影响方式是怎样的，效果如何评估等。这是课程理解力的重要方面，也是课程自觉的具体表现。学校课程情境的文化传承性与应时发展性是辩证统一的。正如叶澜教授所指出的：学校文化本身也应体现指向未来和超越的本质，真正面向未来的学校文化是扎根于传统与现实的文化土壤中，且能孕育出超越历史与现实的文化。①

3. 整体囊括性与矛盾转换性。

学校课程是一个可控的系统，不论是课程理念，还是课程目标，抑或课程内容与实施，都是学校在课程实践中不断加以调整和推进的，由此"演绎"而成的学校课程情境当然也是一个系统整体。"语境原则在本质上就是整体性原则"，"语境中的每一个基本要素都不可能彼此孤立地存在，相反，它们都是整体语境中的一个有机组成部分"。② 学校课程情境的整体囊括性是指学校课程情境的各要素，以及全过程构成一个系统整体，它们既各自从不同的方面和不同阶段对学校课程产生影响，又作为一个结构化系统对学校课程发展产生整体性影响。因此，对学校课程情境进行综合分析，既要全面把握学校课程发展过程的各个维度和要素，又要深刻理解学校课程发展全过程的不同阶段和情况，形成对学校课程情境的整体认识和纵深把握。语境是结构性的存在，意义存在于语境的结构关联之中。③ 学校课程情境各要素与全过程运行是课程系统多层次、多因素矛盾转换的过程，具有矛盾转换性，既包含学校课程系统内部要素的矛盾转换，如课程理念、课程功能、课程目标、课程类型、课程内容、课程实施方式之间的矛盾转换；又包含学校课程与外部因素之间的矛盾转换，如社会政治、经济与文化等对课程理念、目标、内容和实施的影响。历史地看，恰恰是学校课程发展诸矛盾转换特征彰显出学校课程情境的整体囊括性。

---

① 叶澜. 试论当代中国学校文化建设 [J]. 教育发展研究，2006 (8A)：1-10.
② 胡瑞娜. 20 世纪反实在论语境分析方法的建构 [J]. 哲学研究，2005 (11)：49-54.
③ 郭贵春. 走向语境论的世界观：当代科学哲学研究范式的反思与重构 [M]. 北京：北京师范大学出版社，2012：364-365.

4. 意域潜在性与对话依赖性。

学校课程情境具有潜在意域，需要通过课程探究或对话唤醒其内在价值与意义。语境论注重于动态活动中真实发生的事件和过程，即在特定时空框架中不断变化着的历史事实，而且可变的事件本身赋有主体的目的和意图，主体参与到了事件和语境的构造中，同时，语境反过来也影响到了主体的行为，这是一种相互促动的、关联的实在图景。① 学校课程情境的意域潜在性，是相对学校课程发展过程而言的。从语境论观点看，学校课程情境中的实体、事件以及现象等是相互关联的，不同的语境会形成不同的理念和立场，从而学校课程哲学就会具有不同的表述及意义。由此，学校课程情境具有的本体论性使之成为判断意义和价值的本质基元，具有意域潜在性，对学校课程发展具有潜在的影响。当然，这种潜在的影响要依赖课程探究或对话才能显现出来，这就是学校课程情境的对话依赖性。意义与语境是本质地联系在一起的，没有围绕特定课程情境的探究与对话，学校课程情境的意义就无法得以显现。"语境的本体论性决定了它的约定性，它的约定性是以本体论性为前提的。语境的约定性只是展示了意义的各种可能的现实性，而不是它的本质的存在性。"② 因此，语境先于意义，意义依赖语境。学校课程情境彰显了学校课程发展的方向和意义之可能，它是学校课程发展的语境逻辑，为架构学校课程理念、目标、内容、实施和评价等提供了重要依据。

5. 现实差异性与特色累积性。

每一所学校由于其历史和现实条件不同，学校课程发展的路径和实践不同，学校课程情境会呈现出很大的现实差异性，从而形成各具特色的"学校课程史"，这对学校课程实践丰富的学校来说更是如此。学校课程情境的现实差异性不仅存在于不同学校之间，就是同一所学校的不同发展阶段也会表现出很大的

---

① 殷杰. 语境主义世界观的特征 [J]. 哲学研究，2006 (5)：94 - 99.
② 郭贵春. 走向语境论的世界观：当代科学哲学研究范式的反思与重构 [M]. 北京：北京师范大学出版社，2012：364.

不同。对学校课程情境分析，既要分辨不同学校的现实差异并把握造成现实差异的原因，还要关注一所学校不同发展阶段课程发展状况，对学校课程情境作分期研究，把握不同发展阶段的情况及其联系。学校课程情境的现实差异性，使其育人方式表现出很不一样的样态，由此学校培养出来的人，包括学生的发展状态和教师的专业状态也往往很不一样。因此，学校课程情境的现实差异性在一定程度上体现了一所学校的课程特色和创新，学校课程情境的不同阶段特色和创新具有累积性，这构成了学校课程情境的特色累积性，学校课程变革往往是由小到大、由点到面，不断累积成长的、整体的变革。语境是有序与无序、偶然与必然的统一。对学校课程情境分析，要深入到具体的历史细节中去作细致的、可信的陈述，要把握学校课程改革过程中的各种"小事件""小创新"及其积极意义。

学校课程研制必须探明学校课程情境及其内在逻辑，要对学校课程情境保持高敏感性。因为，语境从时间和空间的统一上整合了一切主体和对象、理论与经验、显在与潜在要素，并通过它们有序的结构决定了语境的整体意义。[①] 学校课程情境分析，对于我们把握学校课程发展状况，发现学校课程情境中所蕴含的思想痕迹和价值内核，探寻理想的、规范的、抽象的学校课程哲学，凸显"学校课程史"的当下意义，是有方法论启迪的。

温馨提示

学校课程是特定语境的产物。学校课程设计必须探明学校课程情境及其内在逻辑，突破学校课程发展的"语境遮蔽"。

---

① 郭贵春. 走向语境论的世界观：当代科学哲学研究范式的反思与重构 [M]. 北京：北京师范大学出版社，2012：代序 7.

03 高转化性课程理念：转化性公共生活空间的文化特质

学校不仅是传递知识的地方，同时是转化性公共生活空间。刘易斯·科塞（Lewis Coser）指出："知识分子"应是具有强烈的公共关怀意识和公共责任意识的知识人，他们的特征不仅在于"有知识"，更在于他们以自身的理念、信仰来达成公共关怀，因而"知识分子是为理念而生的人，而不是靠理念吃饭的人"。① 换言之，知识分子的根本属性并不在于他们掌握了文化科学知识，而在于他们具有强烈的公共关怀、公共良知和公共批判意识。校长和教师作为转化性知识分子，必须以自身公民批判意识和公共关怀意识来推动学校公共生活的理性建构。如此，学校才能成为充满公共性、民主性与批判性的公共生活空间，而不是一个僵化的知识工厂。②

作为转化性知识分子，校长和教师要善于把握学校教育哲学，要注意通过学校教育哲学表达公共关怀和公共良知，唤醒公共批判意识。可以肯定地说，高转化性课程理念要体现学校作为转化性公共生活空间的文化特质。

为此，我们需要建构体现转化性公共生活空间的学校课程哲学。学校课程哲学是一所学校课程建设的价值追求，是对"课程是什么"的转化性理解，是关于学校课程的意义抽象和价值概括。③ 学校课程哲学不是学科意义上的哲学，而是观念层次上的哲学；不是整个教育层面的，而是具体学校层面的，是学校自主建构的、指引学校课程发展的核心精神。学校课程哲学是学校课程变革的

---

① 刘易斯·科塞. 理念人：一项社会学的考察 [M]. 郭方，等，译. 北京：中央编译出版社，2004：2-3.
② 叶飞. "转化性知识分子"：教师在公民教育中的角色担当 [J]. 南京社会科学，2014（9）：102-108.
③ 杨四耕，等. 学校整体课程规划 [M]. 上海：华东师范大学出版社，2021：23.

灵魂，贯穿于学校课程变革之始终，对学校课程建设有直接的指导作用。独特的学校课程哲学有利于凸显学校课程模式的个性，有利于凸显学校课程变革的独特价值追求，有利于张扬学校课程理念的信仰意义。

高转化性课程理念的确立，要注意基于学校课程情境，包括研究学校的历史和现状，把握学校教育哲学和办学理念，在此基础上进行必要的逻辑演绎与深度推理，以使学校教育哲学、办学理念与课程理念在逻辑上内在相联。

课程作为文化的重要组成部分以及重要载体，与文化是一种相互生成与建构的过程，课程的本质就是文化，文化的核心是价值取向，没有文化含量的课程就是"没有课程观的课程"。根据文化取向的特性，学校可以通过文化自觉彰显课程的意义建构，通过文化互动促进课程的文化协同，通过文化变革注入课程发展动力。要提升学校课程品质，必须在高转化性课程理念上有起码的课程自觉。

课程自觉，是站在宏观的视角之下去理解和梳理整体的课程框架，是对于可能涉及的各方面环境和资源有一个清晰的掌控；是对于目前的现实情况有一个很好的定位，即全面的可行性分析；面对现有情况而进行的最大程度的创新实践，从这里开始需要我们自主进行更加积极的行动。[①] 课程自觉主要表现在价值逻辑和历史逻辑两个方面。价值逻辑自觉主要是从理念的聚焦性上把握，学校需要有独特的教育哲学、办学理念和课程理念，并在价值层面上达成逻辑协调。历史逻辑，是课程理念产生和发展的现实基础学校课程哲学从萌芽、生长到发展在整个过程中发挥作用的内在原理。我们需要自觉遵循学校历史脉络的源流性，注重学校课程发展的历史情境，把握学校课程在不同发展阶段的不同特点。

总之，高转化性课程理念要把握学校课程发展的价值逻辑和历史逻辑，要在确定学校教育哲学和办学理念的基础上，通过必要的逻辑演绎与深度推理，

---

① 杨四耕. 自主性变革：走向课程自觉的美好境界 [J]. 中国教育学刊，2020（5）：66-70.

提炼学校课程理念，以使学校教育哲学、办学理念与课程理念在逻辑上内在相联，体现学校作为转化性公共生活空间的文化特质。先进的教育理念引领课程改革，催生育人模式创新；课程改革又加快推进了先进教育理念传播，形成一个从理念到实践再上升到理念的良性循环。

温馨提示

　　高转化性课程理念要注意学校教育哲学、办学理念与课程理念在逻辑上内在相联，体现学校作为转化性公共生活空间的文化特质。

04 高一致性课程目标：在全面发展与个性发展之间保持平衡

　　课程目标是预期学习结果。高品质课程在目标设计上需要具备两个方面的高一致性，即内部高一致性和外部高一致性。

　　内部高一致性是按照教育方针要求，各级各类学校的育人目标之间具有较高水平的契合性和梯度性，课程目标之间具有较高水平的层次性和衔接性，符合国家教育方针的要求，有利于全面深入地落实国家教育政策。内部高一致性的育人目标是科学厘定学校课程目标的前提和基础。

　　外部高一致性是指课程目标的厘定需要建立在对学科的研究、对学生的研究以及对社会生活需要的研究基础之上。泰勒在《课程与教学的基本原理》中把学习者的需要、当代社会生活的需求、学科发展并列为课程目标的三个来源。① 因此，课程目标要与学科发展相一致，与学生发展相一致，与社会发展相一致，充分体现出课程目标在面对新时代发展要求下的调整变化。例如，学科新发现与新突破，不同年龄段学生的认知差异与行为差异，社会经济实力增强以及技术水平提升等，课程目标厘定需要与这些因子保持高一致性。

根据内部高一致性和外部高一致性之原则要求，确定学校课程目标大致包括以下四个基本环节：第一，基于教育目的，确定育人目标（或培养目标）。教育目的或教育宗旨是课程与教学的终极目的，它是特定教育价值观的体现。学校育人目标必须服从教育方针要求，基于教育目的确立学校育人目标，要求具备全面发展的基本维度。第二，确定课程目标的基本来源。课程目标的基本来源或课程开发的基本维度是特定教育价值观的具体化。学习者的需要、当代社会生活的需求、学科的发展三者是怎样的关系？课程目标或课程开发究竟应以什么为基点？当课程开发的基点确立下来以后，应如何处理好与其他处于从属地位的目标来源的关系？对这些问题的不同回答，形成了不同的课程开发向度观，这是确立合理的课程目标的关键。第三，确定课程目标的年段要求和具体表现。按照课程目标的基本取向，在"普遍性目标""行为目标""生成性目标""表现性目标"等取向之间作何选择？怎样处理这几种目标取向之间的关系？这不仅反映了特定的教育价值观，也与课程开发向度观有着内在联系。目标取向的确立，为目标内容的选择和目标的陈述奠定了基础。第四，确定课程目标。在教育目的、课程目标的基本来源、课程目标的基本取向确定以后，课程目标的基本内容和陈述方式也就确立下来，在这种条件下即可进一步获得内容明确而具体的课程目标体系。

学校课程目标设计好了，如何判断这些目标是否科学与恰当呢？课程目标

---

① ［美］拉尔夫·泰勒. 课程与教学的基本原理 ［M］. 施良方，译. 北京：人民教育出版社，1994：17.

的评价有其标准，有学者认为课程目标的评价要看合法性、合理性、发展性和可行性。[1] 我们认为，这些标准也适合学校课程目标的评判：一是要审视课程目标的合法性，要看学校课程目标是否符合国家的教育方针政策，是否体现时代的价值取向和文化观念，是否把握了培养什么样的人、为谁服务等方向性问题。在具体操作层面，要注意查阅在特定时期内国家教育行政部门颁布的文件、制定的政策等。二是要审视课程目标的合理性，要通过逻辑检验目标内部是否恰当，与其他课程的目标是否存在矛盾，关注目标的内部一致性和外部相关性，检视课程总目标和分目标、阶段目标之间是否连续、完整、全面，把握某一课程目标与并列的其他课程目标的相关程度。三是要审视课程目标的发展性，要立足于当前一般个体的成长环境前提下的学生作为发展中的人的应达到的最低发展要求，不仅要依据某一课程对学生特定的教育功能促进学生某些领域的发展，而且要看是否促进了学生一般心智的发展，是否满足未来需求的基本素质标准。四是要审视课程目标的可行性，看课程目标实现程度与一系列中介环节的匹配性及支持性，如课程知识的选择和组织、课程实施策略和课程管理保障力度等，课程目标设计应比较好地体现可行性要求。

当前，高一致性课程目标要落实立德树人根本任务，要体现为党育人、为国育才的要求。按照《普通高中课程方案（2017 年版 2020 年修订）》《义务教育课程方案（2022 年版）》的要求，基础教育要在坚定理想信念、厚植爱国主义情怀、加强品德修养、增长知识见识、培养奋斗精神、增强综合素质上下功夫，使学生有理想、有本领、有担当，培养德智体美劳全面发展的社会主义建设者和接班人。我们要在此基础上，加强课程改革顶层设计，将"有理想、有本领、有担当"育人目标统筹兼顾到学校教育、家庭教育、社会教育各个领域，统筹兼顾到各个学段，统筹兼顾到课程设计、课程实施、课程评价各个环节，

---

[1] 韩辉，李学. 课程目标的评价内容、标准与策略 [J]. 当代教育论坛（学科教育研究），2008（6）：120 - 122.

统筹兼顾到课外活动与课堂教学、知识传承与实践体验等各个方面。

总之，设计高一致性课程目标应遵循基础性与发展性、全面性与结构性、可操作性与时代性统一的原则，实现通用素养目标与领域素养目标、基础性目标与发展性目标、统一性目标与个性化目标、稳定性目标与动态性目标、科学性目标与人文性目标的有机结合。

温馨提示

高品质课程在目标设计上需要具备内部高一致性和外部高一致性。高一致性课程目标要聚焦育人目标，要在全面发展与个性发展之间寻找平衡点。

05 高选择性课程结构：尊重每一个学生的课程选择权

课程结构是课程要素的组织形式，是整个课程体系的基本骨架。廖哲勋教授认为，课程结构包含宏观课程结构、中观课程结构和微观课程结构。[①] 宏观课程结构又叫课程表层结构，它存在于课程方案或课程计划之中；中观课程结构是课程内容的横向分类及其关系构成的整体；微观课程结构又叫深层课程结

[①] 廖哲勋. 论中小学课程结构的改革 [J]. 教育研究，1999 (7)：59-65.

构，存在于各科教材内部，是各科教材内部各成分、各要素按照一定关系组成的有机整体。宏观课程结构是中观课程结构和微观课程结构赖以形成的支柱；中观课程结构依附于宏观课程结构，又是联结宏观课程结构、微观课程结构的纽带；微观课程结构依附于宏观课程结构、中观课程结构，又是宏观课程结构、中观课程结构得以生根的基础。宏观课程结构、中观课程结构和微观课程结构在一定时空相遇，形成由学科课程与活动课程构成的立体式整体课程结构。由此可知，课程结构分为表层结构和深层结构两个层次。表层结构是课程表层各成分之间合乎规律的组织形式，即一定学段课程的整体规划；深层结构是一定学校的教材结构，包括教材的内部各要素、各成分的有机组合。

我们认为，学校课程结构是学校课程的各种类型、各个组成成分或要素按照一定的逻辑标准形成的相对稳定的联系体系，是学校课程的逻辑分类及其关系。

高品质课程建设离不开课程结构的优化。高选择性课程结构要按照逻辑分类的要求，对各类课程进行科学分类，并明确各类课程之间的关系，要把握国家课程、地方课程和校本课程的定位，在必修课程与选修课程之间寻找平衡点，给予学生充分的学习选择权。

学校课程根据分类标准的不同，有多种分类方法：一是从管理视角分为国家课程、地方课程和校本课程；二是从多元智能视角分为语言与表达、逻辑与思维、自我与社会、科学与技术、艺术与审美、运动与健康等课程领域；三是从功能视角分为基础课程、拓展课程和探究课程；四是从学习选择视角分为必修课程、选择性必修课程和选修课程；五是根据课程内容所固有的属性，可以将课程分为学科课程与活动课程；六是按照课程的呈现方式可以分为显性课程和隐性课程。我们认为，学校课程结构设计要特别注意课程的逻辑分类。

当然，学校也可以按照学习需求，将学校整体课程分为刚需课程、普需课程和特需课程。① 刚需课程是体现国家课程的刚性要求，是满足全面发展需求的课程，是所有学习者都要过关的底线要求和基本标准。刚需课程是国家课程的刚性要求，要按照课程方案和课程标准的要求，推进学科课程群建设，落实单元整体课程设计与实施。普需课程是满足个性发展、差异发展需求的课程，是反映学习者兴趣爱好普遍倾向的课程，是和群体的情感倾向相关的课程类型。普需课程往往以兴趣小组和社团活动的形式呈现，可以给予学生一定的课程选择权。特需课程是满足个别化、超常化发展需求的课程，是与特定学习者个性发展关联在一起的个别化课程方案。特需课程要深入研究学生，根据学生的个性特长，发动多方力量，研制基于学生个性发展的个别化课程方案，有利于推进高质量的家校共育。一句话，刚需课程、普需课程和特需课程，是以学习需求为中心的课程结构，是让每一个儿童实践他自己的课程设计理念。每一所学校的课程设计都要反映刚需课程、普需课程和特需课程的要求，处理好国家课程的刚性要求（刚需课程）、校本课程的普遍追求（普需课程）和个性课程的特别定制（特需课程）的关系，合理规划各类课程，融通性实施国家课程、地方课程和校本课程等三类课程。

"面向全体，因材施教"是课程改革的一个方向。高品质课程体系是符合这个方向的课程体系。高品质课程体系不能把学生的学习限制在统一的内容、封闭的时空和固定的轨道，应当有利于落实"面向全体，因材施教"理念。比如说一个学生进入了职业教育这条轨道，还能不能进入其他轨道？进入了一个专业，还能不能选择其他专业？能不能自己实际安排学习的节奏？能不能打破固定的课程安排？高品质课程体系一定是具有多样化和选择性的。从课程设置来说，要满足不同基础、禀赋、兴趣、学习习惯的学习者，照顾每个人发展的特点和需求，为所有学习者提供学习进步的条件和可能。

总之，高选择性课程结构要重塑课程场域，让每个学习者都能找到激发自

---

① 杨四耕. 从学习需求角度建设高质量课程体系 [J]. 中国民族教育，2023（5）：10.

身潜能的可能，获得自身学习能力赖以发展的机会；要秉持动态开放包容的理念，扩大学生的学习空间，不限定学习者的社会性因素，不规约学习者的思维路径，让学习者的思考更加真实且深入。

温馨提示

过于僵化的课程体系会束缚人的自由发展和选择，会限制人的潜能发挥。刚需课程、普需课程和特需课程，是以学习需求为中心的课程结构，旨在让每一个儿童成为他自己的课程设计理念。

06 高联结性课程内容：打通书本世界与生活世界的经脉

课程是课业及其进程。课程内容是高品质课程的主体部分，是符合课程目标要求的一系列比较规范的文化知识体系和活动经验体系，包含一系列的学科知识、学习活动和实践经验等。课程目标确定之后，就要根据课程目标选择和丰富课程内容。选择和丰富课程内容时要考虑解决的基本问题就是，选择哪些知识内容和活动经验才能更好地达成既定的课程目标。

有学者认为，课程目标是经过全面深入的研究和论证，并经过一定的决策程序才确定下来的，因而具有充分的合法性。因此，是否符合课程目标，便是判断课程内容是否具有合法性的基本标准。在修订或调整了课程目标的情况下，课程内容也要加以修订或调整。选择课程内容的首要标准就是合法性，此外整体性、适切性、结构性和多样性等，都是判断课程内容的合理性的重要标准。[①]综合这一观点，笔者认为，目标的聚焦性、主题的统整性、发展的针对性、内容的均衡性和选材的丰富性，是课程内容选择和丰富的基本标准。所谓目标的聚焦性，就是课程内容的选择必须聚焦既定的课程目标，要为实现既定的课程目标服务；所谓主题的统整性，是指课程内容所涉及的范围要完整全面，内容的各组成部分之间关系要紧密，具有较高的整合性；所谓发展的针对性，就是课程内容既要适合某一特定群体学生的一般发展水平，又要适合该群体内个别学生的发展水平，注意各发展阶段的衔接、过渡和重叠；所谓内容的均衡性，是指课程内容的选择要在各部分内容之间保持适当的比例，在学理性与实践性之间、民族性与国际性之间、博与专之间、知识与技能之间、脑力与体力之间、智力价值与情感价值之间、接受学习与探究学习之间、集体学习和个体学习之间、课内与课外之间、校内与校外之间，均能保持一定的平衡；所谓选材的丰富性，是指一项目标可以通过多种多样的课程内容去实现，选择多种形式、多种风格、多种角度的具体材料，可以提高课程内容的丰富性和生动性，从而更充分地实现预定课程目标。

学校课程是由社会发展的要求、学生成长的需要和知识不断增长的推动而发展的。[②]学校课程是按照社会发展、知识增长和学生成长的综合要求，为促进受教育者成为具有一定素质的人而得以产生和发展的。课程改革要积极回应社会发展的新要求和育人实践的新挑战，适应高质量发展的迫切要求，立足科技发展前沿，深入研究课程的结构、容量、难度、顺序与学生认知水平、认知规律的关系，使课程结构内容与人的认知成长规律相适应。精选终身发展必备的基础知识与基本技能，及时更新课程内容，科学设计课程容量与难度，删减繁琐、重复及纯粹

① 杨爱程. 略论选择课程内容的标准 [J]. 教育研究与实验, 1993 (3)：16-21.
② 廖哲勋. 关于课程规律与课程原理的系统思考 [J]. 中国教育科学, 2016 (1)：93-125+92+233-234.

记忆性内容，调整优化课程结构，加强课程的多样化和选择性，实现学生在共同基础上有个性的发展。一所学校课程的门类和丰富程度，与其学生发展的水平和质量是有深度联系的。随着时代变迁与社会发展对人才培养要求的不断提高，课程内容的选择和组织也在不断发生变化。从目前来看，我国经济社会发展正处于高质量发展的重要历史阶段，对于未来人才的国际理解能力、批判性思维能力、情境问题解决能力，以及综合问题解决能力等有着越来越高的要求。

今天，人们越来越清醒地认识到，在个性全面发展过程中，知识和经验、理论和实践、社会需要和个人兴趣等，均有重要的教育价值，要注意用统筹的观点处理课程内容的这些维度。学校课程内容设计须确立服务学生发展、服务社会发展的要求，努力实现课程内容的高联结性，为有效提升育人质量服务。一方面，课程内容要打通书本世界与生活世界的经脉，应注重联结学习者的经验基础，注重联结学习者的现实生活情境，学习者所获得的是与生活世界相关的内容，不仅是适应，还包括创新，让学习者与社会生活发生紧密的联系，找到自身存在与社会发展之间的平衡意义；另一方面，按照年级和学期推进学程设计，在课程内容的组织上须注重联结，尤其是课程内容之间的相互联结，思考课程内容内部的逻辑完整性与情境贯通性，加强使用具有一般意义上的广泛的原则（大概念），能够有效强化课程内容的联结性。

总之，高联结性课程内容要基于课程目标导引，打通书本世界与生活世界的经脉，按照年级和学期推进学程设计，实现课程内容的完整联结和内在贯通。

温馨提示

课程改革要积极回应社会发展的新要求和育人实践的新挑战，深入研究课程的结构、容量、难度、顺序与学生认知水平、认知规律的关系。

07 高关注性课程摄入：充分彰显课程的时代内涵

纵观中外教育史，我们不难发现，任何时代的课程都要打上特定时代的烙印，任何时代的课程都必须反映一定社会生产和生活的要求，反映科学技术和生产力发展的水平，具有鲜明的时代性。[①] 课程的时代性集中表现为突出时代需要，体现社会进步，关注学生生活，反映最新研究成果与趋势。

高关注性课程摄入是指在课程建设过程中，要及时摄入新思想、新科学、新技术等内容，要增强课程摄入的主动性，充分彰显课程时代内涵，实现目标引领与内容建设相统一。

课程改革置身于独特的时空范畴下，是受特定历史时期社会、哲学和科学发展的时代意识形态影响的结果，也是课程改革不断推进和深化的重要动力。历史走到今天，信息时代逐步迈入新媒体时代，表现出特定的时代精神，形成具有这个时代特点的知识基础、文化观念和价值追求，深刻改变着人的思维方式，影响教育价值、人才标准和课程内容载体等的深层次变革。课程改革需要实现从确定性思维到关系性思维的认知逻辑和从边界割裂到交互对话的时空场域的转变，实现目标引领与内容建设相统一。以课程目标引领进行课程内容建设，以课程内容为依托实现课程目标，进而实现二者的契合与统一，这是进行高关注性课程摄入的内在要求。

高关注性课程摄入要围绕课程固有属性来进行，围绕实现一体化来安排，围绕凸显学生主体性需要来设计，遵循以下两个基本要求：一是高度关注时代性和科学性要求。遵循时代性要求，就是要不断强化课程内容建设的时代内涵；遵循科学性要求就是要遵循认知规律，按照事物发展螺旋上升与阶段性

---

① 陈录生. 浅论课程的时代性 [J]. 殷都学刊, 1998 (2)：56-60.

特点，注重连续性并体现学段差异，避免出现重复、断层问题。二是高度关注整体性与层次性要求。遵循整体性要求是指要打破以往各学段内容建设各行其是、各自为政的局面，以整体观念为指导，使各学段内容建设成为一个相互联系、有序衔接的整体，进而使各学段形成合力，取得实效；遵循层次性要求是指课程内容在学段分布上要体现认知发展阶段性特征，不同学段课程内容的难度和深度上要具有针对性，即和学生的接受度、理解度和主体发展相适应。

构建课程内容上注重时间与空间的整合，兼顾学生的现实与未来生活，实现多元与特色相融合，注重课程的整合性和情境性。高关注性的课程摄入要强化课程的时代内涵，构建具有时代气息的课程内容体系。彰显时代内涵的课程内容因子要及时摄入新思想、新科学、新技术等内容，要增强课程摄入的主动性。要积极关注核心价值要素和时代风尚潮流，建构充分凸显时代气息的课程内容体系。如，学校课程以主线和重点内容为抓手，系统摄入社会主义核心价值观教育、法治教育、审美教育、科技教育、劳动教育、心理健康教育、中华优秀传统文化教育等，形成科学布局的课程内容体系。

当然，高关注性课程摄入要注意在课程目标引领下，对于相同或相似主题课程内容分布在不同学段的情况，教师要从整体上进行把握，明确自身教学的起点，遵循课程内容连续完整与分层实施相统一的要求，做好学段课程内容之间的衔接。

温馨提示

彰显时代内涵的课程内容因子要及时摄入新思想、新科学、新技术等内容，要增强摄入的主动性，充分彰显课程时代内涵。

08 高具身性课程实施：提升课程实施活跃度和学习者参与性

　　课程实施是将课程计划付诸实践的过程，是实现预期的课程目标的重要手段。随着课程改革的深入，课程也逐步在外在的、线性的、稳定的基础上，体现出更多内在的、非线性的、变化的特点；学生的学习也由单一的符号学习，向符号学习与以实物为对象的操作学习、以他人为对象的交往学习、以自我为对象的反思学习，以及情境中的观察学习等多种学习类型相结合发展，课程实施路径也更为丰富和多元。结合当前学校教育的功能定位、课程类型及实施条件，课程实施主要通过课堂教学、社团活动、实践活动、社会考察、自主学习等途径展开。

　　余文森教授认为，中国基础教育已经迈入核心素养的新时代，课程教学改革必须以核心素养为导向，确立以核心素养为导向的课程教学观，即基于立德树人的课程教学观、基于课程意识和学科本质的课程教学观、基于学生学习的课程教学观。[①] 因此，我们要基于立德树人的理念确立课程实施方向，要基于课程意识和学科本质的理解激活课程实施方式，要基于学生学习的角度组织、设计、推进课程实施活动。

　　核心素养是通过多主体协同、多途径融合、多环境转换，课程实施路径与学生学习方式紧密结合、综合作用的结果。[②] 立足此时代，根据核心素养形成的运行机制，学校课程实施途径要逐步拓展，要突破单一的学习方式束缚，要激活生命存在的多样可能，依据学生学习发生的基本途径，在学习、交往、实践和反思的基础上，逐步把间接学习和直接学习，知识学习与问题解决，形式训

---

① 余文森. 论核心素养导向的三大教学观 [J]. 当代教育与文化，2019, 11 (2)：62 - 66.
② 黄晓玲. 基于核心素养形成机制的学校课程实施路径创新 [J]. 教育导刊，2021 (11)：12 - 18.

练与任务完成，课堂学习与实践活动，课内外、校内外、家庭学校社会结合起来，按照价值逻辑、认知逻辑、政策逻辑和实践逻辑的要求，共同促进学生核心素养形成。（见图 2）

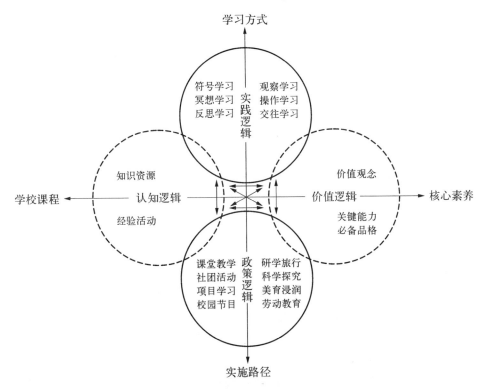

图 2　核心素养形成的学校课程运行逻辑图

值得一提的是，当前学科课程实施要注重学科实践等具身学习，通过学生亲身体验丰富学习的直接经验，促进经验之间的转化和融合。要加强课程学习与综合实践、社会生活的联系，建立以学习为中心的课程连续体，丰富学生学习情感态度，体验学习过程与方法，全面丰富学生的学习经历。

课程实施重在通过学科落实提升学科核心素养，同时应重视在跨学科课程、整合学习和综合实践中培养通用素养。首先，加大学科内整合，包括学科知识、过程、方法与价值的学习整合，以及学科知识与实践活动的整合，构建完整的学科课程体系，发挥课程育人的作用。其次，重视跨学科整合，着眼学生通用素养形成，基于学科，贯通多个学科与实践，建立课内外、校内外的联系，引导学生探究真实生活的跨学科现象或主题，把生活世界的不同概念、问题、现象联系起来，理解之间的交互关系。最后，突出主题课程学习。主题课程具有课程整合性、学科交叉性、内容重构性、学生主体性、学习创造性等特点，需围绕通用素养对相关学科课程内容、活动、教学方法及评价标准等进行重构，是当前课程实施需突破的难点问题。

总之，高具身性课程实施要激活课程实施的多元路径，要由符号学习向实践学习、交往学习和体验学习等具身学习方式转变，提升学校课程实施活跃度和学生课程参与性。

温馨提示

高具身性课程实施要激活课程实施的多元路径，注重多主体协同、多途径融合、多环境转换，共同促进学生核心素养形成。

09 高贯通性课程衔接：实现前继课程与后续课程彼此观照

课程是学校落实立德树人根本任务的重要载体，需要立足学生素养全面发展的核心要义，建构起结构完整、方向一致、目标聚焦的一体化课程体系，实现课程与课程的联合、学习与生活的联结、教学与育人的联动。《中国教育现代化2035》指出，围绕学生发展加强核心素养培养，科学规划大中小学课程，注重纵向衔接和横向配合，构建更加灵活开放的课程体系等。[①]

高贯通性课程衔接包括纵向与横向两个维度，纵向指中小幼课程之间的过渡与衔接；横向指在任一学段的课程中注重对资源整合的教育价值。具体而言，高贯通性课程衔接也就是中小幼课程一体化，一方面是指在遵循各年龄段学生发展特征的基础上，准确规范各层级诸类型课程的属性、目标、内容和方法等，使各学段间课程能有效衔接、分层递进，最终实现一体化的贯通和连接；另一方面是指合理整合和利用其他学科资源，将各领域、各学科课程有机融合，创造性地开设相关综合课程和融合课程，以充分发挥跨学科课程的教育功能。

高贯通性课程衔接有三个特征：一是差异性。尊重不同年龄阶段学生的发展特点，遵循由浅入深、循序渐进的教育原则，差异化安排各学段课程的具体目标和内容，关注个体差异，对同一年龄段不同学校类别和学习层次间的课程进行差异设计、分类实施。二是整体性。在追求因材施教和差异指导的同时，坚持整体观和系统论的指导思想，使各学段课程形成一个开放而有序的闭合系统，体现整体性的育人理念和培养目标。三是连贯性。中小幼各阶段要有的放矢地重点关注与之相衔接学段的课程教学情况，加强与上下学段的有机衔接，起始年级和毕业年级共同做好承上启下工作，帮助各学段学生尽快适应变化，顺利开启下一阶段的学习任务。

高贯通性课程衔接，是对立德树人根本任务和全过程育人要求的贯彻落实，是建立长时段、可持续和贯穿式的育人体系的努力，要遵循课程组织连续性和

---

① 中共中央、国务院印发《中国教育现代化2035》［J］. 中华人民共和国教育部公报，2019（Z1）：2-5.

顺序性的原则，将不同阶段精心选择的课程内容由浅入深、由简到繁螺旋式组织起来，并设计相应的学习活动，使学生能在实践活动中将知识信息内化为核心素养。

一句话，高贯通性课程衔接要立足核心素养发展，建构起结构完整、方向一致、目标聚焦的一体化课程体系，实现前继课程与后续课程彼此观照、融合和印证，更好地实现课程育人功能。

温馨提示

高贯通性课程衔接要立足核心素养发展，建构起结构完整、方向一致、目标聚焦的一体化课程体系，实现前继课程与后续课程彼此观照、融合和印证，更好地实现课程育人价值。

10 高聚焦性课程特色：提升办学特色课程转化的聚焦度和彰显度

办学特色是提升学校办学内涵的支撑点，是提升办学境界的立足点，也是确保学校可持续发展的生长点。课程是办学特色的重要支撑，高品质课程要有办学特色课程转化的聚焦度和彰显度。

高聚焦性课程特色应综合考虑时代背景、办学底蕴、本土文化和学生需要等因素，要既能有效凸显学校的办学底蕴，又能有力阐释学校的内涵特质。例如，重庆市合川龙市中学针对文化体系建设与特色课程实践体系建设"两张皮"、课程品质不高等现象，在开展特色课程建设中提炼了五种有针对性的策略：①

1. 理念先行，课程建设同步跟进。

学校通过构建核心办学理念，为特色课程建设指明方向，而特色课程的构建又为理念搭建起了支撑平台，让理念的教育意义、指导价值、生命活力得以持续不断地彰显。为此，学校首先提炼出了"大师+大爱，为生命成长奠基"的办学理念，提出了"教育让生命在场，校园让生命至上，课堂让生命灵动，教师让生命起航"的教育目标。之后，学校围绕理念和目标，把工作重点放在了生命教育特色课程的设计和探索上，构建了生命教育特色课程体系——一个课程理念（每个学生都是一个鲜活的生命），两大课程目标（发展综合素养、提升生命质量），三大课程主题（生命与自我、生命与自然、生命与社会），三大课程形态（生命教育主题课程、生命教育渗透课程、生命教育体验课程），二十门特色校本课程，十本特色课程校本教材。

2. 顶层设计，发挥学校课程领导力。

学校首先组建了"生命教育特色课程项目组"，校长亲自担任项目组组长，带领团队成员在系统学习教育理论、深入开展文献研究、广泛开展调研论证的基础上，先后完成了两项研究成果——《龙市中学生命教育特色课程建设纲要》《龙市中学生命教育特色课程建设实施方案》，明确了生命教育特色课程建设的目的、意义、原则、目标、思路、内容、途径和方法。以此为基础，学校举全校之力组建了20个生命教育特色课程开发小组，具体实施每门课程的开发建设。虽然校长不可能参与每门课程的开发，但因有《龙市中学生命教育特色课程建设纲要》《龙市中学生命教育特色课程建设实施方案》的统领和指导，校长

---

① 李光华，李俐均，唐伯筠. 特色课程建设的五个着力点［J］. 中小学管理，2015（11）：17－18.

的办学理念、教育思想和课程主张，在课程设计团队和全校师生的实施中得到了很好的贯彻。校长的课程领导力和"顶层设计"为特色课程建设的快速、高质量实施奠定了坚实的基础，并提供了强有力的保障。

3. 因地制宜，契合实际建设特色课程。

特色课程建设必须基于人、为了人、发展人。课程必须因人而生，适合师生的需求，利于师生的发展；符合学校发展现状，与学校的师资、环境、设施设备等教育资源的实际情况相匹配，体现国家教育方针和地域文化特点，具有独特性和适切性。龙市中学的生命教育特色课程，以陶行知先生的生活教育为引领，以"学会生存、热爱生活、珍惜生命、发展生命"为育人目的，以"发展综合素养、提升生命质量"为课程目标，以开学庆典、毕业典礼、成人典礼、节日庆典、升国旗活动、课间活动、课外活动、班级活动、社区活动、学科教学、拓展教育等为实施途径，以（专家、教师）主题讲座、（学校领导）主题讲话、（师、生）主题演讲、（学生）主题表演、（师、生）主题微电影、（师、生）主题书画、（师、生）主题摄影、（师、生）主题诵读、（学生）主题参观体验等为实施载体，设计了丰富多彩的课程形式，体现"生命关怀、生命引领、生命体验、生命起航、生命弘扬"等生命教育主题。这种以人为本的教育理念、实施载体、课程形式，契合师生的发展需求和学校实际，师生参与的积极性很高。

4. 立尺定标，规范推进特色课程建设。

课程包括特定的教育目标、教育内容、教育手段和方法、教育实施与评价。有些学校把组织学生开展的一些常规性课外活动看作课程，这是对课程的一种错误理解。"活动"是碎片化的、临时性的，而"课程"是体系化、长期性的。"活动"要上升为"课程"，必须有一个"活动课程化"的过程，即将"活动"体系化。龙市中学为了规范特色课程建设，一开始就从理论上明确了课程、特色校本课程的定义，为特色课程建设建立了尺度和标准，同时明确提出了"活动课程化"的要求，在学校开展的一些传统性活动中，筛选出了一些与"生命教育"理念相一致的活动作为构建生命教育特色课程的基础。在具体课程设计中，学校又明确要求每门课程必须有"课程标准"、"课程内容"（校本教材）、"课程计划"（实施方案）、"课程评价"（评价考核方案），这四项基本内容必不可少，而且必须由学校组织专家审核通过后方能实施。

5. 全员参与，实现师生共同成长。

参与性与成果共享性是特色学校建设的两大特征。特色课程不应只是校长或少数人的意愿，更不能是学校委托某个公司或专家设计好"拿来"让师生被动接受的"产品"，而是师生共同参与的成果；学校文化建设成果应惠及师生、家长、社区和其他学校。龙市中学充分调动教师的积极性，所有课程都是由学校的骨干教师担纲组建研究团队开发的，课程内容适应学生的需求，因而特色课程建设推进非常顺利，整体质量较高，充分体现了师生的文化自觉，较好地促进了教师和学生的共同发展。

应当说，理念先行、顶层设计、因地制宜、立尺定标、全员参与的特色课程建设策略，是有明确的针对性的，也是有效性很强的，揭示了高聚焦性特色课程建设的一般规律。我们推进特色课程建设，要以社会背景为基础，以本土文化为支撑，以学校特点为前提，提出特色办学理念，确立特色育人目标；同时要找准切入点，依据实际设计活动，学科课程教学的立体渗透，力求全面铺开、形式多样，彰显学校办学特色，促进学生个性发展。

温馨提示

高聚焦性课程特色应综合考虑时代背景、办学底蕴、本土文化和学生需要等因素，要既能有效凸显学校的办学底蕴，又能有力阐释学校的内涵特质。

11 高成长性课程评价：通过评价创意为课程增值赋能

课程评价有着丰富而广泛的意义，是基于一定标准和事实并运用科学方法对课程产生的效果进行客观描述与价值判断的过程。课程评价是课程建设与实施质量的根本保证，对于整个高质量课程建设都起着激励、监督以及调控的重要作用。

《深化新时代教育评价改革总体方案》指出：教育评价事关教育发展方向，有什么样的指挥棒就有什么样的办学导向，未来教育评价改革需要坚持立德树人，坚持问题导向，坚持科学有效，坚持统筹兼顾，坚持中国特色。《义务教育课程方案和课程标准（2022 年版）》强调：更新教育评价观念，创新评价方式方法。长期以来，中小学课程评价强调结果的输出与比较，过分注重考试分数和升学率，无法清晰地呈现学生的发展过程。

高成长性课程评价应体现发展性。增值评价在科学与价值、个性与公平之间具有辩证张力，契合教育高质量发展的时代趋向。增值评价作为一种创新性的评价方式，可以打破"唯结果论"的评价理念，可以清晰地呈现一段时间内的发展进步情况，实现从关注"横向结果"到"纵向进步"的转变。增值评价之所以具有突破性意义，正是因为它转变了传统教育评价的参考系，使得教育评价从一种绝对性思维走向了某种辩证性思维，具有某些辩证张力。从评价手段来说，增值评价既能满足时代对科学性的需求，又能彰显教育回归发展的传统本真，使得教育从筛选功能的工具价值走向本体功能的人本价值。从评价效果来说，增值评价兼顾个性与公平，能够具体地体现每位学生的增值情况，促进每位学生充分发挥自己的潜能，是一种基于内在标准的个体内差异性评价，具有个性化与人本性，在彰显个性化的同时，也能够凸显公平性。因此，它具有绝对性与相对性之间、终结性与发展性之间、静态性与动态性之间的辩证张力。

课程评价的维度关涉其背后的运行逻辑，不同的划分都蕴含着特定的价值取向。李红恩认为，学校课程评价包括以下四个方面：学校课程内容的文本分析、学校课程实施的过程关照、学校课程建设的特色呈现，以及学校课程建设的主体表达。[①] 我们认为，高成长性课程评价应指向以下五个基本维度：一是课程文本的要素情况；二是课程实施的过程参与；三是课程样貌的特色呈现；四是课程建设的主体表达；五是课程资源的支持程度。[②] 学校要通过高成长性课程评价，为课程增值赋能。

> **温馨提示**
>
> 高成长性课程评价在科学与价值、个性与公平之间具有辩证张力，契合教育高质量发展的时代要求。

12 高逻辑性课程体系：良好的课程是有逻辑感的课程

对中小学而言，良好的课程是有逻辑感的课程，是严密的而非大杂烩或拼盘式的。一所优质学校应该有自己的课程模式，这是有逻辑地推进学校课程变

---

① 李红恩. 学校课程评价的意蕴、维度与建议 [J]. 教学与管理, 2019 (34)：1 - 4.

② 关于这个问题的详细阐述，请参阅本书第三章有关内容。

革的一个显著标志，也是高逻辑性课程体系建设的基本要求。

量子物理学家戴维·玻姆（David Joseph Bohm）教授指出：存在是一个未破缺的整体，世界是由看得见的和看不见的东西构成的一个整体。[①] 玻姆教授认为"整体性与隐缠序"是存在的基本特征。用玻姆教授的这一观点看学校课程，我们可以得出的结论是：学校课程是整体的，包含看得见的和看不见的部分，学校课程有显结构与隐逻辑，包含显性的和隐性的部分；学校课程有点要素与流模式，包含原子的和整体的。学校课程有其显性结构，亦有其内在逻辑；学校课程有其局部要素，亦有其整体模式。

从"整体性与隐缠序"观点看，高逻辑性课程体系会形成具有自组织特性的课程模式。何谓课程模式？笔者认为，学校课程模式是以学校发展背景分析为基础，以一定的课程哲学为引领，以个性化的课程结构和特定的课程功能为主要内容，在矛盾运动中不断解构、重组、耦合，并指导学校课程实践的一种范式。课程模式的特征如下。

1. 严密性，学校课程模式总是基于特定的逻辑。课程模式作为课程实践的标准模式，具有概括性、简约性以及逻辑的严密性，是一个有序、高度组织化的系统。这种严密性，一方面是指课程模式的有序性，即模式构成要素之间和要素内部组成部分之间有规则的联系，包括横向联系和纵向联系，横向联系即要素和要素内部组成部分在空间构成上要保持有规则的、恰当的有序联系；纵向联系即在不同学段、不同年级，各要素和要素组成部分先后承接设置的顺序。另一方面是指课程模式的逻辑性，即各要素之间及要素内部组成部分之间，不是杂乱无章的堆砌，而是以一定的逻辑结构呈现。

2. 动态性，学校课程模式有较强的序变能力。在新旧需求的碰撞中，课程模式要顺利实现更替，需要具备相应的序变能力，即随着学校环境的变化，课

---

① ［美］戴维·玻姆. 整体性与隐缠序［M］. 张桂权，洪定国，查有梁，译. 北京：商务印书馆，2022：180-201.

程模式的构成要素及其关系在不同条件下发生一定的变化，通过这种转化，使课程模式发展成为更为丰富和完善的整体系统。课程变革具有复杂性、生成性和创造性，是非线性的，充满着不确定性，课程模式要以动态的眼光积极关注新问题和新需求，及时调整变革的方向。

3. 独特性，学校课程模式是个性化的。课程模式本身具有多样化的特点，表现为各级各类学校课程模式的不同，也表现为同级同类学校课程模式的不同，这就直接导致了课程模式的独特性，即课程模式的建设要适应地区间经济文化的差异、适应不同学校的特点、适应学生的个性差异；也体现了课程模式的指向性，即指向特定的地区、特定的学校、特定的学生群体。可见，个性化才是课程模式的生命，不存在普遍有效的课程模式，课程模式要在一定范围内、一定背景下才能得以有效实施。

对一所学校而言，课程模式是一个开放的系统，主要包含以下五个要素。

1. 独特的课程哲学。学校课程哲学是整个课程模式框架的灵魂，引领课程模式的构建，贯穿于课程模式构建过程的始终，既是对课程建设行为的规定，也是对课程模式实施效果的检验。学校课程哲学凸显了课程模式的鲜明个性，区别于其他同级同类的学校，体现着自身的价值追求，反映的不是部分人群的要求，而是全体师生广泛认可的价值追求。

2. 特定的课程功能。不同类型的课程承载着不同的功能，如学科课程与活动课程、分科课程与综合课程、必修课程与选修课程、显性课程与隐性课程等；同时从功能的指向对象来看，又可分为对学习者个人或人群的功能和对社会的功能。很明显，课程结构是根据特定的课程功能构建的，而特定功能的发挥是保持课程结构稳定性的必要条件。

3. 个性化的课程结构。根据课程论学者郭晓明教授的观点，要对课程结构进行整体性把握，即形成"三层次—两类型"课程结构观，"三层次"是指宏观、中观、微观，"两类型"是指实质结构和形式结构。学校课程建设，同样也要建构一种整体性的课程结构，从"范围"维度看，是属于学校层面的课程结构建设；从"深度"维度看，也包括实质结构和形式结构，并且要在这两类结构中凸显个性化。从模式建构的过程来看，随着环境的变化，模式系统得以进化，相应地，课程结构也要进行调整。

4. 活跃的课程实施方式。课程实施方式多样化、灵活化，不局限于教室，不限制于授受。随着校本课程开发门类的增多，课程整合成为课程实施的必然选择。同时，从模式建构本身来看，课程功能是整合的、课程结构是一体的，在课程实施上同样也需要进行统整，以使各种类型课程的功能发挥最大化。

5. 多元的课程管理和评价。一所学校的课程管理主要包括课程管理的理念、课程开发管理、课程实施管理，而优质学校的课程建设需要在这些方面凸显独特性。课程评价是根据一定的评价标准，通过系统地收集有关信息，采用定性、定量的方法，对课程立意、计划、准备与投入、实施、效果等方面作出价值判断，并寻求改进途径的活动与行为的总和。

课程模式的上述五个构成要素缺一不可，学校课程哲学是课程模式的灵魂，课程功能和课程结构框架是课程模式的主体内容，课程实施是课程模式的必要落实，课程管理与评价是课程模式的保障。因此，高逻辑性课程体系建设需要系统思维。一所学校构建了自己的课程模式，有逻辑地推进课程变革，学校课程变革就会思路清晰，学校发展就会呈现出活跃的态势。已知的课程实践表明：课程改变，学校改变。

温馨提示

良好的课程是有逻辑感的课程。一所优质学校应该建构基于特定课程哲学而组织化了的课程体系，应该将课程的各个部分有机联合成有逻辑的育人整体，推进有逻辑的课程变革。

13 高诠释性课程空间：激活课程的空间意蕴

当前，我们的教育似乎只与书本有关，与时间有关，而与空间无关。空间如何参与到教育过程中来，一直是一个得不到足够重视的问题。[①] 要改变这种无空间观念的教育现实，需要考虑整体课程设计，需要强化课程的空间观念，建立课程的空间思维。

2008 年，英国发布了《21 世纪学习空间设计指南》研究报告，该研究报告用动机、个性化、灵活、合作四个关键词勾勒出未来学习空间所需具备的四大要素，以激发学生学习的自主性且支持学生合作学习和个性化发展，为不同层次的学校提供学习空间设计建议。[②]

传统观点认为，空间是由长度、宽度、高度表现出来的客观存在。联系到学校教育，空间是由物理界面围合而成的位置固定、功能确定的教学场所，如校园、教室等。然而，近年来随着社会学的空间转向，人们在课程领域中对空间概念有了社会学意义的理解。在社会学视域下，空间是具有一定文化意义，富有生命气息，具有历史感、现实性和理想意义的人文构造，而不只是物体化、客观性的物质构成。课程建构要把儿童导引到广阔的真实生活世界，而不是封闭的方寸之格，要用空间诠释课程的系统性、场域性和关系性。因此，课程开发不能仅停留于课程内容的选择与序化上，需要超越"线性思维"，需要把课程开发的视野拓展到多维空间，建立课程的空间意识和空间思维。

有学者认为，职业教育课程本质上具有空间意蕴，综合职业能力是在空间场域中实践与交互生成的，课程建设需要构建物质空间、主题空间和人化空间，

① 付强，辛晓玲. 空间社会学视域下的学校教育空间生产 [J]. 山东社会科学，2019（4）：74-79.
② 许亚锋，高红英. 面向人工智能时代的学习空间变革研究 [J]. 远程教育杂志，2018，36（1）：48-60.

课程设计需要从任务设计走向情境设计，从教学设计走向学习设计，从传统课堂设计走向无边界设计。[①] 笔者认为，课程的空间意蕴不局限于职业教育领域，普通教育领域课程亦具有空间意蕴。因此，从构成要素上看，无论是空间系统的再造，还是空间场域的重塑，抑或空间关系的建立，高诠释性课程空间都离不开物、事和人三要素及其之间的互动，课程空间建构需要从物理空间、主题空间和人化空间入手。

1. 建设物理课程空间。

物理空间作为一种真实的存在，与个体之间必然保持着持续显性或隐性的互动，扮演着默默育人的角色。然而，课程的高情境性决定了物理空间在课程设计中的重要性，物理空间的意义在教育中不能停留于熏陶层面，而要把物理空间作为课程本身来精心设计和开发，赋予物理空间以显性的育人意义。把物理空间作为一种课程开发，将空间建构的指向，由观照物理空间的形式美转向观照育人的实质意义。

2. 构建主题课程空间。

一个静态的物理空间，其所表现的教育意义是非常有限的，只有赋予其空间人文意义，才会显现出系统性的育人功能。没有主题的物理空间，是没有灵魂的空间，构建主题是课程空间的核心内容，空间各要素通过主题的统领作用，才会形成交互、聚合与共鸣，形成更为强大的空间育人效应。目前，很多学校的教室还在普遍追求标准化的方寸空间，但也有不少学校的教室却越来越像温暖的家，在这个温暖舒适的"家"里，集中了尽可能丰富的教育资源，让孩子们触手可及、乐在其中，随时可以展开各种学习和探究，创设了优质的主题空间。

3. 创设人化课程空间。

课程视域下的空间，是以实体空间为基础的通过"人"的活动创造的"人化空间"，实际上，强调人的参与，空间才注入了灵魂，才能达到升华主题空间的价

---

① 张国红. 空间：职业教育课程的现代意蕴 [J]. 职业技术教育，2016，37（7）：16-20.

值。教师与学生显然是人化空间的积极建设者和受益者。只有教师在空间中作为课程开发者，通过与学生互动才能形成人化课程空间。"教师即课程"，教师是空间课程的隐性资源。创设人化空间，一方面，我们需要配备一支课程意识清晰的课程开发团队，具有足够的专业素养和人格魅力，能形成强大的教育气场；另一方面，我们应突破"一课一师"的传统思维、突破"课时制"的实践框架，尽量延长教师与学生相处于同一空间的接触时间，让教育慢下来，让教师按照课程目标，更加自主地构建属于这个空间的课程，把原本被一节节课切碎的时空以整体设计的方式呈现给学生，把"人化空间"还给学生，为良好师生关系提供宽广的时空基础。

总之，课程是带有空间属性的进程。在横向上，课程不仅仅是教育内容，还是教师、学生、课程资源与情境构成的生态系统；在纵向上，课程开发不仅要开发教与学行为赖以发生的框架，而且要开发教与学行动本身。因此，课程是为师生共同学习所设计的教育空间，以及在这个空间中所进行的一切教育活动。在课程建设中，我们需要从"空间"视角来设计课程，强化教师的课程意识，不只是把空间看作是物理环境的装饰，而要把空间设计看作是一种课程设计，并且，要把空间当作一件"作品"来创作，该作品的主题就是人的发展，把学生放在空间的中央来思考，建构师生共同参与的课程空间。因此，空间不再是单纯的实体存在，也不再仅仅具有"墙壁说话"的意义，空间即课程本身，这就是高诠释性课程空间的魅力。

温馨提示

课程具有空间意蕴。高诠释性课程空间离不开物、事和人三要素及其之间的互动，课程空间建构需要从物质空间、主题空间和人化空间入手。

14 高扎根性课程研究：深刻理解特定场景的课程实践

课程探究总是处于具体场景之中的，不但受到特定场景的时空限制，而且特定场景本身就是课程探究的有机构成部分。其实，场景普遍存在于人类行为和思维活动中，场景的特定性展现了课程研究的扎根性需求。课程研究的重点是深刻理解特定情境和条件下的课程实践本身，而不是理论推导和逻辑演绎。课程研究不能脱离实践，不能为理论而理论。历史表明，具有生命力的理论，往往是扎根于实践中、生成于实践中的。高扎根性课程研究，是在马克思主义实践观基础上产生的，在研究取向、目标、对象、主体以及结果等方面，有其独特的要求，它特别强调课程研究的实践性和情境性。①

1. 研究取向：关注具体课程实践

从研究取向看，高扎根性课程研究放弃了对宏大理论的追求，而是以具体课程实践为取向。

实践是课程研究的最终目的，课程研究归根结底是为了服务课程实践，提升课程实践品质。回归课程实践，是课程研究的价值所在。然而，我们目前仍然患有课程研究"实践缺乏症"，常常离开鲜活的课程实践场景，追求理论层次的"高大上"，张扬理论性的"野蛮生长"，隔断实践的"话语权力"，凸显研究价值的"急功近利"。可以说，课程研究亟须进一步回到鲜活的课程实践，并在鲜活的课程实践中繁荣自身。

一句话，研究视角从宏大庄严转向具体实践，关注具体学校、具体教师、具体学生以及具体课程，关注对实践的研究、为实践的研究、在实践中研究，是高扎根性课程研究的基本取向。

---

① 杨四耕. 场景课程论：当代课程理论发展的一个方向 [J]. 教育学术月刊，2021（11）：3-10.

2. 研究目标：解决具体课程问题

从研究目标看，高扎根性课程研究不以理论构建为目标，而以解决课程实践问题为追求。

研究是从真实问题开始的。袁振国教授指出："所谓真实问题即值得研究、可以研究且能够被验证的问题，只有基于真实问题的研究，才能获得确切的结论，取得学术共同体的共识，实现知识的增长。"[①] 高扎根性课程研究所面对的问题，是关于特定场景的课程实践问题，是期待获得具体解答的真实问题。从问题类型角度看，不同场景需要解决不同问题，如意义类问题、描述类问题、过程类问题和技术类问题等。以求解具体问题为目标，在问题解决中形成专业意见，是高扎根性课程研究的目标所在。

总之，从追求普遍真理转向理解实践、改善实践、提升实践，是高扎根性课程研究的一个重要转向。高扎根性课程研究坚信：脱离具体实践场景的研究是没有意义的，任何理论只有在特定场景中并能够解决特定的问题才有价值。

3. 研究对象：聚焦特定课程存在

从研究对象角度看，高扎根性课程研究不以抽象的课程现象和规律为对象，而以具体的课程存在为聚焦。

高扎根性课程研究致力于特定课程场景的整体把握。这种整体把握纯粹是为了课程实践，为了使研究者可以更方便地分析和解答课程实践问题。因此，高扎根性课程研究并不假定有一个超验的课程存在，而总是聚焦特定场景的具体课程存在，包括特定课程场景中的物质性存在、活动性存在、观念性存在、文本性存在以及制度性存在等。这些"课程存在"或体现于课程实践活动主体，或存在于包含课程实践活动的多方面成果当中，或存在于研究者和实践者自身的思想观念之中。从"行为分析"到"场景研究"，从"课程开发"到"课程实践"，这是课程研究方法论从"原子思维"转向"复杂思维"的一次尝试。

---

① 袁振国. 科学问题与教育学知识增长 [J]. 教育研究，2019，40（4）：4-14.

4. 研究主体：主位介入课程实践

从研究主体角度看，高扎根性课程研究放弃了旁观者视角，而以主位介入为己任。

按照是否介入研究，研究关系可以分为参与型和旁观型两种。参与型研究意味着研究者直接与被研究者一起，在活动中密切双方的关系，"感同身受"地了解实践的自然过程，卷入真实的实践场景。以主位介入方式融入课程实践场景，这是高扎根性课程研究的显著特征。在主位介入过程中，研究者以多种方式直接地、主动地参与到课程实践之中，以活动参与者的身份获得"非反思性的理解"。秉持实证主义方法论的学者在面对复杂的课程实践时，往往采取有序的程式描述课程开发过程。不可否认，它可以使研究方法具有可操作性，但这种研究路径忽视了研究者参与场景的丰富体验和细节感受。用布迪厄的观点来说就是，他们"用一个受制于某种自然史之过时法则的机器人来替代主观主义的'有创造力的主体'"，"这等于是把历史简化为'没有主体的过程'"。[①] 高扎根性课程研究倡导的主体参与式研究，通过融入到课程实践中来了解包括不易观察的有关因素，捕捉课程实践过程中的关键细节，综合运用说明与理解的方法来全面地考察特定课程场景。很明显，这比实证主义和诠释主义能更充分地掌握课程实践的真实状况。

5. 研究结果：建立场景化权宜理论

从研究结果角度看，高扎根性课程研究不以揭示普遍规律为追求，而以建立场景化权宜理论为导向。

高扎根性课程研究所追求的是用符合此时此情的、场景化的理论说明来回答课程实践所提出的问题，这种说明既有特定的实践内容，又以"准理论"的形式呈现。换言之，高扎根性课程研究秉持理论是场景化的经验判断和权宜性的理论描述之立场，它"消化"了书本概念和纯粹理论，但又不受困于实践的粗糙和行

---

① ［法］皮埃尔·布迪厄. 实践感［M］. 蒋梓骅，译，南京：译林出版社，2012：56.

动的感性。高扎根性课程研究，在涉及主观因素时更接近人文理解立场，在涉及客观因素时更倾向规律揭示做法，这都是由课程研究者的主位研究意识所决定的。

总之，高扎根性课程研究坚持直面鲜活的课程实践，坚持介入式地回应课程实践真问题，坚持基于实践智慧的理论思考与场景理解。其实，高扎根性课程研究并不神秘，它就在我们每一个人的身边；每一所学校、每一位教师都是课程的创造者；我们在"为了课程、关于课程、在课程中"，创造了连我们自己都不敢相信的、不一样的课程。每一个人都是局内人，都是课程研究者，进入课程实践才能成为真正的"课程人"。

温馨提示

　　课程研究的重点是深刻理解特定情境和条件下的课程实践本身，而不是理论推导和逻辑演绎。

15　高专业性课程管理：彰显课程管理的创造性过程

课程的生成性品格客观上要求我们关注课程管理的生成性过程，彰显课程管理的过程性、境遇性、关系性和创造性。高专业性课程管理是不断生成的过程，它聚于目标，起于问题，成于制度，归于文化。①

---

① 杨四耕. 学校课程管理的生成性过程与方法论定位——过程哲学视角 [J]. 教育学术月刊，2023（6）：3-11.

1. 聚于目标：用目标管理推进课程变革

我们很多学校"有课程内容，无育人目标；有育人目标，无课程目标；有课程目标，无目标管理"，由此造成了"课程离心化"倾向。

目标管理是以目标的设置与分解、目标的推进与达成及其反馈为手段，通过自我管理来实现最终目的的一种管理方法。学校课程变革应基于理性精神之诉求，按照过程哲学指引下的目标管理要求，围绕育人目标的实现来推进课程育人过程，具体操作如下：

首先，确定学校育人目标。育人目标的确立必须依据全面发展的教育方针要求，结合学校课程理念，清晰地刻画育人目标。清晰刻画育人目标，应注意使育人目标符合全面发展的意涵与要求，五育融合，切合实际，与学生的心理年龄和发展阶段相适应，表述应通俗易懂，生动形象。

其次，厘定学校课程目标。学校课程目标是育人目标的年段要求和具体表现，它可以对照国家课程方案的总体要求和学校的特定实际有机结合，逐级分解，清晰明确。

最后，建构学校课程体系。基于课程目标，建构学校课程体系：横向上，要求对学校课程进行逻辑梳理与分类，搭建学校课程框架；纵向上，要求按照年级与学期时间序列匹配课程，形成可见的、支持目标实现的课程图谱。

可以说，学校课程体系建构是目标导引的理性精神照耀学校课程变革的过程，很好地体现了育人目标同课程目标的完美结合，很好地体现了把课程作为"跑道"和作为"奔跑"过程的有机结合。

2. 起于问题：以问题管理驱动课程变革

课程改革起于问题。问题管理是以解决问题为导向，以发现问题、界定问题、分析问题、归结问题和处理问题为切入点的一套管理方法。在课程建设过程中，运用问题管理方法有如下基本要求：

第一，树立问题意识。问题管理不仅是一种管理方法，还是一种专业姿态。在学校课程管理中，问题意识匮乏，对问题不敏感，遇到问题绕道走的现象很普遍。要推进学校课程管理，实现课程发展，确实需要树立问题意识，不断发现问题，创造性地解决问题。

第二，把握问题属性。我们要善于区分显性问题和隐性问题。学校课程变革中有的问题显而易见，有的深藏不露。对显见问题，直接分析解决。此外，我们还要有敏锐的专业洞察力，善于挖掘隐性问题。现实是，我们不少学校管理者缺乏课程变革的积极性、主动性和创造性，即使发现了问题也不去面对，因循守旧，缺乏创新。我们倡导以辩证的思维方法，正确把握课程改革过程中的系列问题，从"点与面""虚与实""表与里"等维度把握问题的根本和关键。

第三，寻找问题根源。课程变革是一个非线性的、开放的、动态的复杂系统，它涉及多方面的因素，不仅涉及课程变革的决策者、设计者，还包括课程变革的实施者以及其他利益相关者，需要用复杂、科学的基本原理来分析问题产生的原因和影响因素，把握问题产生的最根本的原因。因此，我们要运用战略思维，从整体角度来分析全局、洞察本质，科学研判，去寻找问题的根源。

第四，提出解决策略。策略要针对问题产生的根源，有的放矢，各个击破，重点解决影响课程发展的关键问题，把有限精力聚焦在重点问题上，针对重点问题梳理出关键点，抓住关键点，抓住问题的主要矛盾，处理好主与次、重与轻、急与缓、难与易等诸方面的关系，查找短板问题，聚焦重点任务，提出优化措施，思考改进对策，落实整改举措，学校课程变革的问题就会迎刃而解。

第五，养成研究习惯。课程乃是探究的领域，课程变革须臾离不开行动研究。可以说，行动研究是学校课程变革不可或缺的工具。教师通过研究解决他们在课程变革中所遇到的问题，基于实践形成解决问题的一般思路与方法。但是，人们常常看不到问题，甚至刻意回避问题。要知道，问题不会因我们回避而自行消失，结果只能使问题迭出，甚至转化为危机。因此，学校课程管理团队要养成研究问题的习惯，让研究意识伴随学校课程变革之始终。

3. 成于制度：以制度管理规约课程变革

学校课程制度是按照一定的教育价值观研制的，是落实课程计划、研制课程规划、促进课程实施、推进课程管理和评价的所有成员必须共同遵守的一系列行为规范和准则。在过程哲学意义上，学校课程制度具有教育性、价值性、策略性、规约性和反思性等基本特征。

一是课程制度的教育性。好的课程制度是重要的教育资源，它可以增强课程主体的权利意识和规范意识，提高人的积极主动性，唤醒人的自我意识；坏的课程制度则是身心发展的牢笼，它压抑人的天性，控制人的发展方向，使人朝着不利于自身的方向发展，最终的结果就是使人成为别人手中的工具，摧残人的创造性，压抑人的批判意识和怀疑精神。因此，课程制度的建构和设计要考虑制度本身的教育意义，凸显制度的正向教育影响。

二是课程制度的价值性。在课程制度建构与设计过程中，遵循课程制度的价值性原则，首先就要深刻理解学校课程的育人属性，把握学校课程的价值与功能，形成具有高扬时代精神和宣示立德树人立场的课程理念，并将这一理念蕴含在学校课程建设的基本规范中。同时，要完整地把握学校育人目标的"全面发展"内涵，以此为指导精准厘定学校课程目标，明确学校课程对学生核心素养发展的整体要求，基于目标引领提出符合育人要求的学校课程开发的指导性意见，为育人目标的实现提供制度支撑。

三是课程制度的策略性。策略是为了实现预定目标，在一个大的"架构"中进行的一系列思考、选择和行动要求。课程制度是在学校教育价值观指引下的一种思考、选择和行动规范，是我们面对课程变革"如何思考、如何选择、如何行动"的策略性知识。学校课程制度是一套具有价值指引性和行为规定性有机结合的、如何推进课程开发与实施的行为细则，应体现课程制度的策略性和实践性，它不是泛泛而谈、大而化之的课程建设准则，课程制度的建构和设计，应充分体现课程开发行为的细节实在性和现实操作性，具有校本化的实践智慧属性，是课程研究成果的实践转化和课程变革经验的制度提升。

四是课程制度的规约性。学校课程制度是一套课程建设的规范和约定，是关于"怎么办"的程序性知识，具有鲜明的规约性。学校是课程管理的主体，是课程决策的机构，是课程权力的行使单元。学校如何进行课程决策、课程开发以及课程管理，需要有一套行为规范和程序约定，以保证学校课程建设有章可循。学校通过课程制度建立起课程质量标准、课程认证程序、课程实施质量，以及学生学业成就监控等一整套管理规范，推进课程变革的有序开展。

五是课程制度的反思性。课程制度不是一成不变的，它可以根据实际情况重构，具有可改变性；也可以根据实际情况调整，具有实践弹性。因此，在某种意义上，课程制度具有较强的反思性。从课程制度的主体看，任何课程制度的建构和运行都离不开课程实践者，课程实践者的反思精神夯实了课程制度变革的微观基础。从课程制度的动力来源看，课程制度建构的初始动力来源于课程开发的价值追求与现实情境的矛盾，课程制度正是在需求与供给的矛盾运动之中酝酿、生成、反思和调整的。

4. 归于文化：以文化管理提升课程变革

课程作为一种文化现象，课程管理自然离不开文化管理。文化管理虽没有固定的程式或方法，但有规律可循。在学校课程变革过程中，文化管理有三个重要的考量向度：

第一，语境制约性和自主选择性统一。一所学校就是一个语境，课程管理受制于特定语境，语境约定了意义，是意义的判断标准。清晰学校课程变革的"家底"，是学校课程管理的前提。提升学校管理团队的课程自觉和专业水准，增强自主选择和自觉应对的能力，将自主选择建立在对特定语境制约性的深刻理解和把握基础之上，实现语境制约性和自主选择性的有机统一。

第二，传统继承性和过程生成性统一。"过去——现在——未来"是一个连续的生成过程，学校课程文化管理应该通盘考虑传统的继承和当下的现实，着眼未来，思考生成。如何看待课程传统，如何看到这些传统的优秀基质，如何吸取课程传统的精华，如何生成新的课程哲学，如何发展新的课程项目，如何推进新的课程评价与管理，都是学校课程文化管理的议题。传统总是以其独特的方式延续在蕴含着现在与未来的连接点中，简单抛弃传统是不明智的，故步自封也是不可取的。

　　第三，文化转型性与变革渐进性统一。课程文化转型的关键是基于价值取向变革的学校课程模式重构，这种重构需要体现在学校课程哲学的价值高瞻中，需要体现在学校课程要素的逻辑布局中，需要通过课程物质文化、课程制度文化、课程行为文化和课程精神文化的整体运思来体现。不过，课程文化整体转型是就转型的视角、目标和结果而言的。课程文化转型多因复杂性和过程艰巨性，决定了其转型不可能一蹴而就。课程文化变革需要一系列的课程变革行动支撑。课程文化转型是一个渐进的过程，是一个需要足够的专业慎思的过程。课程文化发展的渐进性，要求我们在管理过程中要充分研究课程文化转型之各要素、各环节的内在联系，充分发挥实践理性，基于实践可能创新设计学校课程发展项目，推动学校课程发展。

温馨提示

　　高专业性课程管理是不断生成的过程，它聚于目标，起于问题，成于制度，归于文化。由此，学校课程管理方法论定位便蕴含其中。

16 高协同性课程治理：外部治理机制与内部治理机制协同共治

　　推进课程改革，课程治理体制机制变革十分重要。2014年，教育部印发《关于全面深化课程改革落实立德树人根本任务的意见》，提出要基本形成多方参与、齐心协力、互相配合的育人工作格局。2017 年，中共中央办公厅、国务院办公厅印发《关于深化教育体制机制改革的意见》，指出政府依法宏观管理、学校依法自主办学、社会有序参与、各方合力推进的格局要更加完善，为发展具有中国特色、世界水平的现代教育提供制度支撑。从国家、地方、学校三级课程管理到政府、学校、社会、家长及各利益相关者共同参与的育人格局，体现了从国家对课程直接管理到多主体协商共同治理的变化。在学校课程治理的内外部机制中，关键是学校课程外部的体制机制。①

1. 建立国家指引、地方统筹、学校自主、家长参与和社会监督评价的学校外部课程治理机制。目前，学校课程由国家、地方和学校进行三级课程管理，这是一种分权治理的思路。国家负责开发满足公民共同利益需要的课程，地方负责开发适应地方需要的课程，学校负责开发满足学生兴趣特长需要的课程。国家对学校课程治理的权力主要在于规范地方和学校课程的政治方向，国家对学校课程发展的责任在于为学校课程发展提供方向和质量标准，为学校课程发展提供专业服务支持；地方政府的作用在于统筹学校课程发展的各种力量，为区域内学校课程的优质均衡发展提供公平环境和专业服务支持；学校的作用在于主动开放，充分调动师生、家长、社会的支持及参与，通过多样化、优质化的课程供给满足学生全面而有个性发展的需要。

2. 建立学校主导、家长和社区参与、专业力量支持的学校课程内部治理机制。要保证学校课程发展权力运行通畅，要建立学校课程发展委员会制度，以课程为学校中心工作，整合其他职能部门。这样才能从组织制度上保证学校立德树人根本任务的落实。学校课程发展委员会由学校领导、中层干部、教师代

---

① 胡定荣，齐方萍. 学校课程治理现代化的目标、内涵与实现路径 [J]. 教育科学研究，2021（7）：11 – 16+23.

表、社区代表和家长代表、学生代表、专家代表组成；学校课程发展委员会下设总体课程规划组、学习领域课程研发组、课程实施与评价组、课程支援组、课程宣传组等机构；各机构需要明确具体人员、职责和活动方式。这样使学校课程发展在科学流程和制度化轨道上运行，接受上级部门和社会的督导与监督，保证学校课程权力的合法合理运用。

学校如何"化三级课程为三类课程"，这就是需要具有高协同性课程治理思维。我们认为，高协同性课程治理可以从政府、学校、社会等多个层面入手，优化课程治理体系，为推进课程改革提供保障。其一，给予学校更多的办学自主权，鼓励学校特色发展，充分发挥基层学校的创造力，探索推行办学新模式，发挥优质资源的辐射引领作用；其二，放活规划设计权，引领学校直面教育教学重点和难点问题，研制学校课程规划，建设各具特色的学校课程体系；其三，放宽课程研究权，坚持课题导向，引领中小学深入开展学校课程研究；其四，探索家长参与制度，创建家长学校、家长社团、家长义工等制度，调动家长参与学校课程的积极性和主动性；其五，探索学校与社区双向互动的办法，如各社区有序向学校开放诸如文物遗迹、非物质文化遗产等资源，支持学生参观、调查和研究，充分利用社会资源，开发特色课程；其六，积极主动地引导媒体正向、正面宣传报道学校，鼓励学校将成功经验和典型事迹通过媒体与社会分享，扩大学校的知名度、美誉度，争取更多的支持者；同时借助媒体的眼光和视野，助推学校课程育人体系的不断完善。

值得注意的是，任何时代，国家在课程建设方面都是居主体地位和发挥主导作用的，这一点决定了课程治理的国家性、政治性、协同性和制度性。打造高协同性课程治理组织体系，是课程治理国家体制构建的核心任务。按照沈阳师范大学郝德永教授的观点：课程治理组织体系建设，须明确国家在课程治理中的统筹、协调地位，并充分发挥地方、学校以及专家、教师课程治理作用，构建国家主治、多元共治的课程治理组织体系。他认为，高协同性课程治理组织体系建构，需遵循多元性、垂直型、一体式原则。①

一是多元性。协同治理是多方参与的共治体制。多元共治是协同治理的精髓要义与基本立场。摒弃一元性管理体制，遵循多元、共治原则重构国家治理体系，成为我国治理体制改革的基本方向。构建多元协同治理体制，成为我国课程治理体制改革的基本趋势。课程治理不仅是政府行政职责，而且是行业专家及教师的专业职责。政府、专家、教师都具有课程治理权力、责任与任务。从一元性治理转向多元协同治理，是课程治理体制改革的逻辑起点，是新时代我国国家课程治理体制建构的基本立场与路径。

二是垂直型。协同治理是政府主导的垂直型治理体制。主治与共治共存、统筹与配合相济，是协同治理的精髓要义。治理共同体与共治模式的建构常常陷入下放政府权力、分割政府权力的误区，造成政府治理地位、权力的弱化现象。《中共中央关于深化党和国家机构改革的决定》指出："协同就是要有统有分、有主有次。"因而，多元治理并非没有主治的共治。国家课程治理体制的建构，关键在于建立从中央、地方到学校以及由政府、学者、教师代表参与的"垂直型"组织体系。

三是一体式。协同治理是多元统一的一体式治理体制。分工而不分离、分责而不分立，是协同治理的基本立场。协同治理既不是"去中心"，也不是"多中心"，而是政府主导的多级一体式治理。一体式课程治理体系建构并不是要改变政府的主体地位、主导原则与主治角色，而是遵循一盘棋方针与一致性原则，构建在政府主导、统筹基础上多层面、多层级参与的课程治理组织体系。

总之，高协同性的课程治理要处理好主治与共治的关系，突出国家主体的课程治理体制；处理好政治与专业的关系，突出政治引领的课程治理路线；处理好政策与共识的关系，突出制度主导的课程治理方式。

---

① 郝德永. 论课程治理的国家体制［J］. 教育研究，2023，44（1）：58-68.

温馨提示

　　高协同性的课程治理不仅要建立国家指引、地方统筹、学校自主、家长参与和社会监督评价的学校外部课程治理机制，而且要激活学校主导、家长和社区参与、专业力量支持的学校课程内部治理机制，多主体协同共治，促进课程健康发展。

17　高自觉性课程主体：作为"有创见的主体"主动地介入

　　课程自觉是人们基于对课程的理性认识，为着课程品质的提升而有清晰的目标意识和科学的路径观念，自觉参与课程变革实践的理性之思与理性之行。高自觉性课程主体是一种思想、一种行动、一种文化自觉，它包含课程自知、课程自在、课程自为、课程自省以及课程自立等基本构成，是有密度、有内涵的课程自觉。①

　　1. 清晰的课程自知。

　　文化自觉必须从认识自己的文化处境开始。课程自知是人们对课程情境的自觉理解，对课程理念和愿景的清晰判断，对课程内容和框架的基本认识，对

---

① 杨四耕. 自主性变革：走向课程自觉的美好境界 ［J］. 中国教育学刊，2020（5）：66－70.

课程实施路径和方位的整体把握。认识课程，认识自我，这不是一件容易的事。对一位校长来说，课程自知意味着对学校课程规划的整体理解，自觉研判学校文化与课程建构的关系、育人目标与课程架构的关系、资源调配与课程实施的关系、质量提升与课程管理的关系；对一位教师来说，课程自知意味着对学科课程群建设的自觉思考，自觉跳出"课程即科目""教材即课程""课程即教学内容"等狭隘的课程观，建立与立德树人要求相适应的崭新课程观，确立丰富学生的学习经历之课程育人观。

2. 透彻的课程自在。

萨特说：存在先于本质。"人首先存在与自身相遇，在这个世界上崛起，然后才规定他自己。"他将存在分为自在之在和自为之在，自在之在是物体同其本身等同的存在，自为之在是同意识一起扩展的存在。按照萨特的解释，"任何真理和行动既包含客观环境，又包含人的主观性在内"。"世界是自为的整个处境，是自为的实存的衡量尺度。"[①] 对学校课程变革而言，课程自觉需要深刻理解课程自在的文化，需要完整把握课程自在的处境，需要清晰认识课程变革的制度环境和现实可能，进而意识到哪些是可为的、哪些是不可为的；哪些是必须做的，哪些是可选择的；哪些是自己即可为的，哪些是需要制度支持的。

3. 积极的课程自为。

人是自在之在和自为之在的结合。人有自在之在，比如人的身体、职业、角色等，但是我们不能根据这些自在之在来判断人的本质。按照萨特的观点，自为之在是自我规定自己存在的，是超越世界并且在超越世界时使之存在。[②] 换言之，人的本质不是先在的，不是被给定的，而是意识参与的自由选择与实存面对。觉醒的意识是自为的内在结构，自为之在就是面对自我在场的觉醒和行动。对学校课程变革而言，课程主体按照课程发展规律，通过自身的自觉行为，

① ［法］让-保罗·萨特. 存在主义是一种人道主义［M］. 周煦良，汤永宽，译. 上海：上海译文出版社，2008：2.

② ［法］萨特. 存在与虚无［M］. 陈宣良，等，译. 北京：生活·读书·新知三联书店，2007：384.

积极参与学校课程变革，实现课程品质的提升就是课程自为。课程自为意味着我们对课程自在的不满足，意味着我们开动脑筋积极谋划学校整体课程变革，意味着我们积极挖掘学校课程变革空间，意味着我们通过直面本己的课程实践培育新的文化，意味着我们在积极的卷入中推进课程深度变革。

4. 深刻的课程自省。

课程自省即课程反思。杜威指出："所谓思维或反思，就是识别我们所尝试的事和所发生的结果之间的关系。""思维就是有意识地努力去发现我们所做的事和所造成的结果之间的特定的联接，使两者连接起来。"① 学校课程变革是一种反思性实践，需要对实践进行反思，再将反思带到新的实践中去。反思性实践是一种主动且持续地审视理论、信念和假设的过程，它可以帮助我们在课程实践中审思每一个专业判断之下的潜在逻辑，选择合适的方式应对可能的情境。课程反思是具有超越属性的反思，当你站在既定的框架里去检查这些规则的时候，是无法发现这些规则的问题的；如果你可以跳脱出来，不带评判和预设地去分析这些规则，其中的不妥之处就会被你看到。课程反省是一种能力，当你掌握了这项能力的时候，你就像"觉醒"了一样，一样的世界，你却会有不一样的"看法"。

5. 持守的课程自立。

《礼记·儒行》："力行以待取，其自立有如此者。"每一个人只有在自己的行动中，才能发现自己，才能向世界宣布他具有怎样的价值。课程自立是一个人认识到课程变革是自己的事，要有自己的立场、自己的创见，自持自守，不为外力所动，不随波逐流，进而"回到粗糙的地面"（维特根斯坦语），自觉参与到课程变革中来。课程自立本质上是在课程自知、课程自在、课程自为以及课程自省的作用之下，依靠自己的自觉和力量对课程实践有所贡献，并在此过程中逐渐增强自己的课程能力和专业成熟度，基于行动确证自己的"课程人"

---

① ［美］杜威. 杜威教育论著选［M］. 赵祥麟，王承绪，译. 上海：华东师范大学出版社，1981：331.

地位。

以上五个方面是"自主性变革"的文化自觉之表征。当一所学校拥有自主性变革意识的时候，学校课程的主体状态就会发生一系列的变化。因此，自主性变革是学校生机活力的主体源泉，是落实学校办学自主权的内在意蕴。一所学校仅仅有一些如人事权、经费处置权等外在的办学自主权是远远不够的，进入深水区的学校课程变革亟需在课程的文化自觉方面推进具有内在意义的自主性变革。迈克尔·富兰指出，影响学校课程变革的因素主要有三个方面：一是变革之特征，如需要、清晰度、复杂性和资素/实用性；二是学校特征，包括地区、社区、校长和教师；三是外在因素，包含政府与其他媒介。影响学校课程变革的因素当然是复杂的，其中一个方面不加以配合，整体效果就会受到影响，甚至会发生"无变革"现象。[①] 自主性变革，其实是对影响学校课程变革的内外因素有全面而透彻的自知和自觉，并基于这种自知和自觉推动学校课程深度变革。

当我们拥有了高自觉性课程主体，有了清晰的课程自知、透彻的课程自在、积极的课程自为、深刻的课程自省以及持守的课程自立的时候，我们便作为"有创见的主体"主动地介入到课程决策、设计、实施、评价与管理的全过程之中了，学校课程深度变革便自然而然地发生了，高质量教育体系建设便有了可能。

温馨提示

　　课程自觉是人们基于对课程的理性认识，为着课程品质的提升而有清晰的目标意识和科学的路径观念，自觉参与课程变革实践的理性之思与理性之行。

---

① Fulan, M & Stiegelbruer, S. The New Meaning of Educational Change（2nd）［M］. New York：Teachers College Press，1991：66－68.

18　高赋能性课程平台：用强大的技术赋能学校课程变革

我们正处于百年未有之大变局的时代。信息化、智能化的快速发展，加速了世界的深度变革，给教育发展带来前所未有的挑战和机遇，也为我们建设高品质课程体系创造了条件和可能。

当今社会是以数字化、网络化、智能化为特征的信息化社会。高赋能性课程平台的主要特征是教材多媒化、资源全球化、教学个性化、学习自主化、任务合作化、环境虚拟化和管理自动化。高赋能性课程平台实现了三大转变：一是从封闭转向开放，学习不再受时间和空间限制，学习者可以根据自己的喜好和需求来选择学习资源和进度；二是从专有转向共享，学习者拥有了取之不尽、用之不竭的丰富在线课程资源；三是从单向转向交互，师生之间、生生之间可以通过信息技术快捷地交流和沟通，可以获得多维度的信息反馈。

当前，云计算、移动互联网、大数据、人工智能、区块链等技术迅速发展，世界开始从信息社会向智能社会转变。一站式、智能化、个性化等开放灵活和功能强大的技术，促进了教育观念、学习模式、课程评价等方面的深刻变革，为大面积因材施教的实现提供技术赋能。教师不再是知识垄断者，而是资源分享者，学习者可以在任何时间、任何空间，以任何形式展开学习，学习具有生活化和全息化特征。

面向高质量教育体系建设的新要求，我们要充分利用数字化赋能基础教育，推动数字化在教学时空拓展、优质资源共享、课程内容丰富、学习方式优化、教学评价创意等方面广泛应用，更好地适应知识创新、素养形成发展等新要求，助力教育质量提高。可以说，智能化、信息化为高质量教育体系建设提供了强大的技术支撑。

上海市黄浦区卢湾一中心小学吴蓉瑾校长团队完成的 2022 年基础教育国家

级教学成果特等奖项目"数智技术与情感教育双驱动的小学育人模式实践探索"就是高赋能性课程平台探索的很好例证。[①] 该校全方位捕捉每个学生的学习状态、特点潜质，关注学业更关注成长、成人；让每位教师都拥有"智慧"的育人"助手"，助力教师"教好书"更要"育好人"；通过人技结合，助力因材施教，更赋能立德树人……这是上海市黄浦区卢湾一中心小学正在形成的教育新生态。他们用数智技术赋能爱的教育，推动小学育人模式从知识灌输走向素养培育，实现五育并举、五育融合，信息技术是重要的"引擎"。然而，在实践应用中"只见技术不见人"的误区如何"系统化"突破？新时代小学育人模式转型难题如何破解？上海市黄浦区卢湾一中心小学多年来坚持发展素质教育，积极应用数智技术，探索新时代小学育人模式转型。学校以 20 年情感教育研究为基础，应用最新数智技术，卢湾一小融合数据智能与教师智慧，人技结合优势互补，术道相融协同共育，初步建构起"育人全过程融合、教学全流程优化、评价全要素诊断、教师全方位发展"的小学育人新模式。

上海市黄浦区卢湾一中心小学 2010 年开始局部探索将数智技术应用于教育教学碎片化场景，2018 年全面启动了数智技术与情感教育双驱动的育人模式探索实践，持续不断进行着率先之探。吴蓉瑾校长认为，小学阶段是培养情感能力、人格品德、兴趣特长的关键期。将情感教育与数智技术结合，就是要发挥情感教育在把握育人规律上的导向作用，牢牢抓住立德树人的不变根本。同时，不断探索推动育人模式转型的新手段和新方式。在了解学生身心发展、发现能力短长、贯通教育环节、促进五育融合、推进评价诊断等方面，紧跟数字时代变化的步伐。[②]

为此，上海市黄浦区卢湾一中心小学建立了伴随式、去屏化、全周期数据采集系统，将数据采集应用范围拓展至育人全过程，不仅覆盖知识、能力，而

---

① 吴蓉瑾. 以数字教育探索中国式教育现代化之路［J］. 中国基础教育，2022（11）：16 - 17.

② 吴蓉瑾. 双轮驱动立德树人为孩子们扣好人生的第一粒扣子——黄浦区卢湾一中心小学的"情感教育"之路［J］. 上海教育，2023（25）：30 - 31.

且特别关注学生行为数据、情绪数据等，建构精细数字画像。学校通过物联网与数字基座，存储和积累了包含学生基本情况、家庭成长、体质健康等各类数据；依托智能无感知系统，全方位细粒度了解课堂中每名学生的客观学习反馈情况；还充分利用"云课桌""云手表""云剧场""云图书馆"等云系列教学设备，生成学生在校听、说、读、写的大数据。

学生是复杂而多样的，学校生活的全过程都是学生成长的过程，如何找准学生发展的关键点呢？上海市黄浦区卢湾一中心小学将信息技术融入五育全环节、覆盖学科全领域，建立学生更全面数字画像，德智体美劳五个一级指标包含130余个具体指标。同时，依托200多门跨学科、融五育的特色课程，丰富学生情感体验，积极探索多学科、多主体与知行间、五育间的育人全过程融合。

在数智技术与育人的全过程融合中，每位教师也逐步实现对学生跨学科、全方位的了解，让综合育人既有实践载体，又有纽带驱动。在教师智慧与数字智能的共同支撑下，以往教师对某个学生的了解，多是基于学科课堂单一维度和成长片段，而现在教师对学生的了解，可以跨越全学科和教育教学全过程，并与各学科的教师和家长一起，共同参与到对某个学生的诊断与帮助中，促进课堂真正智慧互联、减负增趣、情感互通。

上海市黄浦区卢湾一中心小学的实践探索取得了显著成效。在新模式下，数智技术为学校注入了育人活力，情感教育让学校把握了育人方向，学生整体综合素质、学习兴趣、知行合一能力显著增强。连续四年的上海市中小学生学业质量绿色指标评价结果显示，卢湾一小在保持学业水平领先的同时，学生学业负担指数持续下降；师生关系评价高，100%的学生增强了学习动机、对学校认同度、学习自信心。学校在全国学生体质健康测试中成绩逐年递增，学生睡眠时间充足，课外运动时间全市领先。一所家门口的普通小学，通过持续实践研究，为教育信息化发展树起了"育人为本"的标杆，也为新时代小学教育探索出了具有操作性和普适性的育人新模式。

温馨提示

    一站式、智能化、个性化等功能强大的技术，可以极大地促进教育观念、学习模式、课程评价的深刻变革，为实现大面积因材施教助力。

第二章

学校课程深度变革的 18 条建议

学校课程深度变革有五条很重要的原理，我们谓之"首要课程原理"：一是聚焦学习原理，围绕学生，聚焦学习，增强学力；二是情境慎思原理，从学校实际出发，理清学校的课程发展历史与现状；三是文化融入原理，形成学校课程哲学，并将课程哲学融入学校体系；四是目标导向原理，确定学校课程目标，建构学校课程体系；五是扎根过程原理，多途径、多主体、多方式推进课程实施、评价与管理。课程建设这样来做，就会实实在在，收获不一样的精彩。

关于学校课程形态变革，笔者认为有以下三种形态：一是 1.0 形态，学校开发了一门一门的校本课程，并不断增减，属于"点状"课程开发形态；二是 2.0 形态，学校围绕某一办学特色或项目特色，开发特色课程群，属于"线性"课程变革形态；三是 3.0 形态，学校课程发展呈鸟巢状，以多维联动的课程体系为标志，将课程、教学、评价、管理、师生发展融为一体，是"巢状"课程发展与文化创生形态。[①]

3.0 课程形态的本质是让学校每个细胞都有课程变革的影子，从课程的角度推进学校文化变革。我们认为，3.0 课程形态是有文化感的课程、有目标的课程、有体系的课程、有逻辑的课程、有深度的课程。3.0 课程的本质是围绕儿童发展，是基于学校文化变革的课程，是以丰富学生经历为取向的课程，是以整合的方式推进的课程，是从文化的角度来思考的课程，从课程角度来推进学校文化变革。

学校课程深度变革有五条很重要的原理，我们谓之"首要课程原理"：一是聚焦学习原理，围绕学生，聚焦学习，增强学力；二是情境慎思原理，从学校实际出发，理清学校的课程发展历史与现状；三是文化融入原理，形成学校课程哲学，并将课程哲学融入学校体系；四是目标导向原理，确定学校课程目标，建构学校课程体系；五是扎根过程原理，多途径、多主体、多方式推进课程实施、评价与管理。[②] 课程建设这样来做，就会实实在在，收获不一样的精彩。

课程是学校文化变革的密码，在一定意义上，课程改变，学校改变；课程不变，学校不变。那么，究竟如何迈向 3.0 课程变革？综合全国诸多中小学课程改革的做法和经验，品质课程联盟提出 18 条建议，供读者参考。[③]

---

① 杨四耕. 迈向 3.0 的学校课程变革 [J]. 中国教师，2016（22）：64 - 67.

② 杨四耕. 首要课程原理：学校课程发展的整合性架构 [J]. 江苏教育，2019（59）：7 - 10.

③ 2016 年 11 月 13—16 日，首届品质课程研讨会在合肥市蜀山区召开。在此次研讨会期间，品质课程联盟发布了《学校课程深度变革的 18 条建议》。有兴趣的读者也可以参考杨四耕. 学校课程深度变革18 条建议 [J]. 今日教育，2017（9）：40 - 45.

01 家底清晰化：很多时候起点决定了终点

发展是既定基础上的再提升，学校课程深度变革必须清晰"家底"。根据各种不同的办学条件和办学基础给学校课程发展准确定位，是迈向 3.0 的学校课程变革所面临的首要任务。

1. 运用 SWOT（强、弱、机、危）分析，对学校的地理环境、在地文化、政策环境、课程现状、行政领导、学生需求、教师现状等因素分别进行强项、弱项、机遇和危机分析，把握学校课程发展的优势与问题所在。

2. 运用 KISS 分析技术检视现有的课程项目，对现有的课程项目进行保留（Keep）、改进（Improve）、启动（Start）或停止（Stop）的分析。在 KISS 分析基础上，确立常规项目和需要发展的项目。一般地说，需要保留（Keep）的课程项目即为常规项目，需要改进（Improve）或启动（Start）的课程即为发展项目。

3. 注重思路研究，把破解影响当前学校课程发展的热点、难点问题，特别是制约课程发展的重大问题贯穿于调研过程的始终，以增强课程发展情境研究的宏观性、针对性和实践性，以准确合理的目标体系引导学校课程变革。

我们要努力做到定性与定量研究相结合，既重视课程政策研究，也重视学校情境分析，特别是关注趋势预测、项目策划、特色导向等内容，切实做到清晰把握学校课程发展的"家底"。

温馨提示

发展是既定基础上的再提升，学校课程深度变革必须清晰"家底"。

02 愿景具象化：让课程哲学映照鲜活实践

　　课程愿景是学校课程使命的具象，是与学校教育价值观联系的、可以调动师生情感的图景。课程愿景可以帮助我们解释学校战略定位的意义。如果说，目标提供过程的满足，那么愿景则提供事业的动力。

　　课程探究是事实与价值的统一，是课程开发与课程理解的统一。推进学校课程深度变革，我们需要的是明确学校课程愿景，并将课程愿景具象化。我们要学习用具象化的方式想象课程，观察课程，分析课程与建构课程。

　　当我们在与师生沟通的时候，要善于用具象化的愿景去说明学校课程究竟是为什么、是什么、怎么做？笔者认为，"课程即品茶，需哲思；课程即吟诗，需想象；课程即力行，需实践"。可以肯定的是，提升学校课程品质，需要有哲学思维，需要有诗意想象，需要有实干精神。

　　校长要善于把抽象的东西表现得很具体，把看不见的、不容易理解的东西变得看得见、容易理解。课程愿景往往是一个看似虚无缥缈的口号，例如合肥市五十中学"向着大爱方向前行"，这意味着课程即情感需求，课程即生命成长，课程即分享文化，课程即学习旅程，课程即教育智慧。稻香村小学"让美好童年香气四溢"，这意味着课程即带香味的知识，课程即广阔的世界，课程即美好的拥有。这些理念带着一股清香，透着一种诗意，可以激发师生为之奋斗的动力和激情。

　　人们总是会被伟大的愿景所感动。推进学校课程变革，您所要做的便是找到自己信奉的课程哲学，并用课程哲学映照课程变革实践。

温馨提示

　　我们要学习用具象化的方式想象课程、观察课程、分析课程与建构课程。

03 经验模型化：有逻辑地推进学校课程变革

　　对中小学而言，良好的课程有以下基本特征：一是倾听感，关注学生的学习需求；二是逻辑感，严密的而非大杂烩或拼盘的；三是统整感，更多地以嵌入方式实施而非简单的做加减法；四是见识感，以丰富学生的学习经历而不以知识拓展与加深为取向；五是质地感，课程建设触及课堂教学变革，对提升课堂教学有效性发生深刻影响。

　　当前，中小学开发了不少校本课程，但是拼盘式、大杂烩或碎片化的课程改革普遍存在，离"良好的课程"还有很长的路程。

　　我们务必清晰地知道，学校整体课程是以学校为主要视点，是整体的情境脉络、整体的价值追求、整体的目标预设、整体的学习领域、整体的实施途径、整体的评价方式、整体的学习时间、整体的资源供给、整体的参与主体、整体的管理手段，以及整体的发展效益等课程发展要素的有机整合。从思维方式角度看，课程探究有显析序和隐缠序两种思维方式。所谓显析序是把万物分析为众多本性独立、相互外在关联、类别有限的基元的思维方式。这种思维方式在课程探究中获得了精确的表达和充分的发挥，将课程分析为课程理念、课程目标、课程内容、课程实施、课程评价、课程管理等原子化存在，这种课程探究方式一直影响着学校课程发展。

量子物理学家戴维·玻姆教授告诉我们，整体性是探究世界的一种思想，我们要注意对一个系统进行整体观察和分析，而非仅仅关注它的各个部分。在这个框架下，整体性和隐缠序的概念相互关联。所谓隐缠序，是指在一个复杂系统中，多个隐序相互作用、纠缠在一起，从而产生新的、未曾预料的行为和性质。整体性强调这种隐缠序在整个系统的层面上的存在，而非仅局限于某一部分。[①] 学校课程有其显性的分析性存在，也有其隐性的整体性存在。我们要想真正理解学校整体课程系统，需要从整体性的角度分析这些相互作用，而非仅关注课程各种原子化存在。一所学校建构基于特定哲学而组织化了的课程整体，将各课程有机地结合成一个联系紧密的、有内在逻辑的育人整体，看到课程内在的隐缠序，梳理其作为整体性存在的学校课程模式，是十分必要的。

什么是学校课程模式？学校课程模式是以学校发展背景分析为基础，以一定的课程哲学为引领，以个性化的课程结构和特定的课程功能为主要内容，在矛盾运动中不断解构、重组、耦合，并指导学校课程建设的一种运营模型或范式。学校课程哲学、课程结构、课程功能、课程实施，以及课程管理与评价，是课程模式不可或缺的构成要素。学校课程哲学是课程模式的灵魂，课程功能和课程结构框架是课程模式的主体内容，课程实施是课程模式的必要落实，课程管理与评价是课程模式的基本保障。

一般而言，课程模式的建构方式有两种：归纳式和演绎式。一所优质学校应该建构自己独特的课程模式，这是由学校内涵提升与特色发展的要求所决定的。因此，我们建议：学校课程变革需要运用整体性思维，把自己的经验模型化，形

---

① 洪定国. 21世纪人类意识的进化与隐缠序实在观的崛起 [J]. 自然辩证法研究, 2000 (6): 5-8.

成自己独特的学校课程模式。

　　一所学校构建了自己的课程模式，有逻辑地推进课程变革，学校课程发展就会出现不一样的格局，学校发展就会呈现不一样的态势。或许，我们可以看到的结果是：课程改变，学校改变；课程不变，学校不变。

温馨提示

　　一所学校建构基于特定哲学而组织化了的课程整体，将各课程有机地结合成一个联系紧密的、有内在逻辑的育人整体，看到课程内在的隐缠序，梳理其作为整体性存在的学校课程模式，是十分必要的。

04 特色场馆化：让办学特色看得见

　　办学特色可以多种形式表现出来，特色场馆化便是其中一种表现形式。学校的特色课程场馆，既有别于社会场馆，也有别于学校功能教室；既要从学校的自身特色出发，关注学生的学习需求，也要与课程对接，让学习延伸。特色场馆化要体现以下特点：

　　一是鲜明的校本特色。建于学校的特色场馆，主要受众人群是在校学习的学生，让学生在特色场馆中了解知识，掌握技能，激发探究热情。

二是贴近学习者的年龄特征，让学生在社会生活领域或学科学习实践的情境中，通过发现问题、调查研究、动手操作、表达与交流等探究性活动，获得知识、技能并提升科学态度。

三是特色场馆布局要合理地分区，方便学生自主参观、学习、实践，更有利于传播知识；让学生可以在馆内通过阅读、实践、体验、反思来学习相关的知识。

四是展品要丰富，以不同的形式分布在馆内各个区域，每一件展品的设计都从学生学习的实际出发，既直观，又生动。

五是要有基于特色场馆的课程建构。建于校内的场馆，因学生人群的相对固定，如仅以参观学习的方式呈现，很快会失去吸引力，造成资源浪费。因此，积极建构基于学校场馆的课程体系并得以实施，可以让特色场馆更具生命力。

六是场馆课程实施重在引导、熏陶、渗透，课程的传播不是单向传递，而是双向交流，通过互动加深印象。注重普及性、互动性与渗透性的统一。课程学习基于场馆，通过适合学生阅读的资料、图片、模型、实物、视频等载体呈现，学习方式灵活多样，以自主学习、探究为主，满足学生的好奇心，培养自主学习的能力，给学生提供更广阔的学习空间，实现育人价值。

温馨提示

特色课程场馆，既有别于社会场馆，也有别于学校功能教室；既要从学校的自身特色出发，关注学生的学习需求，也要与课程对接，让学习延伸。

05 主题仪式化：让校园沸腾起来

节日是集物质文化、精神文化为一体的复合体，是文化横向共时性传播和纵向历时性传承的媒介和工具。[①] 节日的教育功能是让人们认识、记忆、强化某些对人和社会来说重要的文化价值，因此节日无论在促进社会凝聚还是个人社会化方面都发挥着重要的作用，并且这种作用是常规的教育活动所无法替代的。[②] 节日文化蕴含丰富的教育资源，依托其特有的情感属性、时间属性和仪式属性，节日文化可升华为集文化性、教育性和引领性为一体的学校课程。在学校课程建设过程中，我们可以采取适当可行的措施，充分发挥节日的教育功能。

对于节日，孩子们有喜爱的天性，几乎没有孩子不喜欢过节，几乎没有孩子不喜欢热闹的"嘉年华"。每个学期开始前，学校可以集体策划、共同商讨本学期的主题校园节日，以营造学习氛围。

例如，有学校推出热火朝天的"劳动节"，引导孩子们动手动脑，学会观察，搞小研究，孩子们以"种植"为主题，选择不同的植物作为研究对象。

又如，我们可以设计绚烂多彩的"涂鸦节"，针对不同年级开展不同的涂鸦活动，以生动有趣的形式来展现审美情趣，表达情感，激发孩子们的创意，让他们增强环保意识。

又如，我们可以创造生机盎然的"花卉节"，带着孩子们走进大自然，感受花卉的美丽绚烂，搜索和花相关的各种诗篇、成语、民间故事，增长见识的同

---

① 吴宗友，曹荣. 论节日的文化功能［J］. 云南民族大学学报（哲学社会科学版），2004（6）：62－67.

② 徐新博. 节日的教育功能［D］. 济南：山东师范大学，2014：12.

时提升审美情趣。

再如，我们可以让孩子们拥有别开生面的"晒宝节"，孩子们在全家的支持下开始搜索各种宝贝，如独立寻找自己的钢琴考级证书，在家人的帮助下寻找爸爸、妈妈小时候的照片，奶奶钟爱的缝纫机，爷爷的上海牌手表等。

当然，我们还可以生成趣味无穷的"游戏节"、传递温情的"爱心节"、开阔眼界的"旅游节"……

学校精心准备、周密策划，充分发挥全体教师的智慧与才干，开发具有时尚、艺术、娱乐等元素的、孩子们喜欢的校园节日，将德育活动通过一个个校园节日展现出来，让丰富多彩的节日活动吸引孩子们，浓郁课程文化氛围，给孩子们的校园生活留下美好的回忆。

可以说，基于"节日"这一富有仪式感的主题文化，赋予了"节日"独特的文化意义。这样，在儿童的记忆里，一次发生才有了被书写和回忆的可能性，也才有可能继续传承和得到再次呈现，尽管每一次的呈现都不会完全相同，也无法完全相同。每一次呈现的意义，既是文化表达的意义，也是生命存在的意义。因为，只有在每一次呈现中，人们才其实是"过了这个节"，才是真实地"过了一个节"。这便是节日的课程意蕴。

温馨提示

节日文化蕴含丰富的教育资源，依托其特有的情感属性、时间属性和仪式属性，节日文化可升华为集文化性、教育性和引领性为一体的学校课程。

06 内容整合化：还原完整世界的真实面貌

20世纪80年代以来，课程设计领域出现了课程整合趋势。当然，课程整合最早可以追溯到19世纪中期的欧洲。19世纪末20世纪初，比较著名的课程整合理论有齐勒计划（历史、文学、宗教中心整合论）、麦克默里的地理中心整合论和帕克计划（儿童中心整合论）。在20世纪上半叶，美国的进步主义教育运动秉承儿童本位的教育观，在理论与实践中倡导课程整合，主张以活动、专题作为课程的组织中心，并采用问题解决的学习方式。杜威在20世纪30年代曾批评课程的狭窄性，提倡动态的教育过程。由进步主义教育协会发起的著名的"八年研究"（1934－1942）采取整合的核心课程模式，取得了良好效果。同一时期，改造主义教育学派提出了问题中心课程观。这种课程理论以问题为组织中心，打破学科界限设计了单元课程。20世纪70年代，人本主义教育思想兴起，课程整合重新受到关注，出现了人本主义的整合课程，其中较为著名的是以科学教育为本的S－T－S（Science－Technology－Society）课程。S－T－S课程试图融合当时科学、技术与社会教育间的分裂，以克服科学主义的弊端。20世纪末以来，教育部门为回应人类社会发展的深刻变革，在许多领域进行了改革。课程整合再一次走进课程研究的中心视野，进入了蓬勃发展时期。①

黄甫全教授认为，课程整合有广义和狭义之分。从广义上讲，课程整合不仅是一种组织课程内容的方法，还是一种课程设计的理论以及与其相关的学校教育理念。② 广义的课程整合包括四个层面，即经验的整合、知识的整合、社会的整合和课程的整合，其最终目的在于学校教育与社会生活的统整。狭义的课

① 韩雪. 课程整合的理论基础与模式述评 [J]. 比较教育研究，2002（4）：34－38.
② 黄甫全. 整合课程与课程整合论 [J]. 课程·教材·教法，1996（10）：6－11.

程整合是指一种特定的课程设计方法，国内关于课程整合的认识多属于此。美国学者罗宾·福格蒂（Robin Fogarty）曾提出十种整合课程模式。他把这十种整合课程模式分为具体科目整合、科际整合和学习者整合三大类，其中具体科目类包括分立式、联立式、巢穴式，科际整合类包括关联式、共享式、网状式、线串式和跨科式，学习者整合类包括浸入式和网络式。[①]

从表现形式来看，课程整合包括三种样式：一是学科整合课程，意在整合各学科知识，以减少课程内容的重叠与分化，彰显知识、技能与生活世界的联系及其价值，既有"学科内统整"，又有"学科间统整"；既有"跨学科统整"，又有"学科与活动统整"等。二是基于不同价值取向，倡导知识、学习者和社会的整合课程，其中学科中心设计，相关课程、融合课程、广域课程即是；学习者中心设计以学生的兴趣、需要为核心，主张学习者在与环境的交互作用中主动学习；问题中心设计是指以个人生存问题与重大社会问题为核心，包括诸如永恒的生活情景、主要的社会功能、当代社会问题、青少年对个人与社会的关切，以及改造社会的社会活动规划等领域。三是统合知识、学习者和社会的整合课程，包含着统整学校教育、社会与民主的多层涵义，这是课程整合的最终理想。循着此种追求，学者黄译莹提出整合课程模式包括四个类型：学科统整课程、己课统整课程、己我统整课程和己世统整课程。[②] 学科统整课程比较容易理解，己课统整课程即整合个人与学校课程，这里的个人既包括学生，也包括教师；己我统整课程意在整合个人在学校内外不同时空下的自我；己世统整课程旨在整合个人与作为整体的人类社会。这种课程整合模式从学科知识、学习者和课程、学习者本身、学习者和社会四个层面来划分，与美国学者比恩（Beane）所提出的课程整合的经验、知识、社会和课程四个层面的主张有异曲同工之妙。

---

① Fogarty, Robin . Ten Way stoIntegrate Curriculum ［J］. Educational Leadership, 1991, 49（2）: 61 - 65.

② 黄译莹. 九年一贯课程中课程统整相关问题探究［J］. 教育研究资讯, 1999, 7（5）: 89 - 96.

从课程实践角度看，课程整合有两种常见方式：一是射线式整合，即以学科知识为圆点，根据知识的内在逻辑联系而进行多维拓展与延伸；二是聚焦式整合，即以特定资源为主题，多学科、多活动聚焦，以加强孩子们与社会生活的多学科关联与整合。

课程是浓缩的世界图景，整合课程是未来课程的主流。有深度的课程是富有统整感的课程，是多维连接与互动的课程。不论是学科课程的特色化拓展，还是主题课程的多学科聚焦，都应尽可能回到完整的世界图景上来，努力将关联性与整合性演绎得淋漓尽致，让孩子们领略世界图景的完整结构。

温馨提示

课程是浓缩的世界图景，整合课程是未来课程的主流。有深度的课程是富有统整感的课程，是多维连接与互动的课程。让孩子们领略世界图景的完整结构，是3.0课程的价值追求。

07 研究专题化：以课题的方式深度聚焦课程变革

扎实有效的研究是学校课程深度变革不可缺失的工具。实践表明，以课题的方式，专题聚焦课程变革是学校课程改革得以扎实推进的秘诀。具体来说，有两点提示供参考。

1. 课题引领，营造氛围。

课程研究在本质上是教育科研活动，它不是主观性的设想，也不是随意性研究。它要求我们以科研的态度、科研的方法对学校课程发展中的问题进行提炼，形成研究专题，并科学地组织、实施研究，将课题研究与校本培训紧密结合，将课题研究同课程改革紧密结合，将课题与学校课程发展项目紧密结合。

2. 多种形式搭建平台。

如分享展示、参与互动、同伴互助、网上交流、交流切磋、观摩研究，为教师提供展示才华的舞台，也为教师的脱颖而出创造机会。苏霍姆林斯基说过："教师在研究状态下工作是一种幸福。"这样做，不仅会有利于带动我们观念的转变，观察问题角度的转变，教育行为的转变，而且会让我们体验到思考的快乐、钻研的快乐、成功的快乐。这是一种教育境界，是一种幸福体验。让教师以研究的姿态进入课程、参与课程，是教师课程能力发挥的法宝。

教师是立教之本、兴教之源，强国必先强教，强教必先强师。为大力弘扬教育家精神，加强新时代高素质专业化教师队伍建设，我们迫切需要让课程理论与实践在校长、教师的身上真正地结合起来，催生出一大批研究型课程实践专家，真正推进学校课程深度变革，提升学校课程品质。

温馨提示

实践表明，以课题的方式，专题聚焦课程变革是学校课程改革得以扎实推进的秘诀。

08 活动立体化：整个世界都是教室

　　培根说，知识就是力量。这话只说对了一半，确切地说，具身的知识比离身的知识更有力量，能够勾连起想象力的知识比无想象力的知识更有力量，有繁殖力的知识比无繁殖力的知识更有力量，成体系的知识比碎片化的知识更有力量，被运用的知识比没有被运用的知识更有力量。

　　具身学习理论认为，知识以文化形式存在，它与人的身体、特定情境同在，是体认的；学习是人脑、身体与特定情境交互作用的知识体验过程，强调学习者的行动和知识的具身建构，主张通过行动来理解、内化和迁移知识。[①] 基于具身学习理论，我们可以得出如下两个结论：一是学习总是境脉化的，它可以发生在任何时间、任何地点、任何文化背景和语言环境之中，学习的意义取决于其所处的境脉；二是学习需要主体参与，需要反复实践和亲身经历。为此，课程内容与学习场景相关联，理应实现课程的场景化设计，要努力实现学习轨迹与课程叙事的有效融合，让学习内容与实践境脉相互映射。

　　可以说，好的课程是有场景设计、有经验组织的体认系统。在这里，见识比知识更重要，智识比见识更有价值。在课程实施过程中，让孩子们采用多样的、活跃的学习方式，如行走学习、指尖学习、群聊学习、圆桌学习、众筹学习、搜索学习、聚焦学习、触点学习……但凡孩子们生活世界里精彩纷呈、活跃异常的做事方式，就是课程实施的可能方式，而不仅仅是所谓的概念化了的"自主、合作、探究"。

　　杜威说："一切学习来自经验。"实践、沉浸、对话、互动、参与、体验是课程最活跃、最富灵性的身影，也是课程实施的最重要方法。重视孩子们直接

---

① 郑旭东，王美倩. 从离身走向具身：创造学习的新文化 [J]. 开放教育研究，2014 (4)：48-54.

经验的获得，让儿童亲近自然，走进社会，通过一系列的实践活动，扩充和丰富儿童的经验和见识，是3.0课程的重要表征。

温馨提示

　　好的课程是有场景设计、有经验组织的体认系统。实践、沉浸、对话、互动、参与、体验是课程最活跃、最富灵性的身影，也是课程实施的最重要方法。

09 互动微媒化：让每一个人"进入"课程变革

　　此时代，是一个以短、频、快为主要特征的"微媒"时代。互动微媒时代，文化传播方式的转型为学校课程变革带来了生机与挑战。众所周知，媒体的使命是传递信息，其价值在于形成认可度和影响力。这种认可度和影响力可以用于商业，导引某种潮流或者让市场注意某种产品；也可以用于学校课程变革，目的在于引导学习需求，增强学校课程的认可度和影响力。

　　对课程发展而言，具有文化价值的宣传是艺术的殿堂、是美的展览馆、是信任的嫁接器，它带给人们的精神营养是丰富的，它赋予人们改造世界的能量是巨大的。人们如能较充分地认识它、广泛地应用它，对加速课程建设将起到不可估量的作用。

如何引领学校课程变革借助互动微媒资源优势，让每一个人"进入"课程变革，是一个很有意义的话题。微媒体创造的内容简单易读，互动性比传统媒体强，内容的创造者与阅读者是面对面的强关系；阅读者可以通过关注、取消关注、订阅等操作进行选择性阅读，是让教师、家长、学生以及其他关心学校的各种群体"进入"课程改革的一个通道。为此，品质课程联盟建议学校建一个微信公众号，向大众及时传递课程信息，让课程信息在传播与分享中增值。

现在，大家都记住了一个词：流量。在移动社交时代，推进学校课程深度变革，每一所中小学都应该理解另一个词：连接。对课程发展而言，我们需要的是持续的连接，而不是一瞬而过的流量。连接是什么？连接就是建立课程项目与课程关联者之间持续的互动关系，随时随地地连接和互动，进行多维双向交互，在交互中建立信任关系。

值得注意的是，很多学校虽然有自己的微信公众号，但却为了微信而微信，却忘记了自己的真正目的。他们常常在微信上，特别关注"点赞"，特别积极"拉票"。并不是说点赞不重要，也不是说拉票不好，而是要明晰学校课程分享的目的，是让每一个人真正去思考课程的育人价值，去关心学校课程建设过程中更有意义的那些东西。

温馨提示

对课程发展而言，具有文化价值的宣传是艺术的殿堂、是美的展览馆、是信任的嫁接器，它带给人们的精神营养是丰富的，它赋予人们改造世界的能量是巨大的。

10 技术研修化：没有研修的变革是不可想象的

课程改革已进入到全面深化的新阶段，我们面临着大量的技术性问题。深化课程改革，需要做出新决策，提出新要求，突破新瓶颈，掌握新技术；需要进一步解放思想，优化推进机制，聚焦课堂教学，加强队伍建设，完善课程体系，创新评价机制，加大专业支持，大胆探索、敢于攻坚，不断深化学校课程变革。

"我不知道怎么做？"这是大家常常面临的困惑。面对这个问题，最好的方法是"技术研修化"。我们要坚持以学校为主阵地、以教师为根本，尊重广大教师的首创精神。课程改革，是一项综合性的教育改革，没有研修是不可想象的。推进学校课程深度变革需要政府组织，但不能由政府命令；需要规范引领，但不能整齐划一；需要积极探索，但不能盲目随意；需要大胆推进，但不能急于求成。3.0课程变革，学校是主阵地，校长是关键，教师是根本。政府、高校、研究机构、社会，要努力为学校和教师推进课程改革创造各种条件，提供各类服务和支持，营造更加良好的社会环境。

有学者认为，技术要素分为主观性技术要素、客观性技术要素和主客化技术要素。[①] 不同技术要素的组合，形成不同的技术系统，不同的技术系统有不同的功能作用。从技术的内部要素角度看，技术要素包括经验性要素、实体性要素和知识性要素。其中，经验形态的技术要素，主要是经验、技能这些主观性的技术要素；实体形态的技术要素，主要是以生产工具为主要标志的客观性技术要素；知识形态的技术要素，主要是以技术知识为象征的主体化技术要素。[②]

---

① 陈凡. 论技术要素的系统性 [J]. 科学管理研究，1986（2）：13-18.
② 吴国林. 论技术本身的要素、复杂性与本质 [J]. 河北师范大学学报（哲学社会科学版），2005（4）：91-96.

技术不仅仅是静态的系统，其本身更是存在于过程之中，在过程中显示出技术的特质，技术要素与实践过程是统一的。从实践过程角度看，技术是从设计到实施、到获得成效的过程，经验性要素、实体性要素和知识性要素参与其中。课程设计通常始于知识性要素和经验性要素，是融合人们头脑中的创意对学校课程的想象性创构。在课程设计的基础之上，结合实体性要素的调整，将构想的课程愿景变成可能实现的存在。

我们认为，中小学可以积极探索同伴互助、自我反思、案例研究、网上教研等研修方式，通过最经常、最深入和针对性最强的、形式多样的研修，如网上学术沙龙、教师学习会、校长论坛、学术讲座、课程展示、示范课等，建立片区课程研修协作制度，组织片区课程经验交流活动和研讨活动，挖掘和利用片区课程开发资源，把握技术要素与实践过程的相生过程，让课程实践成为课程技术提升的契机。

通过资源引进、资源集聚、成果转化、特色借鉴、课程再开发等途径，把好的经验与做法流通起来。实践证明，中小学聘请有实践经验的课程专家，加强专家与学校合作，探讨课程改革中的各类难点问题，掌握不同问题解决的技术要素，把握不同的技术系统，有利于深度推进学校课程变革。

温馨提示

技术要素与实践过程是统一的。从课程实践过程角度看，技术是从设计到实施、到获得成效的过程，经验性要素、实体性要素和知识性要素参与其中。课程研修的意义便在于此。

11 学习载体化：不要让孩子们空着手进入学习

人通过不断地学习获得自身最大限度的发展，学习不能凭空产生，学习需要载体。学习过程中的认知、情感，甚至思维发展都需要载体。课程也可以设计成学习载体，载体不同，效果不同。通过学习载体的优化，有利于提高学习的效率。

如何根据课程要求，设计相应的学习载体，如何把学习载体引入学校课程实施之中，引领学生有条理、讲方法地开展课程学习，使课程实施有方向、有内容，是课程实施者必须认真思考和面对的。

日本学者佐藤学将学习定义为与客观世界对话、与他人对话、与自我对话的交往实践。[①] 学习载体不是作业练习单，在设计的层次上应该由简到难、由浅入深，学习载体要基于学习目标指向核心目标，学习载体对于学生难易程度要适中、要求要明晰，学习载体要基于评价，要有利于评价且便于操作。

如何设计作为交往实践的学习载体？如何设计作为课程的学习载体？这里有四点提示：其一，如何设计好学习载体？一个适合学生的学习载体应该是学习程序清晰的，学生一看就知道怎样一步步地展开学习，学习载体设计的内容应该指向课程目标，在设计时要把自己当成学生站在学生的立场，用文字表达要清晰、浅显和明确。其二，学习载体可以体现不同层次学生的学习要求。在学习载体的设计中，同一个内容我们可以根据学生的差异制定出不同层次的学习要求。其三，学习载体中关于评价的体现。学习载体中可以有对学生学习行为、学习成效的评价，但不一定都要，可以通过其他监控的方式来进行自我评价。其四，学习载体可以每人一张，也可以每组一张来使用。有一句话提醒您："不要让孩子们空着手进入学习。"今天，我们重温佐藤学的学习观，要善于明晰学

---

① 钟启泉. "学习共同体"的范例——日本佐藤学教授访谈 [J]. 全球教育展望, 2006, 35（4）: 3 - 6.

习中的异化现象，要善于理解学习的本质特点，努力走向自由快乐的学习境界。对儿童来说，我们要努力从学习载体的角度，让儿童的学习走向活动性、协同性、反思性和深刻性。

在课程发展过程中，学习载体化要注意以下三点：一是载体应形式多样，具有感染性，如板报、科技节、运动会等都可以作为载体形式出现，这些形式符合儿童身心发展需要，可以给人直观的感受，有渲染力；二是载体应有与时俱进的内容，较之说教更能吸引学生的注意力，尽可能互动性强，利于激发儿童参与热情；三是载体应具备有形的方式和无形的价值，能产生潜移默化的教育作用，提高载体的内在品质含量。

温馨提示

学习过程中的认知、情感，甚至思维发展都需要载体。通过学习载体的优化，有利于进入自由快乐的学习境界。

12 要求标杆化：呈现你想要的理想结果

标杆，是值得模仿的榜样。"要求标杆化"就是寻找一个具体的先进榜样并剖析其各个先进指标，研究它背后的成功要素，向其对标学习，发现并解决学校课程建设过程中的问题，最终赶上和超越它的一个持续渐进的学习、变革和创新的过程。

标杆管理也叫基准管理（Benchmarking），是一种新的管理理念和方法。所谓标杆管理，是指在营造竞争优势、谋求行业领先而选取那些在某方面领先的、具有竞争实力的企业作为标杆，并通过资料收集、分析比较、跟踪学习、实践总结等一系列规范化的程序，找出本企业在产品、服务或管理工作等方面与之存在的诸如行业差别、环境差别、文化差别和技术差别等差异，并对经营绩效的影响进行客观的评价，然后根据本企业的实际情况，对标杆企业的"最佳实践"进行适当修正和完善，并注意将学得的"最佳实践"在整个企业的范围内进行及时推广，从而赶上并超越竞争对手的反复循环进行的过程。①

在学校课程变革过程中，标杆管理就是对其进行模仿、达标并超越的方法和过程。标杆管理方法较好地体现了现代知识管理中追求竞争优势的本质特性，因此具有巨大的实效性和广泛的适用性。通过标杆思维的再造，通过标杆管理与规范化要求，注重从探求课程开发、实施等标准到课程建设流程、品质要求的制订，全面提升学校课程品质，让教师成为具有敏锐洞察力、规范化思维能力的课程变革者、创新者及规范缔造者。

学校课程深度变革过程中，"要求标杆化"由立标、对标、达标、创标四个环节构成，前后衔接，形成持续改进、围绕"创建规则"和"标准本身"的不断超越、螺旋式上升的良性循环。

1. 立标。我们要善于选择最佳的课程实践方法，塑造最佳学习样板，可以是具体方法、某个流程、某个管理模式，甚至是某个先进个人，成为其他部门或个人的学习榜样，以此作为基准推进课程改革。

2. 对标。对照标杆分析，发现自身做法的短板、寻找自己与标杆的差距，并分析与尝试自身的改进方法，探索达到或超越标杆水平的方法与途径。

---

① 王成武，李如林. 标杆管理及其在现代企业中的应用 [J]. 现代管理科学，2003（2）：49-50.

3. 达标。改进落实，通过多种方式推进课程改革，在课程实践中达到标杆水平或实现改进成效。

4. 创标。运用标杆四法创新并实施知识沉淀，形成超越最初选定的标杆对象，形成新的、更先进的实践方法，进入新的标杆环，直至"呈现你想要的理想结果"，成为品质课程的标杆。

可以说，标杆管理的本质是学习，它强调到外界学习新事物，将新观念带进组织内来刺激组织的变革，通过不断地向优秀经验和做法学习，在潜移默化之中完成向学习型组织的转变。要求标杆化是一种长久持续的学习改进的过程，不是一次就能完成的过程，也不是阶段性的突击活动或运动，它是改进学校课程建设的日常工作，要伴随学校变革的整个生命周期。

温馨提示

　　要求标杆化，就是寻找一个具体的先进榜样并剖析其各个先进指标，研究它背后的成功要素，向其对标学习，发现并解决学校课程建设的问题的创新过程。

13 结构图谱化：改变课程的碎片化格局

丰富的课程比单一的课程更有利于孩子们的人性丰满，这是一个课程常识。

如果把课程视为书本，孩子们可能会成为书呆子；如果把课程视为整个世界，孩子们可能会拥有驾驭世界的力量。

课程的丰富性，决定了每一所学校都应致力建构自己独特的课程图谱。诚如美国学者豪斯曼（JeromeJ. Hausman）所言："课程可以描绘成一幅地图，用以展现个体的特定需要、见解和价值观念。"① 正如一幅"地图"所具有的功能，它可以显示现在的位置、过去的路线和未来的目的地，课程图谱所描绘的课程体系的组成要素以及各要素之间的关系，对课程规划和教学计划具有一定的指引作用。

美国教育学者黑尔（JanetA. Hale）在《课程地图指南：计划、实施及持续过程》一书中提出，常见的课程图谱的要素包括：（1）内容：学生必须知道什么；（2）技能：对于所要知道的内容学生要做些什么；（3）评估：测量内容与技能的成果和表现；（4）评价：基于以上所给出的评估的成果和表现，来评定学生能力的单一或多元标准；（5）标准：将精熟目标作为内容或技能的一个框架结构；（6）资源：课本、材料和有助于内容与技能教学的参考资料；（7）内部一致性：不是一个用文字表述的要素，但它是视觉化的关键部分，使课程地图所包含的要素具有一致性。② 由课程要素出发，我们可以建构课程目标图、课程结构图、课程设置图、课程实施图、课程评价图、课程管理图以及课程逻辑图等。

例如，按照一定的逻辑，可以设计学校课程逻辑图；理顺学校课程的横向关系，将学校课程按照一定的标准进行合理的分类，可以设计学校课程结构图；在纵向上将学校课程按照年级分为不同层级，努力形成一个适应不同年龄阶段孩子的课程阶梯，可以设计出课程设置图，等等。

我们常见的课程图谱，如课程结构图，实际上是在横向上重构学校课程分

① 董文娜，巩建闽. 课程地图是什么［J］. 教育发展研究，2014，34（17）：56－64.
② 黄慎娥. 课程图谱的设计与开发：基于国内外经验［J］. 基础教育课程，2017（7）：14－19.

类，让孩子们分门别类地把握完整的世界之奥秘。如课程设置图是在纵向上，强调按先后顺序，由简至繁、从已知到未知、从具体到抽象，保持课程的整体连贯。这样，我们就可以形成天然的、严密的学校课程"肌理"，让课程有逻辑地"落地"，有利于克服课程碎片化、大杂烩问题。

总之，设计课程图谱是需要不断地讨论与修正，要建立起良好的沟通与对话机制。设计课程图谱有相应的流程，但不同类型和不同特色的学校，可以结合自身的实际寻找课程图谱设计的切入点，构建出有自己特点的课程图谱。

温馨提示

课程的丰富性，决定了每一所学校都应致力建构自己独特的课程图谱。

14 操作手册化：让课程变革的线索清晰起来

学校课程变革是所有师生参与的变革，如何让师生参与、家长参与，是需要一套交流、分享的课程资料的。我们倡导的学校课程手册化（或称"学校课程指南"），就是一个很好的做法。学校课程手册化对于教师课程领导力的增强具有积极的意义。无论是从课程指南的内蕴阐释，还是从其与课程领导力的内在耦合性看，学校课程手册的构成要素、绘制流程等都凸显了教师课程领导力的灵活性，嵌入了课程改革的理性要求和应然状态。设计学校课程指南，可以为教师参与课程建设提供参考。

学校课程指南包含课程理念、课程目标、课程结构、课程内容、课程实施、课程评价、课程管理等七个方面，特别是内含主要课程项目的简要介绍，要求以图文并茂的形式呈现出来。以下是主要流程：

1. 明确课程理念。只有明确课程理念，才能确定课程目标、内容、对象和时空。

2. 进行需求分析。需求分析是课程设计者开发课程的第一步。进行需求分析的目的是以满足组织和组织成员的需要为出发点，从组织环境、个人和职务各个层面上进行调查和分析，从而判断组织和个人是否存在需求以及存在哪些需求。

3. 确定课程目标。课程目标是说明学习此课程应达到的标准。它根据理念，结合上述需求分析的情况，形成课程目标。

4. 进行课程设计。课程整体设计是针对某一专题或某一类人的需求所开发的课程架构。进行课程整体设计的任务包括确定费用、划分课程单元、安排课程进度以及选定场所等。

5. 确定课程内容。在课程整体设计的基础上，具体确定每一单元的授课内容、授课方法和授课材料的过程。

6. 推进课程实施。即使设计了好的课程，也并不意味着学习就能成功。如果在实施阶段缺乏适当的准备工作，也是难以达成课程目标的。实施的准备工作主要包括方法的选择、场所的选定、技巧的利用，以及适当地进行课程控制等方面。

7. 创意课程评价。课程评估是在课程实施完毕后对课程全过程进行的总结和判断，重点在于确定课程效果是否达到了预期的目标，以及学生对课程效果的满意程度。

　　学校课程手册引入课程实践之中，赋予了课程建设以新的意蕴。在学校课程手册设计过程中，要根据课程发展的需要，不断地丰富课程手册的价值，用图文并茂的方式展现复杂的课程，活化课程方案，有助于人们清晰地了解课程关键内容及其要素间的关系和关联性。因此，学校课程手册具有"导引"与"检视"功能，可以协调实际课程与目标之间的差距，持续改善课程问题，使课程管理理论有效指导实践，实践又丰富课程管理理论，由此实现课程开发管理的良性循环。

温馨提示

　　学校课程手册用图文并茂的方式展现复杂的课程，活化课程方案，有助于人们清晰地了解课程关键内容及其要素间的关系和关联性。

15 空间学习化：提升空间与学习的互动性

　　私人空间（房子与家）、公共空间（校园与社区）、自由空间（远方与探险），构成了各种不同的、同心扩展的空间范围，它们都在人的生活中起必要的作用。教育人类学家博尔诺夫认为，只有在所有空间的范围内，人的生活才能有充分扩展的可能性，但必须使不同生活空间之间保持一种适当的平衡，如果疏忽乃至完全失去某个方面，整个生活就会与之一起受到危害。因此，必须在全部生活空间中寻找教育的意义。①

今天，人们应该怎样面对世界？应该怎样面对生活？迈向3.0的课程善于发现空间的"意义结构"，它常常以活跃的空间文化布局诠释"空间即课程"的深刻内涵。

现在，我们有很多学校已经意识到了"空间课程领导力"的价值。诸如以下一些做法都值得我们赞赏：（1）办学理念视觉化、具象化，充分展示一所学校的文化气质；（2）办学特色课程化、场馆化，让办学特色成为课程美学；（3）教室空间资源化、宜学化，让每一间教室都释放出生命情愫；（4）图书廊馆特色化、人性化，让沉睡的图书馆得以唤醒；（5）食堂空间温馨化、交往化，让喧闹的餐厅不仅仅是就餐；（6）楼道空间活泼化、美学化，让孩子们转角遇见另一种美……

如何最大限度地让校园空间成为课程的有机组成部分，如何最大限度地让每一个物理空间释放教育能量，如何突破教室和校园围墙限制，让社区、大自然和各种场馆成为课程深度推进的生命空间，是3.0课程的美好期待。这意味着，我们应当超越对空间的一般认知，重塑空间价值观念，提升空间课程领导力。通过巧用空间的"点、线、面、体"，从物理设施、学习资源、技术环境、情感支撑和文化营造等维度上，对空间功能进行整体再构和巧妙利用，将课程理念转变为看得见的空间课程，让空间最大程度地满足不同学生的发展需要。

---

① 李其龙. 博尔诺夫的教育人类学思想述评 [J]. 华东师范大学学报（教育科学版），1996（2）：30－39.

16 需求适配化：基于学习需求科学设计课程

苏霍姆林斯基说过："儿童就其天性来讲，是富有探索精神的探索者，是世界的发现者。"自由和探索是儿童的天性，教育就应该顺应这种天性，引导并促进学生进一步去探索和发现。设计课程，要努力捕捉学生的兴奋点，点燃学生的学习热情，满足学生的学习需求，这是学校课程深度变革的首要议题。

诺维奇（Norwich）认为，学习需要可以分为共同需要、特殊需要和个别需要三类。共同需要对每个人来说都是一样的，特殊需要对某些人来说是一样的，个别需要对每个人而言都是不一样的。[①] 据此，我们认为，在一所学校，从学习需求主体看，我们应关注这样三类学习需求：一是所有学生的共同学习需求，二是一部分学生的团体学习需求，三是一个特定学生的个别化学

---

① 奥布赖恩，吉内. 因材施教的艺术［M］. 陈立，译. 北京：北京师范大学出版社，2006：14.

习需求。

面对全体学生的学习需求，学校要落实义务教育阶段国家课程标准和课程方案，开齐开足国家课程，在关注学生基础知识学习的同时要注重学科实践和跨学科学习，满足学生全面均衡的发展需要。

面对部分学生的学习需求，学校要充分依托地方资源和文化，以国家课程纲要为统领，科学规范地开设校本课程，以兴趣小组或社团的方式充分激发学生的求知欲和好奇心，满足学生的普遍发展需要。

面对个别学生的学习需求，学校要尊重差异，因材施教，创新人才培养模式，制定个别化辅导方案，开设特色精品课程，满足学生的个别化发展需要。

学校如何采取合理的方式，识别、发现、回应、满足、引导不同类型的学生的学习需求，促进学生发展，是学校课程发展的关键。从学生学习需求的动态发展变化过程去分析、研究学生的学习需求，在学生学习需求的满足与不满足的动态平衡中去研究学校课程架构才有实际意义。

我们的课程设计应该贴近学生的学习需求，聚焦学生的生长点。在"回归"意义上，学校课程建设把学习需求放在中央，是以学生发展为本的教育理念的具体反映。

温馨提示

设计课程，要努力捕捉学生的兴奋点，点燃学生的学习热情，满足学生的学习需求，这是学校课程深度变革的重要议题。

17 类群聚焦化：围绕特色项目构建特色课程群

　　课程是学校教育活动的核心，是学校办学理念的具体体现。在学校，不论是学生的发展，还是教师的专业成长，都与课程紧密相关，课程直观地勾画学校教育的"蓝图"，因此，在一定程度上，教育改革的关键在于课程改革。

　　课程群是为完善学生的素质结构，围绕同一学科或主题，将与该学科或主题具有逻辑联系的若干课程在知识、方法、问题等方面进行重新规划、整合构建而成的有机的课程系统。目前，课程群已成为中小学优化课程设计的一种有效途径。

　　开发特色课程群是学校办学自主权的充分体现，类群聚焦化也就是围绕办学特色建构凸显办学特色的课程群。长期以来，学校开设相同的课程，无法凸显自己的办学特色。特色课程是指学校根据素质教育的要求，为本校学生开发的区别于传统课程内容，以及为了实施这个课程内容而设计的课程群，具有理念的前瞻性、内容的实用性和鲜明的素养导向性特征。

　　特色课程群具有两大特征：一是关联性，课程群以课程间的知识、方法、问题等逻辑联系为结合点；二是整合性，课程群通过对课程的重新规划、设计，填补原先课程间的空白，删除原先课程间的重复，体现群内一门课程对另一门课程的意义，并使学生更好地把握一门课程与其他课程以及整个课程群的关系。特色课程群不是简单的课程集合，而是基于知识体系构筑的有机的课程体系模块。课程之间不会主动发生关联，需要教师秉持课程群的思想，发挥主观能动性，建立课程间的内在联系。仅把几门有内在逻辑联系的课程召集一处，只是一个"课程集合"，只有课程间完成了相关整合，成为一个课程体系，才能称之为"课程群"。因此，课程群建设应将重心放在相关课程之间内容的整合上。课程群中相关联的不同课程之间的内容可能存在着很大的重复性，课程组教师应该通过对不同课程内容进行深入分析，寻找相互之间的内在关系，找到恰当的将不同课程联系在一起的主线（研究主题），将课程内容进行优化整合，进行再设计。

所谓特色课程，是指学校在一定教育思想指导下，根据本校的办学理念，以学生的发展需求为核心，以地域、社区与学校资源为依托，经过比较长期的课程实践，逐步形成和发展起来的具有独特性的整体风格和出色的育人成效的课程体系或课程方案。因此，建设特色课程群，要关注目标、内容、实施、评价和管理等要素。例如，重庆南开中学围绕"公能"的特色思想，立足于办"公能"之校、造"公能"之师、育"公能"之人，建构了具有"公能"特色课程体系。按照学生修习方式的不同建构的"必修课程—选修课程—自修课程"的课程体系和按课程基础及教育目标的差异性建构的"学科课程—活动课程—隐性课程"的课程体系相互补充、相互促进，共同构成了有南开特色的课程体系。在特色课程体系的建构过程中，管理的重要性显而易见。重庆南开中学经过反复实践，建构了特色课程管理组织系统，其中包括课程管理、师生管理、过程管理等。由特色课程建设评估和对特色课程课堂教学质量评估构成的特色课程体系评价，也是特色课程群探讨的重点所在。

特色课程群建设是对国家课程的充分利用和有效补充，有利于推进办学的多样化发展，有利于促进学生全方位发展，强化学生独立思考的习惯，激发与培养学生的创造力，使学生整体素质得到了提升。如上海市嘉定区南苑小学基于"气象、计量"探究的 STEAM 课程群。学校依托多维度学习空间整合课程资源，突破传统课堂的空间限制，在跨界学习、合作学习、搜索学习、聚焦学习中改变学习方式，通过观察、体验、实验、探究、动手制作等活动，让学生深入理解学科知识，提升学生的人文素养和科学素养。

独特性和优质性是特色课程的重要标准，它们与众不同，独树一帜，具有鲜明的个性，课程的辨识度比较高，类群聚焦化展示出色的育人成效，得到公众的承认，显示出强大的生命力。

温馨提示

开发特色课程群是学校办学自主权的充分体现，类群聚焦化也就是围绕办学特色建构凸显办学特色的课程群。

18 任务项目化：让每一位教师都有事可做

在学校课程建设中，如何让每一位教师都有事可做？实践证明，以课程成果为导向，对学校课程建设进行项目化管理，可以使教师工作轻松、方向明确，让学校课程管理者从繁忙的工作中解脱出来，降低课程管理成本，提升课程开发效率。同时，这样做也有利于教师对自己所完成的课程项目拥有成就感。

什么是任务项目化呢？任务项目化是为创造独特的产品、服务或成果而进行的阶段性工作，项目有明确的开始时间和结束时间。如果把课程建设工作作为一个项目，那么这个项目相对于日常工作具有以下几个典型特征：一是任务的独特性，每个项目都不同于其他的项目，有具体的时间期限、费用和性能质量等方面的要求；二是目标的明确性，项目实施过程中的各项工作都是为项目的预定目标而进行的；三是组织的临时性和开放性，组织成员在项目的执行过程中不断地变化，项目结束时项目组织将会解散。

在课程任务项目化工作中两个点特别重要：一是成果导向，确定一定时间内的可交付课程成果。在课程建设过程中，课程管理者交给教师的每项课程工作，都可以看作是交给了教师一个课程项目，如在规定的时间内完成特定的课程任务或项目。二是课程项目目标要细化，最好可测量。不能在制定项目目标时使用模糊不可测量的词语，如建设一流的课程，一定要将"一流"等词语逐渐细化，变成可以测量的指标，这样我们才能在课程建设中不断地改进提高，并最终达到我们所需要的成果标准。课程管理者可以将所需完成的工作定义为一个个项目，规定每个项目的起止时间及所需要输出的可交付成果。

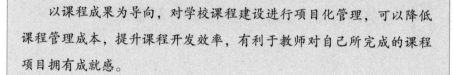

温馨提示

　　以课程成果为导向，对学校课程建设进行项目化管理，可以降低课程管理成本，提升课程开发效率，有利于教师对自己所完成的课程项目拥有成就感。

第三章
学校整体课程规划 18 问

　　研制学校整体课程规划有一把钥匙，那就是必须深刻理解课程概念。每一种课程概念的理解都是特定条件的产物，都有自己的认识论立场，都有自己的方法论取向，都有自己的范围所指，都有自己的实践视点。课程是一个需要不断探讨的概念，学校整体课程规划是一个需要"照着说"的话题，更是一个需要"接着说"和"展开说"的课题。

今天的课程改革特别需要课程自觉。课程自觉是人们基于对课程的理性认识，为着课程品质提升而有清晰的目标意识和科学的路径观念，自觉参与课程变革实践的理性之思与理性之行。

究竟如何研制"一校一策"课程规划，走进课程自觉呢？我们有一点粗浅的认识：研制学校整体课程规划有一把钥匙，那就是必须深刻理解课程概念。

课程是历史感的概念。朱熹在《论学》中多次提及"课程"，如"宽着期限，紧着课程"，"小立课程，大作工夫"，其意思是功课及其进程。今天，随着课程改革的深入，人们对课程及其问题逐渐熟悉起来，思想更加多元，思路更加开阔，应用更加广泛，实践更加活跃。

到底什么是课程？课程概念的讨论，涉及学理。有人说，课程是知识、是活动、是经验。笔者认为，课程是由特定的理念、目标、知识经验和预期的学习活动构成的一套设定。就理念而言，课程是一种价值立场和观念理解；就目标而言，课程是一种育人蓝图和目标期许；就内容而言，课程是一种知识体系与活动经验；就活动而言，课程是知识获取途径与学习体验方式。不管如何剖析"课程"这一概念，有一点是明确的，从实践角度看，课程即课业及其进程。因此，为了方便记忆和操作，我们可以简单地得出这样一个公式：课程＝"课"＋"程"（注意这两个字的引号，以免望文生义）。"课"与"程"这两个维度即是课业及其进程的意思，这也是西方语境中课程为"跑道"与"奔跑"的双重意涵。

从课程研制实践看，课程必须包含"课"与"程"，有"课"有"程"才谓之为课程。有"课"，意味着课程要有理念、目标与内容；有"程"，意味着课程要有实施、评价与管理，共六个要素。课程要具备"课"与"程"这两个维度、六个要素。这便是课程的操作性定义，这便是课程实践的逻辑起点。我们开发课程，就要说明清楚这两个维度和六个要素，不论是校本课程开发，抑或特色课程群设计，还是学校整体课程规划，都应该明确这两个维度和六个要素。基于此，研制学校整体课程规划，必须立足学校课程情境分析，确立学校课程哲学，厘定学校课程目标，建构学校课程框架，激活学校课程实施，创意学校课程评价，扎实学校课程管理。

每一种课程概念的理解都是特定条件的产物，都有自己的认识论立场，都有自己的方法论取向，都有自己的范围所指，都有自己的实践视点。课程是一个需要不断探讨的概念，学校整体课程规划是一个需要"照着说"的话题，更是一个需要"接着说"和"展开说"的课题。这里结合我们的实践研究，从回答 18 个问题入手谈谈对这个问题的看法，供中小学幼儿园研制课程规划参考。[①]

01 每一所学校都需要整体课程规划吗？

一般而言，学校整体课程是学校为实现育人目标、整合包括国家课程、地方课程和校本课程三类课程在内的课程之总体。

当前，很多学校课程变革的热情比较高，但是碎片化、大杂烩式的课程改革普遍存在，具体表现为：不贴地，没有学校课程情境的分析；缺理念，没有课程观；无目标，课程建设没有育人目标意识；无逻辑，没有整体课程规划意识；大杂烩，无合理分类；不活跃，看不见课程实施的多维途径和多样方式；少评价，课程开发随意性比较大；无关联，课程与教学"两张皮"，课程建设与质量提升没有直接关系；弱管理，课程建设不受重视。

[①] 2024 年 9 月 27—30 日，第六届品质课程学术交流会在西安召开。在此次会议期间，品质课程联盟发布了《"一校一策"课程规划 18 问》。

林林总总，这些问题确实值得我们关注。让一个人认识到变革，并具有推进变革的能力，这是学校课程变革取得成功的必备条件。任何被动或无约定的变革，任何只有空洞的理念或口号而无实质性操作路径的变革，都是不会成功的。

近些年来，教育部先后颁布的《普通高中课程方案（2017年版2020年修订）》和《义务教育课程方案（2022年版）》明确要求：制订满足学生发展需要的学校课程实施规划，注重整体规划，有效实施国家课程，规范开设地方课程，合理开发校本课程，将国家育人理念、原则要求转化为学校具体育人实践活动。2023年5月，教育部办公厅《基础教育课程教学改革深化行动方案》指出：在课程实施过程中，切实加强国家课程方案向学校课程实施规划的转化工作。坚持因校制宜，"一校一策"，制订课程实施的学校规划，把国家统一制定的育人"蓝图"细化为学校的育人"施工图"，明确课程教学改革的具体路线、措施，提出困难问题破解之策。地方各级教育行政部门及专业机构督促指导学校根据培养目标，立足办学理念和学生发展需要，分析资源条件，因校制宜规划学校课程及其实施。学校以促进学生全面而有个性的发展、健康成长为目标，高质量落实国家课程，建设校本课程，将课程理念、原则要求转化为具体的育人实践活动，构建体现学校办学特色的课程育人体系，注重持续优化。义务教育阶段确保全面落实国家课程，注重与地方课程和校本课程的统筹实施；普通高中在保证开齐开好必修课程的基础上，注重适应学生特长优势和发展需要，提供分层分类、丰富多样的选修课程，形成体现学校办学特色的课程系列。

如何使学校整体课程规划既能"顶天"，让国家课程政策落地，又能"立地"，让课程改革得以推进？"一校一策"课程规划是为落实国家课程政策，对学校课程实践"是什么""应是什么"，以及"如何做"的整体阐释与描绘，既包含了对学校课程本质、目标和内容之间关系的系统认识，又包含了对学校课程实施、管理和评价的整体构想。为了实现"顶天""立地"的课程发展愿景，现有课程政策要求每一所学校都要研制学校课程实施规划。

温馨提示

　　任何被动或无约定的变革，任何只有空洞的理念或口号而无实质性操作路径的变革，都是不会成功的。

02　学校整体课程规划是文本还是实践？

　　在我们看来，"一校一策"课程规划不仅包含课程设计和课程编制的全部内涵，还包含分析学校课程情境、确定学校课程哲学在内的课程决策的意涵与过程。换言之，"一校一策"课程规划是为落实国家课程政策、推进有逻辑的学校课程变革而研制的、指导学校课程实践的文本，是课程权力分享与课程决策统一的过程，是课程决策、课程设计以及课程编制过程的有机统一。结合我们的实践研究，我们认为研制"一校一策"课程规划有以下七个方面的工作十分关键。

　　1. 清晰学校课程情境。学校课程情境包括外在环境和内在情境，外在环境包括时代发展背景、地域文化背景、社区环境，内在情境包括学校办学传统、办学条件、学生生源与学情、教师素质与结构等。学校环境分析体现在：时代背景下对教育发展有哪些新要求，学校所处的文化生态环境有哪些优势，哪些可以开发成为学校的校本特色课程，社区有哪些优势课程资源，学校的办学传统如何进行扬弃，学校内部拥有哪些优势与不足，学生的学习特点和教师素质结构的优势与不足等。在学校环境分析的基础上，还要对学生的需求进行调查，了解现有课程的实施情况，发现学校课程中存在的问题；有关育人目标的线索等。因此，学校课程情境分析是学校整体课程规划的基本前提。

2. 高瞻学校课程哲学。学校课程哲学贯穿于学校课程变革之始终。学校课程哲学的独特性和坚定性有利于凸显学校课程模式的个性，有利于凸显学校课程变革的价值追求。研制学校整体课程规划要注意把握学校教育哲学和办学理念，在此基础上进行必要的逻辑演绎与深度推理，以使学校教育哲学、办学理念与课程理念逻辑上内在相联。

3. 把握学校课程功能。育人目标和课程目标在很大程度上规定着课程的功能，蕴含着特定的功能期待，包括课程的方向、水平、广度、深度、效果等，二者直接凸显了课程功能的多样性。研制学校整体课程规划，要注意在厘定学校育人目标的基础上，对育人目标进行合理的年级分解，形成有机对接的课程目标体系，以便于目标导向的课程体系建构。

4. 设计学校课程框架。学校课程结构有课程的实质结构和形式结构，其中实质结构是对课程的质的规定性，反映着课程的内在价值取向；课程的形式结构主要包括课程类别和不同类别之间的关系。我们的研究和实践表明，研制学校整体课程规划，既要关注学校课程的宏观、中观和微观三个层次，又要关注学校的实质结构和形式结构，基于特定的逻辑对学校课程进行合理分类，做到不交叉、不重复。在此基础上，还要进一步按照年级和学期进行课程布局性设计（即课程设置），以形成整体性的学校课程框架。一句话，研制学校整体课程规划，要基于对学校课程实质结构的深刻理解，把握学校课程的横向分类与纵向布局。

5. 创意学校课程实施。学校课程实施的设计最重要的是要按照立德树人的要求，从丰富学生学习经历的角度，充分考察学校课程实施的多维途径，如课堂教学、社团活动、研学旅行、校园节日、创客空间、艺术表演、故事沙龙、项目学习、仪式教育、隐性环境等。多维课程实施途径的本质就是在落实全面育人、全策育人，就是落实学习方式变革，就是育人方式变革的重要方面。

6. 探索学校课程管理。课程管理是指以课程为对象所施加的决策、规划、开发、组织、协调、实施等管理活动和管理行为的总称。就管理方式而言，主要包括以下几个方面：一是价值引领；二是组织建设；三是资源利用；四是制度建构；五是时间管理；六是课程研修等，这是学校整体课程规划需要认真思考的议题。

7. 变革学校课程评价。对学校课程进行科学评价，可以系统地描述学校课程的存在样态与实际效果，并以此作为学校课程不断改进的抓手。学校课程评价可以包括以下五个方面：学校课程文本的全面分析、学校课程实施的过程关照、学校课程建设的特色呈现、学校课程主体的发展状态，以及学校课程资源的丰富程度。学校整体课程规划要特别关注课程评价方式的多维运用，要运用多种评价创意在实践层面关注对学生、对教师以及对课程本身的评价。

温馨提示

"一校一策"课程规划是为推进有逻辑的学校课程变革而研制的、指导学校课程实践的文本，是课程权力分享与课程决策统一的过程，是课程决策、课程设计以及课程编制过程的有机统一。

03 学校整体课程规划需要课程理论指导吗？

研制学校整体课程规划需要课程理论指导吗？中外课程理论那么丰富，我们如何选择适宜的课程理论来指导学校整体课程规划呢？如何采取整合性的课程理论架构来指导学校课程规划？这些问题是我们研制课程规划关心的。

西方课程研究已有一百余年历史，对我国中小学课程变革实践影响比较大的当属课程开发模式研究。西方课程开发模式主要有以下几种模式：一是课程开发的目标模式；二是课程开发的过程模式；三是课程开发的情境模式；四是课程开发的实践模式。自20世纪90年代以来，人们逐渐不再局限于依据某种单一的课程开发模式进行课程开发，而是根据办学实际、育人目标以及学生的特点等，采取整合的课程开发模式，以实现课程开发目标。笔者以为，学校课程实践的复杂性，需要整合性的课程理论架构作指导。在长期的学校课程实践指导过程中，我们总结了用以指导学校课程设计与实施的"首要课程原理"，主要包含以下五条基本原理。①

1. 聚焦学习原理。

把生长作为课程第一要义。杜威在《儿童与课程》一书中提出："儿童和课程仅仅是构成一个单一的过程的两极。"他以一个全新的视角揭示了一个观点，即课程内容的逻辑顺序与儿童生长的心理顺序在本质上是一致的，它们都是儿童主动活动的结果。为此，他提出要研究儿童不同发展阶段的需要与可能性，给儿童提供有助于其"生长"的课程。儿童需求是课程的核心，孩子们需要什么、喜欢什么，就给他配什么样的课程，这是学校课程建设的人学逻辑。学校

---

① 杨四耕. 首要课程原理：学校课程发展的整合性架构［J］. 江苏教育·中学教学版，2019（8）：7－10.

课程变革的一切均需从这一点出发。围绕学生，聚焦学习，增强学力，是学校课程变革的中心任务。结论是，生长是学校课程的价值原点，是学校课程的第一要义。除了生长，课程别无所求，这是学校课程深度变革的旨趣所在。

2. 情境慎思原理。

明晰学校课程变革的起点。课程生成于特定的时代背景与文化架构之中，是文化选择的结果，我们不能脱离社会现实以及学校具体情境在"真空"中开发课程。只有在"情境慎思"的基础上，我们才能准确把握学校课程变革的背景，深刻理解课程变革的文化架构，进而准确地揭示课程的本质，制订出立足在地文化资源、基于学校发展现实的课程方案。学校课程情境的构成因素复杂多样，包括学校内外部的诸多因素。清晰学校课程情境，是学校课程发展的起点和前提。

3. 文化融入原理。

让思想的光辉映照学校课程。课程不只是一堆材料，而是一种可以进行多元解读的"文本"。通过"解读"我们可以获得多元话语，可以得到关于课程的独特理解。派纳说：课程是一个高度符号性的概念，它是一代人努力界定自我与世界的场所。理解课程意味着从不同"视域"理解课程、建构课程的意义；课程理念不是被动依附于实践，而是把实践作为反思和解读的文本，需要被理解和建构意义的"符号表征"。于是，课程领域便转变为"多元主义的课程理解"。正因为如此，每一所学校都可以有自己独特的课程文化，都可以有自己独特的课程哲学，并让思想的光辉映照学校课程。

4. 目标导引原理。

让学校课程变革富有理性精神。现代课程理论之父泰勒在他的专著《课程与教学的基本原理》一书中，提出了课程开发的"泰勒原理"。由此，他建立起了课程研制活动的四个基本环节：确定基本目标，选择学习经验，组织学习经验，评价学习结果。在学校课程设计实践中，具体操作如下：首先，确定学校育人目标。育人目标的确立必须依据全面发展的教育方针要求，结合学校课程理念，精准地确定学校育人目标。其次，厘定学校课程目标。学校课程目标是育人目标的年段要求和具体表现，它可以对照国家课程方案的要求和学校的特定实际。最后，建构学校课程体系。基于课程目标，建构学校课程体系：横向上，要求对学校课程进行逻辑梳理与分类，搭建学校课程结构；纵向上，要求按照年级与学期时间序列匹配课程，形成可见的课程图谱。可以说，学校课程体系建构是目标导引的理性精神照耀学校课程变革的过程。

5. 扎根过程原理。

激活学校课程变革系统。课程变革必须激活包括教师和学生在内的课程实践过程，回归课程的实践旨趣。我们需要多维度地系统聚合，以促进课程与生活的全面融通。因此，多维的课程实施路径、多元的课程评价方法，以及多角度的课程管理体系，是学校课程深度变革的"生态系统"。推进学校课程深度变革必须激活这个"生态系统"，才有可能真正使得学校课程变革"扎根过程"，才有可能真正触及每一个儿童真实的自我，帮助他们获得独特个体的成长经历与体验。

总之，基于立德树人的学校课程，需要依据上述五个原理来设计和推进。泰勒认为，课程研究必须回答"四个基本问题"：学校应该达到哪些目标？提供哪些教育经验才能实现这些目标？怎样才能有效地组织这些教育经验？我们怎样确定这些目标正在得到实现？这四个基本问题构成了课程与教学的基本原理，为课程开发提供了坚实的理论基础和可靠的实践范式。我们汲取诸家观点，创造性地将泰勒的"四个基本问题"发展为学校课程实践的"五个基本原理"：（1）聚焦学习原理：倾听儿童是学校课程的内核；（2）情境慎思原理：清晰学校课程变革的家底；（3）文化融入原理：让学校课程充满文化气息；（4）目标导引原理：确保学校课程变革的理性精神；（5）扎根过程原理：展现活跃的课程变革图景。这五个原理是对课程现象、课程关系及其矛盾运动的理性认识，是建立在客观的课程事实、课程现象基础上的，通过归纳、演绎等科学方法，由概念、判断和推理构成的观念体系。我们将这一理论发现命名为"首要课程原理"，其内在关系如图3所示。

应该说，"首要课程原理"是基于20世纪以来的课程研究成果，在批判继承的基础上建构的整合性的、富有实践感的课程开发理论。它有着自己的独特的形式结构，它是由不同要素构成的复杂思想体系，是原子性与整体性的有机统一。它不是金科玉律式的僵化教条，而

图3 "首要课程原理"架构图

是有待改进的学校课程变革建议；不是封闭的符号化知识体系，而是动态的开放性观念体系。"首要课程原理"具有实践浸润性，不是理论循环自证的形上之思。它是为了课程实践，通过课程实践，在课程实践中，浸润在实践中生长的课程理论。

温馨提示

学校课程实践的复杂性，需要整合性的课程理论架构作指导。"首要课程原理"是为学校课程情境分析、课程哲学厘定、课程目标设计、课程内容编制，以及扎根过程实施与评价等课程实践活动提供指导性意见的整合性理论架构。

04 如何避免学校课程规划中的语境遮蔽现象？

什么是课程的语境遮蔽？我们如何避免课程的语境遮蔽现象？

每一所学校都是不同的。按照语境论的观点，课程是一种语境实在，是特定语境中的事件与行动。当前，不少学校的课程规划遮蔽了历史和时间，看不见空间和资源，忘却了主体和立场，变成了没有语境的课程，因而成了"抽象的课程"。

1. 时间遮蔽：看不见课程的历史脉络。

课程是时间性存在，内含共时性要素与历时性要素，是共时性与历时性的统一。时间是流动的存在，是领悟存在的前提境域，是过去、现在和未来的相互通达。何谓时间性？用存在主义哲学家海德格尔在《存在与时间》一书中的话来说就是："如此这般作为曾在着的有所当前化的将来而统一起来的现象，称作时间性。"对于课程而言，时间是一种视角，每一所学校都有自己的"时间简史"，都具有时间性。令人遗憾的是，我们很多学校的课程，却看不到它的来龙去脉，学校课程的过去、现在和未来被遮蔽，学校的文化背景与现实情境被遮蔽，学校课程的独特性和文化根脉也因此被遮蔽。当下，学校课程变革需要"时间智慧"，需要把握学校课程的过去、现在和未来，并使之相互通达。

2. 空间遮蔽：漠视空间的育人价值。

课程也是空间性存在，具有自然空间与社会空间因素，是自然性与社会性的统一。自然空间中有课程基因，社会空间中也有课程踪影，不管是自然空间，还是社会空间，都蕴含着教育价值。但是，不少学校漠视空间的育人价值，对空间的课程维度缺乏应有的敏感，包括对学校内和学校外的自然空间和社会空间缺乏应有的关注，疏离了在地课程资源。自然内蕴教育的原初智慧，让儿童感受自然的奥秘是课程的应有之义，让儿童远离"自然缺失症"是课程的分内之事。同时，社会是教育的基本维度，教育空间绝不止于学校，博物馆、美术馆、图书馆、街道社区、游乐场……都是教育的空间，都可以成为课程资源。

3. 主体遮蔽：人的迷失成为课程常态。

人是课程的前置因素，是课程的首要定义。教师即课程，学生即课程，他们以全部的情感和生活参与到课程创作之中。学校课程的主体遮蔽，本质是将师生排斥在课程之外的，让师生跟随在知识目标的后面亦步亦趋。可以说，人蕴含了课程的全部秘密，脱离特定主体的、抽象的课程是没有意义的，真正有意义的课程是师生参与其中的，反映学习者的兴趣、需要和取向的。摸清学生的学习需求，知晓社会对学校课程的要求，明确教师的课程能力，是学校课程情境分析的重要内容。看不到教师和环境的相互作用、学生和环境的相互作用，主体遮蔽必然导致学校课程发展方向的迷失，必定在价值定位上忽视课程的需求者和参与者的立场。

总之，语境遮蔽将使学校课程发展陷入没有前因后果的文化断裂状态，对学校课程的历史与现实、空间与资源、个体价值和社会责任模糊不清，必然无法设计出符合学校实际的课程哲学和富有质感的课程框架。推进学校课程变革，需要从时间、空间以及主体角度探寻学校课程的文化情境；提升学校课程品质，需要从时间、空间以及主体角度建立学校课程的语境逻辑。

温馨提示

每一所学校都是不同的。按照语境论的观点，课程是一种语境实在，是特定语境中的事件与行动。

05 如何探明学校课程情境及其内在逻辑？

学校整体课程规划应从哪里入手？如何分析一所学校的课程情境？学校课

程情境分析包含哪些内容？如何进行学校课程情境分析？

我们认为，学校课程总是处于一定的情境脉络之中，是特定语境的产物，学校课程研制必须探明学校课程情境及其内在逻辑。"一校一策"课程实施规划要注意把握学校课程情境。影响学校课程发展的因素是复杂多样的，学校课程情境的构成要素是多元的、多层的、复杂的。[①]

1. 宏观情境分析。

学校课程发展的宏观情境分析既要分析社会政治、经济与宏观文化背景，又要分析国家教育方针、课程政策以及课程改革的基本走向。学校课程生成于特定的时代背景与文化架构之中，是文化选择的结果，我们不能脱离社会现实"在真空中"开发课程。学校领导团队要注意分析社会、政治、经济与文化发展以及国家课程改革政策，只有在情境分析的基础上，才能准确把握学校课程变革的宏观背景，深刻理解课程变革的文化架构，进而准确地揭示课程变革的本质，制订出符合学校发展实际的课程方案。

2. 中观情境分析。

学校课程发展的中观情境分析，主要包括学校所在区域实际、社区资源以及家长期望和要求。我们可以通过走访、座谈、问卷、观察、资料查阅等方式，确定在地文化资源状况，分析这些本土资源的可利用性以及社区对学校课程变革的支持性和可行性，研究家长参与课程变革的可能性和具体要求等。学校应尊重家长在学校课程建设上的合理意见，认真分析家长对自己孩子的发展和学校课程方面的期望。此外，学校课程发展还要充分考虑大众媒体的因素，注重对校外教育机构因素的分析。因此，学校应充分把握学校课程中观情境，以利于推进学校课程变革。

3. 微观情境分析。

学校课程发展还要对学校微观情境进行分析，将关注的焦点放在学校的具

---

① 杨四耕. 学校课程情境的语境论特征与分析模型 [J]. 教育学术月刊, 2022 (12)：3-9.

体情况和师生方面。诚如英国课程学者斯基尔贝克所言:"设计课程的最佳场所在学生和教师相处的地方。"学校微观情境分析主要包括:学生、教师和学校的组织架构、课程资源和课程制度。把握学校课程微观情境因素的具体分析方法,主要有五种:一是内外兼修方法,将学校课程史(内史)与学校发展史(外史)兼容合并分析;二是古今统一方法,把学校课程的"过去历史"与"当下走向"结合起来研究;三是史论结合方法,把学校课程史与学校课程哲学结合起来讨论;四是历时共时方法,同时运用历时的纵向研究方法和共时的横向研究方法来确定学校课程历时态的各种思想、观点的关联和共时态的各种行动、思想、观点及文化的关联;五是SWOT分析方法,就是分析学校课程发展的优势(Strengths)、劣势(Weaknesses)和机会(Opportunities)、威胁(Threats),对学校课程发展作出清晰、准确的研究,根据分析结果制定课程发展方略。

课程研究是场景化的,必须深刻理解特定场景中的课程实践,要注意把握特定时间段的学校课程宏观、中观和微观情境,有利于研判特定场景中的学校课程哲学和课程实践策略,推进学校课程深度变革。

温馨提示

学校整体课程规划必须探明学校课程情境及其内在逻辑,阐释学校课程发展的不同阶段客体和主体运动变化情况,强化对学校课程情境的语境结构的多维理解,使学校课程情境的要素、联结和效应获得系统分析和合理说明。

06 如何确定一所学校的课程哲学？

学校需要课程哲学吗？学校课程哲学的逻辑起点在哪里呢？如何确定一所学校的课程哲学？

美国当代课程学者派纳指出："课程开发"不是课程的未来之路，课程的未来方向是"课程理解"，我们必须视课程为"符号表征"，用个人的视角去理解课程所承载的意义。① 基于"课程理解"确定学校课程哲学，赋予课程以文化属性，是学校课程发展的关键环节，也是"品质课程"的一个重要特色。

1. 前提：课程意识的自我觉醒。

学校课程哲学是学校对自身课程意义和使命的价值判断，是学校思考与处理课程实践的意义理解方式，是在历史与现实的碰撞中不断扬弃的过程。学校课程哲学生成的基本前提是学校课程团队"自我意识的觉醒"。学校课程哲学是对课程现象的本质直观，是对学校课程的本质性理解。而要实现这一点，就必须"回到事情本身"，也就是"回到课程现场"。这是确定学校课程理念的"现象学方法"，即自我在其生活世界中的生活经验的记载，是自我意识的回归，是心灵的自由联想，是构建"有用的过去"，进而朝向未来之可能的创造。一句话，学校课程哲学是对学校课程实践经验和现实问题的本质之思，是对特定情境中的课程价值的理性思考和意义创造。

2. 内核：课程文化的哲学思维。

课程不只是一堆学习材料或符号，课程是文化的载体，内蕴的价值观。杜

---

① 王永明. 威廉·派纳对美国课程的反思和重构——派纳的课程观述评 [J]. 教育学报，2014, 10 (5)：27-34.

绝"没有课程观的课程"是当前课程改革的重要议题。学校课程哲学是学校团队对课程价值的系统感知，其基本形式是观念性质的，内蕴着课程理念及其方法论，其内核是学校教育所秉持的"信仰"或"信条"。学校课程哲学是教育信仰的另一种表达，是表征学校教育价值取向、思维方式、审美意趣的意义系统。意义赋予是学校课程哲学的来源，从"规则化的理论世界"走向"信仰化的意义世界"是学校课程探究的必然选择。学校课程不仅仅是知识技能的选择、传授，它更是一份信仰、一份憧憬、一份希望、一份把人引向澄澈之境的德性生成。确定学校课程哲学本质上是寻找课程之意义的过程，是追寻课程之信仰的过程，是把立德树人价值追求落实到学校课程之中的内在机制的过程。

3. 演绎：课程意义的彻底澄明。

派纳说：课程是一个高度符号性的概念，允许人们从不同的视域来理解课程，通过个性化的"复杂会话"，课程的意义得以澄明。当我们将课程理解为每一个人活生生体验到的存在的时候，课程就具有了全新的意涵，它不再只是一堆死的材料，而是一种活跃的给予意义的"文本"，我们可以借此形成丰富的话语，获得关于课程的独特理解。在方法论层面，学校课程哲学的解读可以采用现象学"本质还原法"，通过理性自觉个性化地解读学校课程理念，形成课程价值判断的基本观点，包括课程目标观、内容观、实施观和评价观等。

总之，确定学校课程哲学的方法论：一是回溯，即回到过去，按原状抓住它，当它萦绕在现在之中时紧紧地抓住它；二是前进，即想象可能的未来，注视还未出生的东西，让自己的思绪自由飞向未来；三是分析，即批判性反思，揭示过去、现在和将来之间的意义联系；四是综合，即把过去、现在和未来放在一起，形成"概念完形"，并阐释其中的深刻内涵。由此，学校课程哲学得以建立，精彩观念得以诞生。

07　可以给学校课程模式命名吗?

　　何谓学校课程模式? 学校整体课程规划可以给学校课程模式命名吗? 学校课程模式包含哪些要素? 如何理顺这些要素之间的关系?

　　整体性与隐缠序是学校课程存在的基本特征。学校课程有显结构与隐逻辑，有点要素与流模式。因此，我们认为，一所学校应该有自己的课程变革逻辑，应该基于学校整体课程规划建构自己独特的学校课程模式。学校课程模式是以学校发展背景分析为基础，以一定的课程哲学为引领，以个性化的课程结构和特定的课程功能为主要内容而建构的指导学校课程实践的运作范式。课程情境、课程哲学、课程结构、课程功能、课程实施，以及课程管理与评价，是学校课程模式不可或缺的构成要素。

　　学校课程模式的建构是在环境改变与矛盾运动中逐渐生成的，有其内在逻辑结构。在学校整体课程规划过程中,我们要将学校课程模式的各构成要素尽可能想得周全一些。这样才能基于特定的课程发展情境,提出适合学校课程发展的教育哲学和课程理念,形成各要素紧密联系的课程模式。

如何理解一所学校的课程模式?课程模式可以从"点、线、面"三个维度理解。一是"点"的维度,课程模式指向为每一个学生提供适合的课程,内有一系列的课程,可以供不同个性、不同背景、不同层次的学生所享用,关注每一个学生的成长与发展是课程模式的"点"位。二是"线"的维度,课程模式是一个生成的过程,处于从无到有、不断改进和完善的发展过程之中,是一个需要积淀、需要智慧凝聚的过程,也是一个反省实践与不断建构的过程。三是"面"的维度,课程模式是学校课程发展的思维工具,它指导学校课程变革实践,内含课程情境的分析、课程理念的厘定、课程框架的构建、课程实施方式的确定,以及课程评价与保障系统的建立等。作为学校课程发展的思维工具,课程模式是对学校课程变革的模型描述,是一个由"点、线、面"构成的内蕴价值的课程综合体,是学校课程发展到一定阶段的思维创造物,是学校课程改革的经验凝练和理性抽象,是值得鼓励和倡导的。

总体而言,课程模式是以学生发展为目标,以学校情境分析为基础,以学校教育哲学为引领,以个性化的课程结构和特定的课程功能实现为主要内容的课程综合体,是对学校课程不断解构、重组、调适的课程变革逻辑与工具,是指引学校整体课程开发的实践范式。特定的课程情境、动态的生成过程,以及多维的要素组合,决定了学校课程模式有自己的特点:一是结构严密性,学校课程模式总是呈现自己清晰的逻辑;二是动态生成性,学校课程模式不是静止的,其建构是一个动态生成的过程,是学校课程系统随着环境的变化由平衡到不平衡到再次走向平衡的进化过程;三是经验独特性,课程模式是情境的产物,是多样的、个性化的。

在这个意义上,我们在研制学校整体课程规划过程中可以结合实际给学校课程模式命名。例如,重庆市谢家湾小学的"小梅花课程"、上海市黄浦区中华路第三小学"百草园课程"等，都是基于文化自觉而建构的有特点的学校课程模式。在学校整体课程规划过程中，学校课程模式的命名方法通常有哪些？我们的经验表明，学校课程模式主要有三种命名方法：一是具象词命名，如"大风车课程"，就是用实物具象词命名的；二是描述词命名，如"涟漪式课程"，就是意义描述的命名方法；三是英文组合词命名，如"CIE 课程"等，就是用三个英文单词首字母组合命名的。

温馨提示

　　学校课程模式的建构是文化自觉的过程。学校课程模式应结合时代发展需要、在地文化资源背景，以及学校办学传统和条件，以独特的课程理念为引领，以特定的课程结构和功能体系为主体内容，基于经验提炼原则而构建。

08　如何防止课程的离心化现象？

　　学校如何科学厘定学校课程目标？如何确定学校育人目标？如何防止课程的离心化现象？

　　我们认为，学校课程建设要当心"活动陷阱"，不能只顾拉车不抬头看路，最终忘了自己的目标。现代课程理论之父泰勒在他的专著《课程与教学的基本原理》一书中提出了课程开发的"原理"。他认为，课程研制必须关注以下连续的过程：确定基本目标，选择学习经验，组织学习经验，评价学习结果。我们必须用生成性过程观看待泰勒的课程研制原理，深刻理解"目标——内容——经验——评价"这个"合生"过程，而不是原子化地将它们机械割裂理解。事实也应该是这样的，过程是有目标的过程，课程开发不是漫无目的的"撒野"，育人目标是内生于课程之中的，课程是基于育人目标导引的连续生成过程。

在学校整体课程规划过程中，学校课程管理团队要按照党和国家的教育方针，按照"五育并举"的要求，确立具有学校文化特质的育人目标，进而基于此目标建构课程，推进立德树人根本任务的实现。可现实情况是，我们很多学校有课程内容，无育人目标；有育人目标，无课程目标；有课程目标，无目标管理，由此造成了"课程的离心化"现象。在这些学校，课程不是为了育人，而是为了育分；不是为了育完整的人，而是为了育单向度的人。当然，这在本质上也取消了目标——人因此悄悄地消失了，不在场了。

学校课程变革应基于理性精神之诉求，按照过程哲学指引下的目标管理要求，围绕育人目标的实现来推进课程育人过程，具体操作如下：

首先，确定学校育人目标。育人目标的确立必须依据全面发展的教育方针要求，结合学校课程理念，清晰地刻画育人目标。清晰刻画育人目标应注意使育人目标符合全面发展的意涵与要求，五育融合，切合实际，与学生的心理年龄和发展阶段相适应，表述应通俗易懂，生动形象。

其次，厘定学校课程目标。学校课程目标是育人目标的年段要求和具体表现，它可以对照国家课程方案的总体要求和学校的特定实际有机结合，逐级分解，清晰明确。

最后，建构学校课程体系。基于课程目标，建构学校课程体系：横向上，要求对学校课程进行逻辑梳理与分类，搭建学校课程框架；纵向上，要求按照年级与学期时间序列匹配课程，形成可见的、支持目标实现的课程图谱。可以说，学校课程体系建构是目标导引的理性精神照耀学校课程变革的过程，很好地体现了育人目标同课程目标的完美结合，很好地体现了把课程作为"跑道"和作为"奔跑"的过程的有机结合。

学校应倡导团队成员通过他们自己的语言，以及社会互动来形成并宣传有关育人目标和课程目标的独特界定，用这样的独特界定来驱动学校课程管理，进而确证育人目标在课程内容的支撑和课程实施的活性上得以落实。

温馨提示

学校课程是为育人目标服务的，确定育人目标是厘定课程目标的前提。课程开发不是漫无目的的"撒野"，育人目标是内生于课程之中的，课程是基于育人目标导引的连续生成过程。

09 如何科学设计学校课程体系？

学校整体课程规划如何搭建课程框架？如何科学设计学校课程体系？学校课程设计需要按照年级和学期进行吗？跨年级、跨学期的课程如何设计？这些问题，是我们研制学校整体课程规划特别要关注的。

学校课程体系是一个均衡的整体，各组成部分和要素之间存在相互牵制和影响的关系。在设计学校课程体系时，要考虑以下四个方面。[①]

　　1. 丰富学校课程内容。

　　课程内容是指由符合课程目标要求的一系列比较系统的间接经验与学生的某些直接经验组成的，用以构成学校课程的基本材料。学校根据目标选择课程内容，课程内容的选择与组织是学校课程体系设计的一项基本工作。课程内容的选择有三种取向：一为学科知识；二为学习活动；三为学习经验。三种取向的课程内容各有优势与局限，任何一方面的内容都不能指代课程内容的全部，学校在进行课程内容选择时，不能局限于某一方面的内容。如何兼顾三个方面的内容，辩证地处理好三方面的关系，设计适应现在又面向未来的课程内容，则是学校需要进一步思考的问题。

　　2. 设计学校课程结构。

　　当前，课程分类的方法很多，按照不同的维度，可以将课程划分为：国家课程、地方课程与校本课程；学科课程与经验课程；分科课程与综合课程；必修课程与选修课程；显性课程与隐性课程等。各课程类型和科目都具有自身的价值，在课程结构中具有相应的地位，与其他课程形成价值互补。学校课程结构设计，不是照搬某一模式，而是要构建具有自身特色的课程结构，改变原有课程结构的单一和僵化，致力于丰富课程的结构，提升课程的均衡性、选择性和综合性，为每一个学生提供适合的课程。

　　3. 落实学校课程设置。

　　课程设置是指所有教学科目和学生的一切活动项目的设立与安排。学校课程设置要遵循一定的原则，其一，课程比重的安排和顺序安排要符合学生的身心发展特点、学生大脑皮层机能活动规律等，满足学生的接受水平与能力。其二，要保证课程的均衡性，合理安排课程的各组成部分，使各学科、各科目之间建立必要的横向联系与合乎逻辑的纵向联系，形成一个有机的整体，使学生各方面的发展都有

---

① 杨四耕，等. 学校整体课程规划［M］. 上海：华东师范大学出版社，2022：58－72.

对应的课程设置。学校课程设置要考虑的规准是：是否反映并符合学校的课程哲学；是否将所有必须的课程目标都包含在内；各年级的学习时间的分配是否适当，等等。

4. 加强课程的整合设计。

课程的整合设计是学校课程建设的一种趋势。课程统整包括经验、社会、知识、课程等四个层面的内容，知识层面的统整又包括单学科统整、多学科统整、科际统整、跨学科统整和超学科统整。每一个层面的课程整合，可以采取多种形式与模式。目前，学校的课程整合实践表现为四种形式，以概念、主题、问题和方法为中心的整合，其中以概念中心形式与主题中心形式为主。学校在进行课程整合设计时，会面临在内容、形式、模式等方面的多种选择，三者之间存在交叉，某种形式的整合可能涉及多项内容和多种模式，任何单一内容的统整都无法支撑起整个课程框架。如主题式统整则是对学科内部知识点之间、不同学科之间，以及学科知识和学生生活经验之间的整合，问题中心的统整则是以社会问题为主题，整合知识的同时，强调学生个体经验的参与。因此，学校在做出选择时，不能单一地理解某种整合形式或模式，而要进行综合设计。

总而言之，学校课程体系建构是基于学校课程逻辑，综合考虑课程结构的设计、课程设置和内容选择，是以育人目标实现为指向，经过精心设计而提出的课程方案。在学校整体课程规划过程中，学校课程体系设计是"逻辑感"很强的行动研究过程。

温馨提示

　　学校课程体系设计是对学校课程的类型、要素及其之间结构关系的综合设计。学校课程体系设计的深度和广度，要考虑学习者学习的内容、主题、学习经验等，致力于为学生提供丰富的学习经历。

10 如何从学习需求角度建构高质量课程体系？

《义务教育课程方案（2022年版）》提出：面向全体学生，因材施教，打好共同基础，关注地区、学校和学生的差异，适当增加课程选择性，提高课程适宜性，促进教育公平。由此，需要进一步思考的问题是："面向全体，因材施教"的学校课程体系设计应注意什么？学校整体课程规划如何从学习需求角度建构高质量课程体系？

我们认为，高质量课程体系建设可以从学生的学习需求角度出发进行架构，大体分为刚需课程、普需课程和特需课程三类。①

所谓刚需课程，是满足均衡发展、全面发展需要的课程，体现国家课程的刚性要求，是所有学习者都要过关的底线要求和基本标准。刚需课程是国家课程的刚性要求，要按照《义务教育课程方案和课程标准（2022年版）》的要求，可以推进学科课程群建设，落实单元整体课程设计与实施，落实学科实践和跨学科学习要求。如此，从课程角度理解教学，关注教师对课程的理解，开齐课程，开足课时，落实国家课程方案和学科课程标准。例如，深圳市坪山区提出"九个一"的要求（即"一份规划""一门课程""一份纲要""一张课表""一个主张""一本教案""一堂好课""一张试卷""一次教研"）来保证国家课程的实施，促进教师对课程标准的理解和把握，落实"教—学—评"的一致性，不仅明确了"为什么教""教什么""教到什么程度"，而且强化了"怎么教"的意识，做到清晰明了，操作性强，很好地落实了国家课程方案和学科课程标准。

所谓普需课程，是满足学习者个性发展、差异发展需要的课程。普需课程

---

① 杨四耕. 从学习需求角度建设高质量课程体系［J］. 中国民族教育，2023（5）：10.

是反映学习者兴趣爱好普遍倾向的课程，是和群体的情感倾向相关的课程类型。普需课程满足学生的兴趣爱好，给予学生充分的学习选择权，可以很好地整合以兴趣小组和社团活动等方式推进的课程。当前，中小学在这个方面的探索已经积累了很多很好的经验。

所谓特需课程，是满足学习者个别化、超常化发展需要的课程。特需课程是与特定学习者个性发展紧密关联的个性化课程方案。例如，上海市建平实验中学因材施教，探索创新人才培养的新模式，推进特需课程建设。他们深入研究学生，根据学生的个性特长，发动教师、学生和家长等多方力量，共同协商，研制基于儿童个性发展的个别化课程方案，不仅满足了学生的个性化学习需要，还形成了高质量家校共育模式。

总之，刚需课程、普需课程和特需课程，是以学习需求为中心的课程结构，是让每一个学生成为他自己的课程设计理念。每一所学校的课程设计都可以反映刚需课程、普需课程和特需课程的要求，处理好国家课程的刚性要求、校本课程的普遍追求和个性课程的特别定制之间的关系，从学习需求角度建构学校整体课程，推进高质量课程体系建设。高质量课程体系建设要重塑课程的生命场景，让学习者找到激发生命潜能的契机，让素养发展获得实实在在的机会；要扩大学生的学习空间，不限定学习者的社会性因素，不规约学习者的思维路径，让学习者的具身参与性明显增强。

温馨提示

高质量课程体系建设要重塑课程的生命场景，让学习者找到激发生命潜能的契机，让素养发展获得实实在在的机会；要扩大学生的学习空间，不限定学习者的社会性因素，不规约学习者的思维路径，让学习者的具身参与性明显增强。

11 如何采取平衡的立场设计学校课程体系？

良好的课程是平衡的课程，包括量的平衡，即课程要素的比重是适合的；以及质的平衡，即各类要素的价值汇合度是最高的。

在研制学校整体课程规划过程中，如何采取平衡的课程立场设计学校课程呢？我们认为，为了实现良好的课程愿景，研制学校整体课程规划可以在两个维度上着力：一是量的维度，这是横向的要素设计维度；二是质的维度，这是纵向的价值聚合维度。在课程改革过程中，横向维度和纵向维度通过课程实践出现在同一个时空——横向上，课程要素布局，包括各领域课程的平衡、学科课程与活动课程的平衡、不同学科之间的平衡以及课程内在要素的平衡；纵向上，各类课程要素的价值聚合，包括课程的内在逻辑和价值的平衡、课程各要素之间的逻辑自洽性。

横向维度的"课程"和纵向维度的"课程"相融相合，要素布局与价值升华和谐地存在于课程变革实践时，课程改革便具有了高品质课程的整体涌现性。所谓整体涌现性，是指整体具有而其组成部分以及部分之和不具有的特性，一旦把整体还原为它的组分，这些特性便不复存在。在一定意义上，整体涌现性是系统的根本特征。很明显，学校整体课程规划是基于系统思维，强调横向要素的多元开放性、纵向逻辑的价值递进性，通过资源要素的横向关联和价值要素的纵向推进，形成横纵交织结构、横纵互馈状态、横联纵进效应的高品质整体涌现性。课程改革目标实现，需要特定的课程要素集聚与价值生成，不同课程要素的不同组合，会产生不同的课程价值。

课程在任何时代都受制于社会政治经济和文化状况，以及受教育者个体状况。因此，从课程价值角度分析，学校整体课程规划可以从社会学与心理学角度进行分析。从社会学角度分析，学校整体课程规划应反映社会意义上的课程平衡。这一层面的平衡是在学校所提供的课程中寻求一定的平衡。它关系到学科的设置、各种学科与活动的时间分配和时间长度，以及教育辅助设施的使用等。课程平衡与社会发展和科技进步有关，课程改革必然要对学校所服务的社会和学校在社会中所扮演的角色的要求给予充分的考虑。从心理学角度分析，学校整体课程规划应反映学习者个体意义上的课程平衡。这个意义上的平衡，是从儿童身心发展特点角度来考虑的。良好的课程应该是，当个体在课程中的每个领域发展到最佳的能力水平时，这种由个体所经验的课程也就达到了平衡。换言之，学校课程应能满足儿童欲在社会立足所需要的技能的、价值的、情感的、审美的、创造的需要。学校课程的平衡与否，要看它是否能尽可能使儿童最大限度地发展，满足儿童各方面需要的课程，就是平衡的课程。归纳为一句话就是，学校整体课程规划要求课程开发在社会要求和个体需要之间保持平衡。儿童在学校中所体验的课程，必须有助于他调整自己以适应这个世界，这些课程能赋予他一定的知识、情感和意志，这些知识、情感和意志将使他有能力去改变那些需要改变的东西。

温馨提示

　　学校整体课程规划要秉承平衡性课程思维方式，采取整体性课程要素平衡方法和聚焦性课程价值聚合策略，设计平衡的课程体系。

12 如何绘制学校课程图谱？

什么是学校课程图谱？学校课程图谱是学校课程系统的图景化表达，是用图表形式表现课程样貌的可视化工具，它努力呈现出课程情境、理念、目标、内容、实施、评价和管理等课程要素及其关系，形成课程要素的结构和逻辑。课程图谱本质上是学校课程育人的图示索引，包含课程价值、课程目标、课程内容、课程实施、课程评价和课程管理等要素系统及其整合。在研制学校整体课程规划过程中，用课程图谱的思维设计学校课程，表明学校课程设计者对学校课程的认知和理解达到了比较完整的程度。

在研制学校整体课程规划过程中，学校课程图谱可以有哪些类型？我们可以如何设计学校课程图谱？

从视野大小角度看，学校课程图谱可以从宏观、中观和微观三个层面进行设计。宏观层面，思考学校课程的整体结构，处理好各类课程之间的关系，如国家课程、地方课程与学校课程等不同类型课程之间的关系；中观层面，处理某种课程类型中学科的构成及其关系，比如必修课开设哪些科目，各科之间的关系等；微观层面，要看到学科内部的结构，重点关注学科内容的设计和编排。

从纵横关系角度看，学校课程图谱可以通过横向分类与纵向布局，抑或纵横交织组合，勾勒出学校课程的形式结构或实质结构。横向分类是绘制课程经线起点，课程类型通过横向连接，使不同类型的课程内容发生意义关联。纵向布局是绘制课程纬线的纵向设计，关注学习经验的先后顺序，强调知识组织的心理学依据，具有顺序性、连续性和关联性特点。课程图谱的纵向布局可以呈现直线式课程、螺旋式课程和阶梯式课程三种形态，在现实中运用哪一种呈现方式要因校而异。纵横交织运用系统思维来绘制学校课程全景图，凸显学校课程体系的高度与深度、广度与厚度，呈现了课程图谱的系统之美及其特色与品质。

从课程要素角度看，学校课程图谱可以从课程情境、课程理念、课程目标、课程结构、课程设置、课程实施、课程评价和课程管理角度分类，形成相应的课程图谱。一是课程情境图；二是课程理念图；三是课程目标图；四是课程结构图；五是课程设置图；六是课程实施图；七是课程资源图；八是课程评价图；九是课程管理图。当然，上述课程要素也可以通过"穿针引线"，形成学校课程逻辑图，使得学校课程各要素的系统性、逻辑性一看就明明白白。

总之，在研制学校整体课程规划过程中，学校可以利用课程图谱思维，将学校课程系统结构化、谱系化、形象化和逻辑化，形成以图文融合呈现的可视化学校课程体系。

温馨提示

学校课程图谱可以从宏观、中观和微观三个层面进行设计，也可以从横向分类、纵向布局，以及纵横交织三个维度进行设计，还可以从课程要素角度分类形成相应的课程图谱。

13 如何激活学校课程实施的多维路径?

学校课程实施就是课堂教学吗? 学校课程实施与课程政策落实之间存在什

么关系？在学校整体课程规划中，学校课程实施规划的关键在哪里？一般来说，学校课程实施有哪些路径？如何科学规划学校课程实施？

课程实施本身是复杂的，是主体对于课程的认同与关联度、课程主体的具体行动参与、课程所处各种条件、各方面实际举措等要素交织的实践过程。学校整体课程规划需要具有回归本原的价值视点、生动活泼的创生取向和具身参与的路径设计，不断增强学校课程实施的执行力，促进学校高质量发展。

1. 回归本原的价值视点与学习方式变革。

聚焦学生发展是课程实施的本原性意义，是学校课程实施的价值视点。学校整体课程规划要透视课程的本原性价值视点，让学校课程回到这一价值视点本身。学校课程实施要真正把学生看成是学习的主体、认识的主体和创造的主体，即把学生真正作为一个"人"来看待，从主体人的特性出发来对待学生来变革学习方式。学习方式变革是一场对学生的解放运动，把学生从依附、盲从和模式化中解放出来，从灌输、禁锢、束缚的传统中解放出来，使学生向着自己本源的自然天性回归，实现学生对生活世界的敞亮和开放，实现生生、师生之间的开放，实现学生对自我内心世界的开放。

2. 生动活泼的创生取向与课程政策落地。

学校课程实施是通过不断解决问题来打破原有平衡重建新的平衡的过程。学校课程实施需要全面领会国家各类课程政策的要求，例如提升科学素养行动计划、美育浸润行动计划、劳动教育课程政策等，以创生的取向和新的行动突破原有习惯，促成课程变革的真正发生，在课程变革发生过程中逐渐建立新的课程实践范式。在课程政策落实方面，一方面要强调规范性，表达学校对于课程作为一种国家意志的贯彻与坚守，对专业规范的珍视与应用；另一方面要强调创生性，体现出学校基于学生、基于校情、基于在地文化的全面把握，以多种形式创造性地研制"一校一策"课程实施方案。

3. 具身参与的路径设计与教育旨趣演绎。

课程实施过程从根本上说是人的具身参与过程，高具身性的课程实施要激活课程实施的多元路径，要由符号学习向实践学习、交往学习和体验学习等具身学习方式转变，提升学校课程实施活跃度和学生课程参与性。当前，课程实施主要通过课堂教学、社团活动、研学旅行、社会考察、校园节日、项目学习等多维路径展开。根据核心素养形成的运行机制，学校课程实施路径必须突破较为单一的学习方式，强调以学生的学习为中心，依据学生学习发生的基本途径，在学习、交往、实践和反思的基础上，逐步把间接学习和直接学习，知识学习与问题解决，形式训练与任务完成，课堂学习与实践活动，课内外、校内外、家庭学校社会结合起来，多主体协同、多途径融合、多环境转换，课程实施路径与学生学习方式紧密结合，共同促进学生核心素养形成，实现学校育人目标。

当然，不同学校课程实施规划各有特色，各有侧重，这是因为学校课程情境不同，课程实施难以用一个尺度做统一规定。研制"一校一策"课程实施规划要实现课程理解与实践场景的完美结合，让课程实施具有因校制宜的可能性和独特性。

温馨提示

从人性的解放角度来理解学习方式变革，激活学校课程实施的多维路径，便是学校课程实施规划的重要价值取向。

14 学校课程评价创意设计指向哪些维度?

《义务教育课程方案（2022年版）》强调：更新教育评价观念，创新评价方式方法。学校课程评价设计有哪些维度？我们认为，学校整体课程规划关于学校课程评价设计应指向课程文本的要素分析、课程实践的过程关照、课程建设的特色呈现、课程主体的成长状态，以及课程资源的丰富程度等五个基本维度。

1. 课程文本的要素分析。

在这个维度上，我们要系统考察静态的课程文本，看看学校课程实施方案、学校课程指南、学科课程群设计、校本课程纲要、单元课程设计等课程文本是否齐备，以及查看相关内容要素是否完整、表述是否科学、设计是否规范。这些课程文本的品质表征着一所学校课程变革的思考深度。

2. 课程实践的过程关照。

对于实施而言，其主体不仅仅包括课程政策的设计者、课程推行的行政领导，还应该包括校长、教师和学生。其中，教师和学生是课程实施最为重要的两个主体。评价教师对于课程的使用，最主要是看究竟有多少教师在教育过程中以课程的实施作为教育的出发点，以及教师对所教课程和学校课程所蕴含教育理念的达成度。评价学生对于课程的学习，最主要是看通过课程的学习，学生的行为模式和学业成绩的提升效果，即学校育人目标的达成度。最后，外部因素对于学校课程实施的影响，比如政府机构的支持力度，相关社会力量诸如社会团体、社区资源，以及学生家长的支持和理解等，也都是学校课程评价要关注的重要方面。

3. 课程建设的特色呈现。

这一维度的评价，更多的是侧重于在课程多样化发展的改革背景下，学校如何结合自身的优势基因，因地制宜、因校制宜地对学校的课程进行合理的调适和再造。对学校课程的特色呈现，可参考以下内容：学校课程建设是否基于对学校发展历史的考察，是否基于学校的文化传统，是否对学校所在社区、家长以及学生进行深入调查；学校的课程建设是否与学校的办学理念具有内在的一致性，是否与学校的培养目标以及发展愿景相符合；学校课程建设是否能充分体现学校的发展规划；学校课程的建构过程中，校长的重视程度以及教师、学生的参与程度等。

4. 课程主体的成长状态。

可以参考以下内容：学生的学习结果，包括学生在课程学习过程中的表现、学生对课程学习的态度、学生核心素养的培养、不同学习方式的运用、学生对课程的满意程度；教师的专业发展，包括教师课程领导力的增强、教师参与课程设计能力的增强、教师评价能力的增强、教师共同体的成长、教师对课程方案的满意程度等；学校的发展，包括课程建设是否促进学校的发展、课程建设是否为学校发展带来新的契机；家长对学校课程的满意程度；对教师课程方案总结书面报告的分析；课程评价结果对于学校课程发展的价值等。

5. 课程资源的丰富程度。

课程资源是否丰富，利用是否良好，直接影响学校课程品质提升；课程资源评价的质量如何，直接关系到课程资源的开发和利用的效果。为了从总体上评价学校课程资源状况，我们可以将学校课程资源划分为器材资源、场馆资源、人力资源、媒体资源、环境资源等，课程资源评价可以更好地使学校在开发利用过程中能够发现自身的不足，更好地促进课程资源开发利用。

温馨提示

　　学校课程评价创意设计指向课程文本的要素分析、课程实践的过程关照、课程建设的特色呈现、课程主体的成长状态，以及课程资源的丰富程度等五个基本维度。

15 学校课程如何充分关注学生的个体时间体验?

　　课程和时间深度关联,时间是课程的重要维度,谈论学校课程离不开时间。在某种意义上,学校整体课程是学校一切时间性因素的体现。可以说,时间是分析学校课程变革的重要主题。

　　课时安排和作息时间安排是学校整体课程规划的重要内容,我们如何通过设置弹性时间、给予闲暇时间以及留足自由时间,充分关注学生的个体时间体验? 当前,"主观时间焦虑""工具时间异化"以及"时间伦理失范"等正在成为加速时代教育时间困境的主要症候。[①] 全面理解课程的时间维度,对于把握学校整体课程的意涵是有积极意义的。

　　1. 主观时间与客观时间。

　　客观时间是依靠日历、钟表等计时工具来界定时间。客观时间的好处是让个人的计划容易与他人同步。但是,人对同一时间跨度的感受往往不一致,个人感受到的时间绵延没有固定的单位,每个人的感受是富有弹性的,这就是主观时间。在课程方案研制过程中,学校的责任是按照课程计划要求,安排时间和课时,按照时间节点渐次推进课程计划落实。学校整体课程规划关注整体的学习时间,既要把握客观时间要求,又要兼顾主观时间感受。

　　2. 单向时间与多向时间。

　　单向时间的特点是一时一事,多向时间的特点是在同时段内多件事齐头并进。时间是实现课程改革目标的诸多条件之一。一般来说,学校管理者更偏好明确、清晰的计划,而教师和学生更愿意根据具体环境随机应变,以个性化的

[①] 夏剑. 加速时代的教育时间困境及其超越 [J]. 中国教育学刊,2023 (12):50-55.

方式开展工作。研制学校课程规划,要注意在学校场景中,学生总是多学科齐头并进,时间分布要注意平衡。

3. 常规时间与碎片时间。

根据是否具有周期性,我们可以把时间分为常规时间与碎片时间。常规时间有固定周期、严格序列以及标准时限,包括年、月、周、工作日、假日、课时等。每一段常规时间都有独特的序列、周期以及频率,对参与者的组成也有明确规定。常规时间为学校生活提供了清晰的结构。一般而言,常规时间以外的时间即碎片时间。学校整体课程关注整体的学习时间,要注意协调常规时间与碎片时间,科学安排常规时间,合理利用碎片时间,使之对儿童成长发挥积极作用,达到最大化的效果。

4. 学习时间与闲暇时间。

学校课程变革的目的是促进学生学习,是尽可能多地让儿童拥有学习时间,这是教师的一般想法;而学生总想得到更多的闲暇时间,拥有更多的自由支配时间,如此学习时间与闲暇时间便产生了一股张力。对有些教师来说,他们一心想要回到教室里去,让学生拥有学习时间。当教师要求学生投入更多的时间学习时,时间问题就有可能激化。学校整体课程关注整体的学习时间,要科学安排学习时间,合理设计闲暇时间,以达到劳逸结合的目的。

5. 线性时间与立体时间。

线性时间观把时间视为由过去向现在,再向未来依次流逝的过程。线性时间观存在两个问题:一是时间的隔离性,即时间与时间之间互不渗透,过去、现在、未来互不相关;二是时间的抽象性,即时间与人的生存体验无关,时间成了外在于生命的由点构成的线。其实,这种抽象的、孤立的时间是不符合生活实际的,真实的时间是互相蕴涵的,它呈现为生活化的、境域化的立体时间结构。只有真实的体验时间才蕴涵生命成长的意义,抽象的无体验的时间只是数学意义上的抽象存在,不包括时间内容,不蕴涵时间意义,不具有时间性质。学校整体课程关注儿童整体的学习时间，必须以立体时间观取代线性时间观，让儿童能真正掌控属于自己的时间，获得时空一体的时间体验。每一个人都生活在时间之中，生活在过去、现在与未来链接的整体性时间之中。在课程内蕴维度，时间既是一种结构性—实用性的秩序措施，呈现为工具性特征；时间又是一种体验性—情感性的主体意识，要从教育的人本性来理解。

学校课程有时长、时序、密度、节奏和时机。可以说，课程具有鲜明的时间属性。学校整体课程规划关注整体的学习时间，需要把握宏观的时间制度、中观的时间结构和微观的时间逻辑之间的关系：宏观层面，建立规范的时间制度，如开学与放假、学年与学期、节日与假期等规范的时间制度；中观层面，建立合理的时间结构，如规划、计划、方案、课表、课时等所蕴含的时间要素及其序列；微观层面，遵循互动的时间逻辑，建立"关系—节奏—秩序"相统一的时间意识。把握宏观的时间制度、中观的时间结构和微观的时间逻辑之间的关系，其最终目的在于引导个体激活与万物的关系，以此感知自己在现实中的位序，形成时间秩序，引导心灵完善，生成内在价值。学校课程规划要确保学校整体时间发挥积极作用，要通过设置弹性时间、给予闲暇时间以及留足自由时间，充分关注学生的个体时间体验，丰富生命时间的内在意义。

温馨提示

课程和时间深度关联。学校课程规划要通过设置弹性时间、给予闲暇时间以及留足自由时间，充分关注学生的个体时间体验，丰富生命时间的内在意义。

16 学校课程管理的核心精神是什么？

学校课程变革必须激活包括教师和学生在内的课程实践过程，回归课程的生成性品格。学校课程的生成性品格客观上要求我们关注课程管理的生成性过程，彰显课程管理的过程性、境遇性、关系性和创造性。学校课程管理是不断生成的过程，它起于问题，成于制度，归于文化。由此，学校课程管理的方法论定位便蕴含其中。①

1. 起于问题：以问题管理驱动课程变革。

课程改革起于问题，问题管理应该成为学校课程管理的重要方式。在课程建设过程中，运用问题管理方法有如下基本要求：一是树立问题意识，不断发现问题，创造性地解决问题。二是把握问题属性，善于区分显性问题和隐性问题。对显性问题，直接分析解决。此外，我们还要有敏锐的专业洞察力，善于挖掘隐性问题，善于以辩证的思维方法，正确把握课程改革过程中的系列问题，从"点与面""虚与实""表与里"等维度把握问题的根本和关键。三是寻找问题根源，从整体角度来分析全局、洞察本质，科学研判，去寻找问题解决之法。四是提出解决策略，针对重点问题梳理出关键点，抓住关键点，抓住问题的主要矛盾，处理好主与次、重与轻、急与缓、难与易等诸方面的关系，查找短板问题，聚焦重点任务，提出优化措施，思考改进对策，落实整改举措，学校课程变革的问题也就迎刃而解。五是养成研究习惯，通过研究解决他们在课程变革中所遇到的问题，基于实践形成解决问题的一般思路与方法。

---

① 杨四耕. 学校课程管理的生成性过程与方法论定位——过程哲学视角［J］. 教育学术月刊, 2023（6）: 3－11.

2. 成于制度：以制度管理规约课程实施。

能否将价值追求转化为制度要求，能否把亮点经验转化为制度做法，能否把问题解决转化为制度常态，这些都是学校课程变革是否取得成功的标志。学校课程制度内蕴价值，导引实践，凸显程序，富有弹性。换言之，学校课程制度是为学校课程开发和实施提供价值引领与行为索引，为学校课程变革提供价值辩护、程序说明、技术规范以及改进提升的工具。一是课程制度的教育性，课程制度的建构和设计要考虑制度本身的教育意义，凸显制度的正向教育影响；二是课程制度的价值性，课程制度建构与设计要深刻理解学校课程的育人属性，把握学校课程的价值与功能，形成具有高扬时代精神和宣示立德树人立场的课程理念，并将这一理念蕴含在学校课程建设的基本规范中；三是课程制度的策略性，课程制度的建构和设计，应充分体现课程开发行为的细节实在性和现实操作性，具有校本化的实践智慧属性；四是课程制度的规约性，学校通过课程制度建立起课程质量标准、课程认证程序、课程实施质量，以及学生学业成就监控等一整套管理规范，推进课程变革的有序开展；五是课程制度的反思性，可以根据实际情况重构，具有可改变性；也可以根据实际情况调整，具有实践弹性。

3. 归于文化：以文化管理提升课程品质。

课程作为一种文化现象，课程管理自然离不开文化管理。当我们形成了共同遵守的文化传统和行为方式，将教育价值观和办学理念渗透于课程决策、开发、实施与评价全过程中的时候，我们的管理便是文化管理了。文化管理是一种管理模式，其核心是以价值观推进管理。课程文化转型的关键是基于价值取向变革的学校课程模式重构，这种重构需要体现在学校课程哲学的价值引领中，需要体现在学校课程要素的逻辑布局中，需要通过课程物质文化、课程制度文化、课程行为文化和课程精神文化的整体运思来体现。不过，课程文化整体转型是就转型的视角、目标和结果而言的。课程文化转型多因复杂性和过程艰巨性，决定了课程文化转型不可能一蹴而就。课程文化变革需要一系列的课程变革行动支撑。课程文化转型是一个渐进的过程，是一个需要足够的专业慎思的过程。课程文化发展的渐进性，要求我们在管理过程中，要充分研究课程文化转型之各要素、各环节的内在联系，充分发挥实践理性，基于实践可能创新设计学校课程发展项目，推动学校课程发展。

总之，学校课程管理是不断生成的鲜活过程，从实践角度看，它聚于目标，起于问题，成于制度，归于文化。

温馨提示

学校课程的生成性品格客观上要求我们关注课程管理的生成性过程，彰显课程管理的过程性、境遇性、关系性和创造性。学校课程管理是不断生成的过程，它起于问题，成于制度，归于文化。

17 学校如何建构新质课程文化？

课程与文化存在什么样的关系？何谓学校课程文化？如何建构新质课程文化？学校整体课程规划如何助力新质课程文化建构？

课程与文化有着天然的血肉联系。对学校发展而言，凡是课程变革一定是文化变革，没有文化内核的课程变革很难取得成功；文化变革需要课程建设支撑，没有课程支撑的文化变革是不可思议的。课程与文化的"合生"设计，是学校课程文化变革的重要方法。具体操作上，有以下两条道路可供选择。①

1. 自上而下的演绎道路，实现从文化概念到课程设计的"合生"。

自上而下的演绎道路，从文化概念的顶层设计入手建构学校课程体系，实现从教育价值取向到课程愿景设计、从课程目标厘定到课程内容体系设计、从课程实施路径激活到课程评价推进、从课程育人体系梳理到课程支撑体系建构的全流程"合生"设计。首先，提出学校教育哲学，生成学校课程理念；其次，确定学校培养目标，细化学校课程目标；再次，建构学校课程结构，设计学校课程内容；从次，激活学校课程实施，推动学习方式变革；最后，创意学校课程评价，落实学校课程管理。上述学校课程文化变革是从文化概念建构开始的，由此展开学校课程整体规划设计，实现从文化概念到课程设计的"合生"，有利于提升学校课程的文化内涵。

2. 自下而上的归纳道路，实现从课程实践到文化逻辑的"合生"。

从特定场景中的课程实践出发建构学校课程的文化逻辑，是学校课程文化变革的另外一条道路。学校课程文化变革，实际上也是学校文化决策的过程，每一所学校都有自己的文化背景，包括周边的文化资源、学校的历史传统和现实经验，这是学校课程文化变革的客观基础，也是学校课程哲学生长的实践土壤。如何在分析特定课程实践情境的基础上，提炼学校课程哲学，厘定学校课程目标，梳理学校课程框架，激活学校课程实施，巧用学校课程评价，这是自下而上的归纳道路，这是从特定课程实践入手到文化逻辑建构的"合生"道路。在这个过程中，要注意处理好传承与发展、共性与个性、整体与部分、科学与人文、认识与实践、理想与现实等多重关系。换言之，学校课程情境分析要处理好传承与发展的关系；学校课程哲学提炼要处理好共性与个性的关系；学校课程目标厘定要处理好整体与部分的关系；学校课程内容设计要处理好科学与

---

① 杨四耕. 学校课程文化的本体论向度与变革路径 [J]. 课程·教材·教法，2024，44（5）：22-30.

人文的关系；学校课程实施激活要处理好认识与实践的关系；学校课程评价创意要处理好理想与现实的关系。

实践表明，学校课程文化变革可以是演绎式，也可以是归纳式。演绎式可理解为"概念先行——实践验证"方式，归纳式可理解为"实践探索——归纳提炼"方式。课程是具有情境性和价值负载的文本，学校课程文化变革宜采取"理论、研究与实践互动"的方式。这种方式不完全依赖于概念或理论，也不脱离学校实际情境。在学校课程实践中，以学校课程情境为基础，以课程实践问题为切入点，以理论为指导，以概念为圆心，边研究边行动，在实践中总结提炼，又在实践中加以验证与改造，在理论与实践的互动互补、碰撞对话中生成学校独有的课程文化框架。

温馨提示

　　对学校发展而言，凡是课程变革一定是文化变革，没有文化内核的课程变革很难取得成功；文化变革需要课程建设支撑，没有课程支撑的文化变革是不可思议的。

18　好的学校整体课程规划是怎样的？

高品质学校课程体系有哪些具体标准？好的学校整体课程规划是怎样的？

学校整体课程规划可以用多长时间？

我们认为，学校课程规划本质上是学校决策课程的过程，具体来说，就是在充分把握学校课程情境的基础上，对学生的需求进行调研，了解学校现有课程实施情况，发现学校课程发展中存在的问题；形成学校课程哲学，明确学校的课程愿景；基于育人目标和课程目标，建构学校课程框架体系；谋划课程实施途径与方式，思考课程管理措施；制定一套课程评估办法，以确保学校课程变革成为有逻辑的推进过程。因此，高品质课程体系有七条标准：有清晰的价值取向，有完整的育人思维，有丰富的内容设计，有活跃的学习方式，有增值的评价框架，有扎根的保障措施，有逻辑的体系建构。

我们认为，研制学校整体课程规划是学校课程变革的重要环节，也是提升学校课程领导力的重要途径。学校整体课程规划涵盖课程设计、实施、管理和评价全过程，好的学校整体课程规划有以下八个方面的要求。[①]

1. 源头清：反映学校历史传统和适合现实情况。学校整体课程规划应该是学校"自己"的课程规划，是基于学校的，以学校的历史传统和现实情况为立足点，具有可行性，是好的课程规划的一个标准。

2. 特色亮：通过课程规划反映了学校的办学特色，凸显学校办学特色；通过整体课程规划，学校以课程与教学为抓手，统筹其他相关工作，促进学校特色发展。

3. 方向明：内蕴一以贯之的学校课程哲学和逻辑。好的学校课程规划第三个标准在于立足学校课程发展的背景，包括在地文化资源、历史传统、办学条件与现实，有明确的学校课程发展之价值追求，并与学校办学理念在逻辑上具有一致性。

4. 有挑战：定位"最近发展区"，有一定挑战性。课程规划本身的挑战性，需要把握学校课程的原有基础，即课程改革的起点，对学校原有课程进行全面

---

① 杨四耕，等. 学校整体课程规划 [M]. 上海：华东师范大学出版社，2022：198-201.

分析，了解优势与不足，并对现有课程质量进行评估，提出学校课程发展的新目标，不断推进学校课程向前发展，不断提升学校课程品质。

5. 愿景感：学校课程变革的愿景富有激励性。学校课程愿景不是脱离学校实际情况的、毫无根据的预设，而是在学校现实基础上提出来的；是主动寻求的，不是被动接受的，是具有对教育哲学之思考的课程愿景；不是校长或个别教师的愿景，而是学校组织的愿景，反映的是大家共同的课程价值追求，具有强大的驱动力，课程愿景能够激发出师生群体开展课程建设的勇气与信心，以一个高远的目标，激发师生关于课程的新的思考与行动。

6. 经验性：总结了学校课程改革的基本经验。学校整体课程规划不是凭空而来，而是在学校多次课程改革的经验总结基础上产生，既继承着前一次课程改革实践的成功经验，也发掘出前一次课改实践存在的局限，并在新的环境背景下加以解决，如此，推动着学校课程的逐步完善与发展。

7. 冲击力：立意高远，表述准确，有冲击力，能撬动学校课程变革。学校整体课程规划不仅仅是一个概念、一种观念、一份蓝图，更是一所学校课程变革所必须采取的行动。在课程变革过程中，不仅要保持计划与行为的一致性，更要确保课程执行有足够的冲击力，这也是好的学校课程规划的标准之一。

8. 无止境：学校整体课程规划是一个持续不断的改善过程，是指向未来的、在实践中不断总结完善和改进的过程。一定时限的课程规划的完成并不是表示学校课程改革行为的终结，它是一个阶段课程改革行为的总结，也是下一个阶段课程建设行动的开始，并在连续的课程变革中，不断取得新的进步。

好的学校整体课程规划的上述八个方面的要求，是学校研制课程规划实践的一个参照系，可以供广大中小学幼儿园研制学校课程规划、落实学校课程规划参考。

温馨提示

　　高品质课程体系有七条标准：有清晰的价值取向，有完整的育人思维，有丰富的内容设计，有活跃的学习方式，有增值的评价框架，有扎根的保障措施，有逻辑的体系建构。

第四章
学校课程实施的 18 种方式

　　实践，课程最美的语言。学校课程实施方式其实是孩子们与世界打交道的方式。活跃学校课程实施必须让所有教师都动起来，跑起来，聪明才智蹦出来，多问几个为什么，多想几个怎么办，多试几个怎么做；扎根过程，让所有的信息流动起来，让所有的渠道畅通起来，让所有的脑细胞活跃起来，学校课程变革图景一定是美妙绝伦的。

派纳说：课程是一个高度符号性的概念，它是一代人努力界定自我与世界的方式。他指出："学校课程的宗旨在于促使我们关切自己与他人，帮助我们在公共领域成为致力于建设民主社会的公民，在私人领域成为对他人负责的个体，运用智力、敏感和勇气思考与行动。"因此，"课程不再是一个事物，也不仅是一个过程。它成为一个动词，一种行动，一种社会实践，一种私人的意义，一种公共的希望。"①

众所周知，学校课程深度变革是一项十分复杂的工作，它受多方面因素的影响，从主体角度看，它涉及课程决策者、设计者、实施者以及其他利益相关者；从实践角度看，课程变革是一个非线性的动态过程；从结果角度看，课程变革充满确定性和不确定性……

肖川教授认为：如果一个在学校中度过 9 年或 12 年的孩子，整天处于被动应付、机械训练、死记硬背、简单重复之中，对于所学的内容也就难免生吞活剥、一知半解、似懂非懂，很难想象，在他的一生中，能够具有创新精神和创新能力，能够成为幸福生活的创造者和美好社会的建设者，能够不唯书、不唯上，能够用自己的眼睛去观察、用自己的头脑去判别、用自己的语言去表达，能够成为一个独特的自我。②

当前，很多学校的课程实施仅仅在课堂教学范围里讨论，说到学习方式变革，就只知道"自主、合作、探究"三个词，而不明白学习方式的本质是什么，这样的理解很难将学习方式变革落实到位。有学者认为，学习方式泛指学习者在各种学习情境中所采取的具有不同动机取向、心智加工水平和学习效果的一切学习方法和形式。③ 我们认为，在狭隘的意义上，学习方式是为达到某种学习目标而采取的作用于特定学习对象的具体路径和方法。其实，人是在与世界的遭遇过程中来学习的，在最宽泛的意义上，学习方式的本质是人与世界打交道

① ［美］威廉. F. 派纳，等. 理解课程［M］. 张华，等，译. 北京：教育科学出版社，1999：851.
② 肖川. 论学习方式的变革［J］. 教育理论与实践，2002（3）：41－44.
③ 庞维国. 论学习方式［J］. 课程·教材·教法，2010，30（5）：13－19.

的方式，我们怎么与世界打交道，就以怎样的方式学习。学习方式有很多种，而不只是自主学习、合作学习、探究学习三种，如问题学习、行走学习、项目学习、聊天学习……

学习方式变革的本质是个人与世界关系的变革、是生命的存在方式的变化，让孩子们饶有兴趣地对待学习，让孩子们身心处于最佳状态下学习，让孩子们用多种呈现形式学习，让孩子们有理智地挑战学习，让孩子们的学习备受鼓舞，让孩子们发现知识的应用价值，让孩子们拥有自由探索的时空，让孩子们对学习有更高的自我期许，让孩子们对老师充满信任，这样的学习状态和方式是最好的。

实践，课程最美的语言。学校课程实施方式其实是激活人的生命潜能的特定方式，是扩展人的生活世界的一种方式。活跃学校课程实施必须让所有教师都动起来，跑起来，聪明才智蹦出来，多问几个为什么，多想几个怎么办，多试几个怎么做；扎根过程，让所有的信息流动起来，让所有的渠道畅通起来，让所有的脑细胞活跃起来，学校课程变革图景一定是美妙绝伦的！我们根据中小学课程实践以及相关文献，把学校课程实施的 18 种常见方式汇集于此，供品质课程联盟实验学校参考。①

01 场馆学习：让孩子们与一切美好的事物相遇

场馆作为一种文化传承的社会性机构，肩负着面向社会公众尤其是青少年

---

① 2018 年 11 月 17—20 日，第三届品质课程研讨会在南京市玄武区召开。在此次研讨会期间，品质课程联盟权威发布《学校课程实施的 18 种方式》。

群体普及科学文化知识的责任。它不仅包括科技馆、天文馆、自然博物馆等室内封闭场所，也包括动物园、植物园等室外半封闭场所。场馆是课堂的有效延伸，是课程的有效载体。2014 年，教育部印发的《关于全面深化课程改革落实立德树人根本任务的意见》特别指出："学校要探索利用科技馆、博物馆等社会公共资源进行育人的有效途径。"在此背景之下，场馆学习成为一个有待关注的学习形态。①

近 20 年来，随着建构主义学习观的兴起，国外兴起了研究以各种类型场馆为代表的非正式环境中的学习热潮。在科学教育领域，场馆学习是基于真实问题、强调探究过程，其学习结果往往是多元的；影响场馆学习的因素包括个人经验、物理环境和社会因素三个方面。② 我们认为，场馆学习作为非正式学习的重要形式，是与人、场馆、展品和文化相关的具体的学习机制、学习方案与学习过程。场馆学习的特点主要体现在场馆学习的情境性、建构性和互动性。③

首先，场馆学习发生在真实的情境中，具有情境性。场馆以其丰富的馆藏资源，为学生提供真实的学习情境，是典型的基于客观对象的学习。场馆环境和展品，反映物体的真实面貌和原始大小，蕴含着丰富的科学原理和文化内涵，有利于观众通过实物观察和操作来理解事物的外在属性和内在价值。这些物理情境主要包括反映科学技术的展品、各种动植物、文物等，还有一些模拟展品。这些生动形象的展品，不仅激发了观众对科学的好奇心和强烈的探究欲，还为观众提供了直接观察、亲身体验和动手操作的机会，有利于观众获得直接体验。

其次，作为场馆学习主体的观众是积极主动的建构者，具有建构性。以"积极观众"观点来看，观众具有不同的社会文化背景，偏好不同的学习方式，

---

① 鲍贤清. 场馆学习：一个有待关注的学习形态 [J]. 上海教育，2014（16）：70 - 71.

② 伍新春，曾筝，谢娟，等. 场馆科学学习：本质特征与影响因素 [J]. 北京师范大学学报（社会科学版），2009（5）：13 - 19.

③ 伍新春，谢娟，尚修芹，等. 建构主义视角下的科技场馆学习 [J]. 教育研究与实验，2009（6）：60 - 64.

并以独特的方式来理解展览内容。观众的先前经验对学习起着决定性的作用，这主要包括先前知识和经历、兴趣和偏好、社会技能、职业背景等的影响。

最后，场馆学习发生在一系列的社会互动之中，具有互动性。场馆学习是以社会互动为中心的，参观场馆不仅具有学习知识、休闲放松的目的，更有社会交往与社会学习成分。参观过程中，观众会有意或无意地与他人进行互动，互动对象主要有两类，一是同去参观的成员，可能为其他家庭成员、教师、同学或朋友；另一类是参观同伴以外的其他人，比如场馆中的专家、讲解员以及其他观众等。

基于上述场馆学习的特点，我们推动场馆学习与学校课程的深度合作，可以采用以下四种合作形式。第一，"先校后馆"，学生在学校学习相关知识后进入场馆，以实物为载体进行亲身参与和互动体验，在运用与实践中深化拓展所学原理；第二，"先馆后校"，教师先组织学生进入场馆，在学生得到丰富的体验与经历后，带着自己的疑问与独特的感受回到学校，学习相关知识和原理；第三，共建场馆课程，即场馆教育人员和学校教师形成课程开发共同体，共同设计一门集学校和场馆优势为一体的特色课程，供学校学生长期学习；第四，场馆活动进校园，即场馆研究人员与教育人员挖掘场馆自身的教育资源开发各类课程项目，由学校学生选择并参与到场馆活动中。

当然，借助信息技术构筑虚拟场馆将成为未来场馆学习的新趋势。虚拟场馆的建立将切实解决场馆中一些资源难以陈列、资源结构不合理、地域分布不均衡等问题。

温馨提示

　　场馆学习具有情境性、建构性和互动性，推动场馆学习必须与学校课程深度整合。

02 赛事学习：一股促进学习的强大力量

比赛与速度有关，与时间有关，与生命激情有关。速度是在运动中、在时空中、在数量关系中的存在方式。亚里士多德认为，时间是运动的本质，它以被测量的方式与物理学家相"照面"。①康德认为，时间是感性或直观的形式，时间并不是外在于人的一个独立存在的客体，它是"先验自我"的直观形式。②时间是人的一种内感觉，是生命存在的一种主观设定。速度和时间是同一个矛盾的两个方面，在终极意义上，比赛的本质是速度与时间的循环。在儿童那里，比赛是激情的演绎。

赛事学习即在特定的规则之中，让参赛者在智力、体能、技术、技能等方面进行单项的或综合的较量，最终依照规则评定出胜负或者排名的一种学习形式。比赛是促进学习的一股力量，想推动一件事情，最好的方法就是组织比赛。比如马拉松比赛的兴起，促使各地人们爱上跑步；比如诗词大赛的高收视率，促进孩子们吟诵古诗词；比如风靡全国的好声音，让男女老少都哼上几句；比如机器人比赛的热度，唤起孩子们对编程的兴趣……不可否认，比赛对学习是一种促进，更是一种动力。

根据比赛进行的地点不同，可分为在互联网上的比赛、在现实世界中的比赛，以及在互联网和现实世界同时进行的比赛。例如，"网络营销能力秀"就是基于互联网的一个比赛；"世界杯"就是在我们生活现实中的比赛；"超级女声"就是基于互联网，同时基于现实生活空间的一个比赛。比赛按性质不同可分为体育比赛、歌唱比赛、舞蹈比赛、写作比赛等。"世界杯"就是体育比赛，"超

---

① 黄希庭. 未来时间的心理结构 [J]. 心理学报, 1994 (2)：121-127.
② 余治平. 时间的哲学 [J]. 东南学术, 2002 (3)：115-123.

级女声"就是歌唱大赛，"星海杯舞蹈比赛"就是舞蹈比赛，"中小学英语写作比赛"就是作文大赛。

总之，比赛是激情的演绎，让孩子们参加比赛是一种很好的锻炼机会。比赛有输赢，孩子们知道了努力的结果；比赛有团队，孩子们懂得了友谊和付出；比赛有困难，孩子们获得解决问题的勇气；比赛有情绪，孩子们释放了最真实的自己；比赛有运气，孩子们还能了解生活的真相……

温馨提示

以赛激趣，以赛促学，以赛促用。

03 行走学习：让孩子们与世界站在一起

在杜威看来，"一切学习来自经验。"[①] 在这里，"经验"是实践、行动、做，是认知、是思维。"一切学习来自经验"，既指通过行动过程来学习，又指在行动的结果中发展素养。重视直接经验的获得，主张通过一系列的实践活动，丰富儿童的体验。儿童在行动的过程中，"知识既扩展到自我，也扩展到世界；

---

① 赵祥麟. 杜威教育论著选 [M]. 王承绪，译. 上海：华东师范大学出版社，1981：331.

知识变成有用的东西和希望的对象"①。让儿童与世界站在一起，很多时候是课程的旨趣。

在最广泛意义上，课程是一段美好的人生经历。古人云：读万卷书，行万里路。在行走中，不期而遇的人、事、景都将化作自己的成长经历。教育不能仅局限在课堂上和书本里，让学生接触更为广阔而真实的世界，他们的心胸会更加宽阔，目光会更加深远，内心会更加强大，思想会更加奔放。教育的目的是教会学生过有意义的生活。学生只有在真正的生活中，才能感悟生活的意义，才能学会过有意义的生活。

2016 年，教育部等 11 个部门联合出台《关于推进中小学生研学旅行的意见》，提出全国各中小学要开展研学旅行，参加学生范围包含小学四到六年级、初中一到二年级、高中一到二年级，并要求建立小学阶段以乡土乡情为主、初中阶段以县情市情为主、高中阶段以省情国情为主的研学旅行活动课程体系。研学旅行有益于学生增长知识、了解民俗、体验人文，被人们称为"会行走的教室"。

中小学应积极建构行走类课程，推进行走学习，让学生领略自然山水，感悟历史古迹，在行走中感悟自然，在行走中了解历史。具体课程设计可从学生视角出发，采取"我知道、我行走、我感悟"等板块设计，让学生不论行到哪里，"行"前都要先做查阅资料、了解景点、调查路线等准备工作；"行"中做好观看、欣赏、拍照、记录、解说的工作，找准景点的风光特点或历史典故；"行"后写下自己的独特感受，和家长、同伴一起分享。

温馨提示

　　守护好安全这根生命线。

---

① 赵祥麟. 杜威教育论著选［M］. 王承绪，译. 上海：华东师范大学出版社，1981：333.

04 实践学习：用有意义的实践活化学习成果

很多时候，我们感觉所学知识没有什么用，我们无法将所学于实际中运用，但是这些知识却和我们的未来有密切关系，这就是实践学习所要解决的问题。

实践学习是将理论与实践相结合、知识和经验相统一的新型学习方式。实践学习是一种强调在实际环境中，学习者充分发挥主体性和积极性，通过扮演实际角色和融入事物关系中进行知识经验学习的学习方式，在这种学习方式下，学习者学习的内容不仅仅是显性知识，也包括社会隐性知识和个人经验等，同时，这些知识经验对于学习者而言更具有意义和价值，因为其来源于学习者的实践，来源于学习者理论与实践的结合、知识与应用的结合，发展与生活、社会的结合。① 其实，在生活中、在社会中，与在教室中一样，能够让我们有更多的学习契机，能够感受到更多的个人意义和存在价值。

实践学习也是课程实施的一种重要方式，对于促进学生了解社会、了解国情、增长才干、奉献社会、培养品格、增强社会责任感具有重要作用。社会实践对学生来说，不但体现其社会责任意识，更有助于其较快适应、融入社会，实现自我价值。

在学校课程体系中，增加实践性课程，形成知识类学习和实践类学习的融合、静态式学习和活动式学习的兼容。让课程引领学生经历学术训练式学习，也经历实践体验式学习，达到课程内容"文本学习"与"实践学习"结合，学习方式"文中学"与"做中学"的结合，让实践和体验成为一份丰富的课程资源。

例如，杭州市胜利实验学校秉持"无处不课程、无事不课程、无时不课程"

---

① 何文平. 实践性学习的研究 [D]. 成都：四川师范大学，2015：17.

的大课程观,致力探索实践性课程。几年来,学校重视学生实践能力的培养,努力创造各种实践机会,引导学生在亲身参与中实现生命成长。该校四年级春假的实践性学习单的部分内容,很有吸引力。

1. 音乐类,选择并准备一个比赛项目(演唱、演奏、舞蹈、亲子表演)。

2. 美术类,选择并准备一个比赛项目(海报设计、绘画、书法、篆刻、摄影)。

3. 体育锻炼类,选择一样体育项目坚持锻炼(仰卧起坐、跳绳、座位体前屈)。

4. 五一劳动节,你会做些什么呢?了解劳动节由来,可以节日小报的形式上交(大小、内容均不限);学做一件家务事,叠被子、洗衣服、整理房间(用照片+文字记录)。

5. 连续 5 天放假,你是否有和家人一起外出观光、旅游的计划?抑或在家做做感兴趣的小实验?外出旅游可以用图画、照片加文字的方式记录自己的旅游见闻与感受;参加场馆带学生市民卡参观一个第二课堂活动场馆,拍照并写一句微点评……

这样的假期作业菜单其实就是一个个实践学习任务,这个实践学习的最大特点是重视实践,关注过程,珍视个体感受。①

又如,上海市风华初级中学经由长期的实践学习探索,总结出适用多个学习场景的实践学习流程:驱动性任务——突破性假设——检索已有知识——制订学习计划——实践学习——反馈——N 轮实践——形成成果。

他们提炼出体现不同学科特征的实践学习样态,即表达表现、实验探究、设计制作、社会参与等四种学习样态,破解学科知识、社会生活与学生经验割裂的难题,促使学生融合学科知识和个性化经验,在完成任务的过程中体会实践的价值和意义。

---

① 张浩强. 促进实践性学习的评价:假期作业改革探索与思考 [J]. 基础教育课程, 2016 (23): 77-80.

难能可贵的是，他们发现学生的表现性学习成果主要包含有形产品、角色扮演和展示呈现等七种类型。

有形产品类，如创意香囊、被子植物叶的结构与功能彩泥模型、年俗小报等；

设计规划类，如校园绿化设计、"上海之旅"路线设计、实体书店的经营规划等；

角色扮演类，如《骆驼祥子》片段演出、李白的人生地图等；

体验交流类，如蜗牛的食性、我用英语 Show 端午、统计图各有奥妙等；

展示呈现类，如"如何用杠杆测量一枚一元硬币的质量""氢氧化钠溶液的变质探究""废弃材料大变身"等；

表演表达类，如"见字如晤——家书长寄中国情"诵读会、舞台剧《丹顶鹤的故事》、水墨诗韵吟诵舞蹈秀等。

这样的学习成果评价方法摆脱了以分数论高低的局限，符合实践学习活动知识输出和应用的特征，有利于进一步丰富、完善和巩固已有知识体系。[①]

实践学习带给学生的是一次水平的提升。从实践主题的提出，围绕主题的扩展研究，有利于学生学会如何在团队协作中从头到尾地解决一个问题，在团队中各司其职，尽忠职守，互相配合。实践学习是一座桥梁，它引导学生去认识和接触社会，有助于帮助学生完成由校园走向社会，由书桌走向舞台的转换，真正把教育与社会有机结合起来。

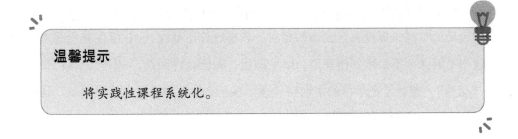

温馨提示

将实践性课程系统化。

---

① 堵琳琳，金雷. 实践性学习活动：学生素养提升的突破口 [J]. 人民教育，2022（11）：46 - 49.

05 留白学习：给儿童留下足够的生长空间

　　"闲暇"（leisure）一词来源于希腊语。古希腊人把闲暇看作是"美好的生活"，是发展思想和良知的最佳时间。当代西方研究者或把闲暇定义为"以时间来衡量的一种存在"，或把闲暇定义为"一种存在的状态或对存在所采取的一种态度"。① 闲暇是一种时间范畴，是个人最自由和最能表现个性的时间；闲暇也是一种活动范畴，是由个人的需要、兴趣、性格、能力等个性特征和个人所处的微观社会关系决定的自由活动。活动是人的本质力量，是人所特有的存在状态；个人如何表现自己的生活，他们就成为怎样的自己。在我们看来，闲暇就是"留白"，就是不要把学生的时间全部排满，就是不要全面占领学生的时间。

　　"留白"是一门艺术，不是一件简单、随意的事情，一定要掌握火候、精心设计。其实，"留白"也是一种学习方式，而且是一种很重要的学习方式。留白学习对我们推进课程改革有积极的意义：一是给学生留下足够的思考空间，给学生消化、吸收知识，发现问题、驰骋想象的广阔天地。二是给学生留下充分的自学时间，大胆地放手让学生去自学。三是给学生留下快乐玩耍的权利，尊重他们的天性，让他们情趣盎然地投入到学习中。四是给学生留下自主学习方法，调动每一位学生的学习积极性和主动性。当下很多学校回应了家长的焦虑，为了追求所谓的升学率，不断延迟放学、蚕食双休日时间，学生疲于应付，难有自由生活的空间，更没有再创造的舞台。苏霍姆林斯基说："让学生聪明起来的办法不是补课，不是增加作业量，而是阅读，阅读，再阅读。"因此，我们要善于"留白"，要善于把学习的主动权、选择权还给学生，给学生体验闲暇，让他们灵性飞扬、思维穿越、精神自由。

---

① 彭先桃，张相乐. 论闲暇教育 [J]. 现代教育论丛，1998（6）：50-53.

在课程实施过程中，我们可以在作业设计上做新的尝试，可以采取"我的作业我设计"留白纸（只提简短要求，其他全部空白），让学生自己去设计想做的作业。实践证明，学生对作业时间、内容、形式的文字式、图表式、漫画式表达方式，对书本作业、家庭生活、娱乐游戏、体育运动、外出旅游的时间比例划分都让身为老师的我们深受撼动，学生有这样的创造力，有这样的对自己作业的丰富的设想。我们看到了色彩的运用、图式的表达、文字的点睛说明，看到了学生设计自己的潜力。说到底，课程安排要给学生留下成长的空间。上课，假如一堂课全是教师讲、学生听，教师讲得再生动有趣，学生也会疲惫，所以，要留给学生消化吸收的空间，留给学生思考的空间，留给学生体验学习的空间。无论学生遇到困难还是犯错误，也要给学生留出自我反省与教育的空间，如此心灵才能获得健康成长。

这里，我们给予学校的忠告是：不要把学生的时间排得太满，因为心灵成长需要"留白"。在紧张的学习之余，给学生留一点闲暇时光，静对一朵花，一棵树，一片云，一方山水，释放心灵，观空世界，让内心与自然融为一体，从而获得心灵的自由。通过"留白"，不仅能满足健身和娱乐的需要、满足终身学习的需要，还能发挥能力，增强能力，陶冶性情，体验人生的价值，实现自我，提升精神生活，享受人生真谛。可以说，"留白"学习是全面发展的一种重要方式。

温馨提示

　　心灵成长需要"留白"，"留白"学习是一种很重要的学习方式。

06 搜索学习：探寻问题、聚焦问题的过程

对算法来说，学习式搜索是一种重要的搜索策略。[①] 在人工智能领域，策略搜索强化学习方法是深度强化学习领域的一种高效学习范式。[②] 今天，网络技术深深地影响着我们的学习、生活和工作。无论是阅读，还是写作，甚或交流，我们总是在工作中夹杂着搜索。阅读过程中，人们会查阅相关的书籍资料，进一步探寻究竟。网络，让搜索变得轻松快捷。有学者指出：搜索和学习是伴随发生的，也就是说，学习的时候，按需搜索；搜索的时候，是带着问题去搜索，通过搜索来解决自己的问题，于是学习就发生了。[③] 这种学习，我们可以称之为搜索学习。

搜索，本来就是一种学习；学习，本来就是一种搜索。当大脑中存储了相关的知识和信息的时候，人们就会尝试利用已有的知识和信息对新情境作出解释，这就是心理学家皮亚杰所谓的"同化"。当无法获得解释的时候，新的刺激与已有的认知结构发生冲突，"顺应"就发生了，我们就获得了新的经验。在这里，学习者是对头脑中已有的知识和经验进行搜索。学习正是在已知的基础上，搜索事物之间的联系，探寻问题的解决方案。学习离不开搜索，没有在长时记忆中的搜索，以及在搜索基础上的比较、鉴别、分析、归纳和推理，就没有新知识的产生。换言之，学习过程就是认知冲突的解决过程。人通过搜索与问题相关的知识点，尝试发现知识点之间的联系，并建立关联，完成了这些，认知

---

① 张伟，洪声贵. 学习式搜索：一种新的搜索策略［J］. 辽宁大学学报（自然科学版），1992（4）：82-88.

② 王馨雪，黄佳欣，赵婷婷，等. 基于有效动作表示的策略搜索强化学习方法［J/OL］. 天津科技大学学报，1-9.［2024-10-08］. https：//doi. org/10. 13364/j. issn. 1672-6510. 20240002.

③ 焦建利. 指尖知识与搜索就是学习［J］. 中国信息技术教育，2016（23）：15-16.

冲突就得以解决，学习也随之发生。学习是联系的建立，有时候，学习即搜索，搜索即学习，不会搜索就不会学习。

知识是无止境的、海量的，借助搜索，我们可以丰富知识，扩展见识，解决问题。搜索是学习者必备的技术，它可以使你迅速找到你想要的答案。在一定意义上，搜索贯穿学习始终，丰富我们的认知范畴。换言之，搜索是学习的过程，你在搜索便是在学习。同时，搜索也在考验搜索者的筛选能力。

可以说，此时代，搜索是一种重要的学习方式。搜索学习是探寻问题的过程，是围绕问题解决的行为。搜索首先是在自己的内网，即搜索大脑中存储的相关知识和信息尝试问题的解决，在内网无法解决问题时，才在互联网上进行搜索。搜索不是万能的，没有搜索是万万不能的。搜索能否转化为现实的学习力，还需要其他学习方式的配合。学会选择，选择要依赖个人洞察力，根据自身的兴趣和需要，在大量信息或知识中挑选出对自己有用的东西，选择那些对问题解决有帮助的信息与知识。搜索可以找到我们想要知道的，解答人们未知的，满足了人们的好奇心和求知欲。搜索，成了信息时代的学习方式。搜索，可以缩短信息发布者与信息接收者之间的时空，可以缩短知识拥有者传播者与学习者之间的距离。然而，搜索并非大多数人所以为的那样简单。将搜索引擎技术与传统人际沟通结合起来，服务于问题解决学习，是孩子们需要掌握的知识与技能。可惜，我们的学校很少有专门开设如何有效搜索的课程。

温馨提示

搜索不是万能的。我们要注意克服过度依赖搜索，防止丧失积极思考品质。

07 社团学习：满足学生的多元发展需求

　　社团是学生在共同兴趣爱好的基础上，为了同一目的和目标而自愿组织的群众性团体，不仅为学生提供了学习和交流的场所，也丰富了学生的文化生活。可以说，社团是校园文化的重要载体，是学生身心发展、拓宽兴趣和开阔视野的主要阵地，是完善学生知识结构，展示学生个性，发展特长、内化能力的第二课堂。对于学生来说，社团是一个熔炉，锻炼着自己的能力；社团是一个舞台，能够展现自我的风采。

　　社团建设要尽可能满足学生发展需求。学生的个性特长是丰富多彩的，决定了社团活动所涉及的内容必须广泛。社团可以有以下五种类型。

　　1. 文学艺术类，活动重在人文性与艺术性的统一，培养学生的人文艺术素养，如文学社、诗社、学生报社、文艺社等。

　　2. 科学技术类，活动重在科学实验、科技制作，增强探究和创新意识，如实验超市、航模社、天文社、数码社等。

　　3. 审美艺术类，活动重在培养学生的审美兴趣，开拓艺术视野，如集邮社、摄影社、手语社、吉他社、书画社等。

　　4. 运动竞技类，活动重在培养学生的竞技水平，如足球社、乒乓球社、羽毛球社等。

　　5. 社会实践类，活动重在体验感悟，培养学生的社会责任感，如研学旅行社、爱心志愿社、环保社等。

　　社团活动应做到"四稳定"，努力实现社团课程化运作。所谓"四稳定"，即获得内容稳定，有系统的社团课程内容；人员稳定，有优秀的指导教师，社员中途不得随意退出；时间稳定，无特殊原因，不得随意停止活动；地点稳定，充分利用校内各功能室、操场。例如，上海市洋泾菊园实验学校社团课程化探索卓有成效，学生社团活动成为学生综合素质发展的重要平台，学校打造了人文、科技、艺术、体育等40多个学生社团。每一个社团活动都具有鲜明的"课程"特点，有完整的师资团队，有规范的管理规程。20%组织能力较强的学生担任社团领袖，40%有一技之长的学生担任社团骨干，其他40%学生每学期也要至少参加一次社团志愿者服务。

温馨提示

了解需求，关注联系，重在引导，努力实现社团课程化运作。

08 问题学习：探寻解决真实世界问题的方法

问题学习是把学习置于复杂的、有意义的问题情境中，通过让学生以小组合作的形式共同解决复杂的、实际的或真实的问题，来学习隐含于问题背后的知识，形成问题解决的能力。它以学习为中心，学生可以在开放的学习中合作交流，与学生的实践操作能力相结合。

问题学习强调对于问题的分析、讨论以及问题解决过程，这些都是建立在对问题的深度理解与剖析的基础之上。问题学习过程融合了问题解决与深度学习过程的复杂动态性、反复循环性、认知操作性、目标引领性、真实情境性的特征，是一个循环反复的动态变化过程，问题解决的挑战性逐渐提升。[①]

问题学习具有如下特征：一是场域的真实性，为学习者创设真实的问题场域，让学习者主动尝试与建构。二是问题的特殊性，是生活中遇到的非良构性问题，与良构性问题相比拥有更大的挑战。三是目标的终极性，以终极问题作为明确目标，以子问题作为链接整个活动的线索，将大目标分解成为各个子目标，在明确目标与反复尝试中逐层深化的学习过程。四是过程的连续性，在明确目标的引领下，学习者率先从阶段性的小问题出发，利用小问题推进大问题解决，逐步推动活动深化。问题解决的过程，并不是一蹴而就的，而是一个动态、复杂的变化过程。在问题解决的过程中，问题的难度和深度也逐渐加大，学习者需要不断调动已有经验来分析问题，在已有经验的基础上，进一步反思建构来解决新问题，在新旧经验的不断交替与融合下，寻求最佳问题解决方案。五是参与的激发性，问题能激发学习者的学习兴趣，在学习过程中拥有高昂的学习兴致，能够感受到愉悦感、满足感等积极情绪体验。

问题学习的模式有很多，端视课程目标与内容而变化。根据各家观点，可分成以下五个阶段。

1. 遭遇与定义问题。在此阶段中，学习者置于真实问题情境中，面对如何解决问题的困境，他们可能会询问一些问题，例如，我是否了解这个问题？要解决这个问题，需要了解什么概念？决定假设或方向后，需要得到什么资源以支持所做假设与决定？在接连地自我发掘问题后，学习者便可以开始去学习新的概念与知识。

2. 搜集信息。在此阶段中，学习者为了找出支持自己假设的证据，便开始

---

① 郝明晶. 以问题解决为导向的深度学习的价值意蕴及模型构建 [J]. 教育评论，2024（2）：134 - 140.

大量搜集相关的信息。

3. 评估信息阶段。通过小组讨论，确认数据来源的适切性、可用性及应该如何运用、整合这些资源，以发展出解决策略。

4. 总结阶段。此时，学习者必须谋求问题的解决方案与呈现方法，可以利用多元的方式来呈现研究结果。

5. 省思阶段，在此阶段中，学习者必须进行学习过程的自我省思及评鉴。一句话，问题学习以问题为学习起点，整个学习历程紧扣着问题而生，直至问题解决。

一般来说，问题学习过程包含七个步骤：

1. 发现问题，主动发现存在于真实情境中的问题；

2. 表征与分析问题，明确问题的起始状态、问题的目标状态以及如何实现起始状态到目标状态之间的转化分析；

3. 激活背景知识，建立新旧经验之间的双向建构与联结；

4. 批判理解与建构，涉及知识建构与转化、迁移与应用；

5. 寻求问题解决方案，进行讨论与分析，促进交流与碰撞；

6. 付诸行动，实验与验证方案；

7. 评价与反思，就整个学习过程进行回顾，对自身的不足与改进之处进行分析，并提出下一步改进计划。

温馨提示

以问题为中心组织课程、实施课程。

09 项目学习：把真实项目作为学习的驱动力

项目学习是一个特殊的将被完成的有限任务，它是在一定时间内，满足一系列特定目标的多项相关工作的学习掌握。对项目学习而言，所有项目都具有学习意义上的真实性。每个项目都是独立的，学生参与到延展性的、复杂的、真实的问题解决中，接受挑战，主动探究，创造出某件作品并完成重要知识的学习。

有人认为，随着课程形态中的项目类型从活动项目到学科、跨学科、超学科的变化，综合性越来越强，概括范围越来越大，所指向的学生的学习素养和学科素养的层次就越高，而相应的学与教的变革也就越深。这一框架将引导学校不断深入到变革的核心，带动创造性问题解决的系统变革。(见图4)①

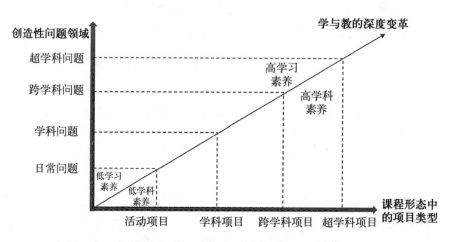

图4　指向创造性问题解决的项目化学习框架图

项目学习作为课程实施的一种方法，操作程序分为选定项目、制订计划、

---

① 夏雪梅. 指向创造性问题解决的项目化学习：一个中国建构的框架［J］. 教育发展研究，2021，41 (6)：59-67.

活动探究、作品制作、成果交流和活动评价等六个步骤。

1. 项目的选择很重要，它应该由学生根据自己的兴趣来选择，教师在此过程中仅仅只能作为指导者的角色。

2. 有学习时间的详细安排和活动计划。时间安排是学生对项目学习所需的时间作一个总体规划，作出一个详细的时间流程安排。活动设计，是指对基于项目的学习中所涉及的活动预先进行计划，如采访哪些专家，人员的具体分工，从什么地方获取资料等。

3. 活动探究是基于项目的学习的主体，学生大部分知识内容的获得和技能、技巧的掌握都是在此过程中完成。

4. 作品制作是基于项目的学习区别于一般活动教学的重要特征。在作品制作过程中，学生运用在学习过程中所获得的知识和技能来完成作品的制作。

5. 学习小组通过展示他们的研究成果来表达他们在项目学习中所获得的知识和所掌握的技能。

6. 基于项目的学习评价要求由老师、同伴以及学习者自己共同来完成。它不但要求对结果的评价，同时也强调对学习过程的评价，真正做到了定量评价和定性评价、形成性评价和终结性评价、对个人的评价和对小组的评价、自我评价和他人评价之间的良好结合。

值得注意的是，项目学习的本质仍然是学习，学生在动手做的过程中，要在身体和大脑之间建立内在联系，体现思维的深化；没有深度学习，没有思维的作品，就不是真正的项目学习。

温馨提示

让学生参与到复杂的、真实的项目中。

10 整合学习：让学习变得完整而有意义

实施整合学习首先要设置情境性问题，引导学生沿着情境脉络与问题思考的路径把握历史内涵；其次是挖掘历史内部结构，觉察历史内在联系，领悟历史思维方式，让学生从整体历史中深度觉察历史意义，并内化为价值判断与价值观。只有进行关联性、整体性、意义性的思考，学生才会理解知识、迁移运用知识，进而促进学生创生知识。

整合，就是将不同的部分连接成一个整体或将不同的部分纳入到整体中。《基础教育课程改革纲要（试行）》提出：改变课程结构过于强调学科本位、科目过多和缺乏整合的现状，整体设置九年一贯的课程门类和课时比例，并设置综合课程，以适应不同地区和学生发展的需求。整合学习强化学科素养的有机结合、知识的有机融合、情智的有机融生。进行整合学习就是要还原生活世界的完整性，把学生从单一的书本世界和封闭的知识体系中解放出来。因此，整合学习也称"完整学习"，其完整性既包括知识的完整性，也包括学习主体的完整性，强调完整的人整体地卷入学习之中，促进学生与完整世界的高度融合。①

整合学习既是一种课程模式，也是一种学习素养和学习方式，其有如下特点。

1. 素养的链接性。整合学习是提升学生核心素养的重要路径，强调知识的结构化和整合化，是将知识转化为素养的要求。整合学习将自我、知识与交往有机融入学习进程中，促进学生探寻知识意义，丰富心灵世界。

2. 知识的融合性。首先是学科融合，让学生理解知识的脉络，找寻知识的

---

① 郭子其. 以整合学习引领思考［J］. 历史教学（上半月），2022（7）：59-66.

联系，形成知识建构，领悟知识的符号意义和文化意义，促进生命与知识的交融。其次是跨学科融合，弥补分科教学之不足，从宏观方面进行问题表征，还原世界的本来样子。

3. 情智的互促性。整合学习需要将整个身体卷入学习中，将外在知识与内在心灵联通起来，实现情智互促。一句话，只有通过多样态的整合学习，才会实现深度学习。

整合学习的主要内容有：学科内的整合、学科间的整合、学科与生活的整合以及学习方式的整合，它是一个多样化的实践世界。美国学者雅克布斯把整合学习分为六种不同的设计策略。

1. 学校本位的设计，即在学科的框架之内实现课程内容的整合；

2. 平行设计，即将两门相关的学科的某些主题安排在同一时间教学，而把建立两门平行学科之间的关联的责任交给学生；

3. 多学科设计，即围绕一个共同的主题将多个相关学科整合在一个正式的单元或学程里；

4. 跨学科设计，即将学校课程中的所有学科有意识地统合在一起，形成常规的大单元或学程；

5. "统整日"设计，即完全从学生生活世界或好奇心出发而开展活动；

6. 现场教学，这是跨学科设计的一种极端方式，以学生所在的学校环境及日常的生活为内容展开学习，是一种完全的整合设计。

这六种设计策略构成了一个由完全保持学科的界限的设计，到没有任何学科界限的完全整合设计的连续体。雅克布斯要求教师在设计教学的时候可以根据学生的特点、学校的环境特征、社区的价值取向以及学习内容本身的特点，来选择不同的设计策略。①

整合学习有问题解决式学习、项目式学习、跨界学习、单元设计等具体策

---

① 徐玉珍. 从学校的层面上看课程整合 [J]. 课程·教材·教法，2002（4）：21-27.

略，具体操作流程如下。

1. 关注初始情境，设置情境问题。要注重初始情境的草根性和丰富性，营造复杂多样的组合情境，达成情境的真实性、复杂性、特定性，并且利用情境信息进行概念抽象，设置情境性问题，调动学生的情感体验。

2. 聚焦核心概念，发展核心素养。聚焦课标内容与核心概念，在知识融合过程中，挖掘知识的意义，领悟知识的价值。

3. 挖掘意义关联，实现整体参与。从存在的多样态出发，发现情境、内容和方法的多维联系，整体参与，发现意义的多维联系。

4. 直抵价值领悟，充盈意义理解。每一个学科都具有独特的功能，都和丰富的生活内容有关，整合学习要发现每一个学科以及学科多维联系的内在价值。

温馨提示

整合学习没有固定的模式，它是一个多样化的实践世界。

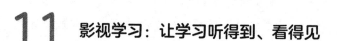

11 影视学习：让学习听得到、看得见

影视是通过画面和声音，在银幕上运动的时间和空间里塑造形象，再现和反映生活的一种艺术，其主要特点是直观性、逼真性、通俗性。这种声、色、

光、影的完美融合，能极大地激发学生的学习欲望。用影视推进课程实施，学生不仅"听得到"，而且可以"看得见"，这样有利于学生对知识的形象理解。影视中有丰富的表情、手势和其他的视觉线索，这些都能帮助学生理解特定的文化。所有这些超语言特征能够帮助学生弥补听觉上的不足，这些东西对学习非常重要。我们只要粗略统计一下，就会发现仅卫视平台播出的国学类电视节目不下 10 档，既有文化类原创节目，如央视一套《中国成语大会》、浙江卫视《中华好故事》、贵州卫视《最爱是中华》、甘肃卫视《大国文化》等，也有颇有口碑的"老牌"文化类原创节目，如湖南卫视《汉语桥》、河北卫视《中华好诗词》、河南卫视《汉字英雄》等。

如何推进影视学习？

1. 影视的选用。教师需要根据学生的程度和需求来进行合理的选择。既要考虑到学生的兴趣，更要考虑到影片本身的内容是否适宜。

2. 观影前的准备活动。利用影视推进课程实施要做好观影前的准备活动。要让学生明确观影过程中的任务，即带着目的去观影，否则影视教学可能就会仅仅起到娱乐的作用。

3. 播放方式的选择。影视学习并不是千篇一律地将一部影片拿来直接播放。教师需要根据不同的教学目的选择不同的播放方法。比如可以选择片段播放或全片播放。影视学习作为课程实施的一种方式，要避免长篇大论，力求短而精、小而美，每期 3 至 4 分钟，将自然美、人文美、时空美融为一体。

温馨提示

影视学习要避免长篇大论，力求短而精、小而美。

12 玩耍学习：充满刺激和乐趣的学习过程

玩耍和学习是密不可分的，玩耍可以成为学习的一个过程和经历，或者说，玩耍的过程是学习必须经历的一个宝贵的、充满刺激和乐趣的学习过程。

玩耍作为一种对周围事物进行肢体语言的沟通的行为，需要很强的大脑神经的支配。从某种意义上来说，这本身就是一种具有高强度的意识行为，带有一定的目的性以及必不可少的趣味性和可操作性。而玩耍学习要做到以上提到的各种要点，需要在保证学习顺利进行的前提条件下，达到学习的目的，同时要保证其趣味性和可操作性。因此，玩耍学习是一种很好的学习方法，可以作为一种课程实施方式广泛传播。

玩耍分为随意性玩耍和有积极意义的玩耍。随意性玩耍最多见，最普通，最平常。有积极意义的玩耍收获更大，学得更多，如家长给孩子讲故事，孩子自己做一些力所能及的事情，兴趣和爱好的发展既是学，也是玩。在郊游时给孩子传授一些人文地理知识，对所见事物的认知。看感兴趣的书籍，刊物。鼓励孩子观察、认识、了解动物、植物。

玩耍是孩子的天性，我们要充分保障孩子玩耍的权利。在完成学习任务的情况下，在保障安全的前提下，放手让孩子去玩，或陪着孩子一起玩。让孩子去玩自己想玩、愿意玩的事。玩耍能够让孩子表现出活泼、积极、向上的一面，可以增长智力，变得更聪明。在玩耍中，有时你会发现奇特、有意义的事情。可以说，学习与玩耍是同等重要的事情，相互促进，相得益彰。玩什么，怎样玩，其收获和结果是各不相同的。要让孩子自主玩耍，要给孩子提供足够的材料。

13 仪式学习：让内隐的教育要求外显化

人的一生中会经历各种各样的仪式，如祭拜仪式、婚丧仪式、成人礼、开学典礼、授帽仪式，等等。每一种仪式都是一种生命的体验，它或许标志着人生从一个阶段走向另一个阶段。因此，仪式学习往往扮演了非常重要的角色。仪式往往让一些抽象的品质、知识变得生动形象。如成人礼，应让孩子明白自己身上的责任，他们将要为自己的行为负责，这是一种承诺。仪式学习就是要借助庄严且美的形式，使内隐的教育要求外显化，并产生持久的影响力。正如教育人类学家克里斯托夫·伍尔夫（Christoph Wulf）所言，仪式是社会和个体的基本存在方式，是最基本的文化学习和社会学习过程。这种学习过程包含实践知识的形成与情感归属，是知识、行为、情感共同参与的过程。①

仪式具有整齐、庄重的特点，能集中表达特定的主题，更容易引起学生情感的共鸣。如何让仪式学习真正触动学生心灵，形成持久的教育力量？仪式学

---

① 孙丽丽. 伍尔夫教育仪式思想述评［J］. 首都师范大学学报（社会科学版），2015（6）：126 – 132.

习需要做到"三个精心",即精心策划、精心组织、精心实施,注重每个细节,从会场布置到人员着装,从每个程序到内容都要体现庄重感。

例如,我们可以依据学生的认知水平,本着贴近学生生活实际,各有侧重,设计了具有连续性的系列仪式学习活动:一年级入学礼、二年级宣誓礼、三年级生日礼、四年级幸福礼、五年级军营礼、六年级毕业礼。学生每年一个礼,六年六个礼,构成了学生成长的阶梯。让学生在小学的学习生活中,在属于他们特有的时间点上,留下成长的足迹,留下深刻印象和美好愿望。

总之,仪式学习是学生精神发展、思想发展的燃料,可以唤醒每个学生对生命、对人生的体悟,让儿童精神得到洗礼,心灵得到净化,思想受到启发。

温馨提示

　　仪式学习需要精心策划、精心组织、精心实施。

14　围坐学习：如切如磋，如琢如磨

我国自清同治元年（1862）始采用班级授课制。班建制有着浓厚的工业文明色彩：讲规模、讲效率。班建制的基本标准是，统一时间，统一年龄，统一内容，统一地点，统一进度，统一标准。围坐学习给课程实施带来许多变化，比如学生面对面的交流，如切如磋，如琢如磨，有利于激发交流愿望；学生及时将成果在组内反馈，及时掌握自己的学习要领；学习活动形式更加多元；学生的主体地位得到更好的体现；方便组内学生的互帮互助，平时小组中不同层次学生可以实现互动，学生预习和听课没有弄懂的，可以借围坐学习与周围同学进一步探讨。但是，围坐学习也存在着一定的缺陷。学生相对而坐，难免出现一些无效的交流；教师只顾自个儿讲课，一些学生难免趁机开小差。这样课堂效率必将受到影响。为了克服围坐方式的缺陷，我们应转变教学方式，科学驾驭课堂，主动接触学生，口授而眼观，耳听八面风，脚勤四处走，时刻关注学生。

围坐学习可以分为"有形围坐"和"无形围坐"。围坐是学习小组的一种有形存在形式，而学生在自主学习的时候，又不需要围坐，那我们就可以让学习小组有另外一种存在形式，即无形存在形式。所谓无形围坐，就是在不需要合作学习时采用传统的坐法，不围坐；在需要合作学习时，随时以小组形式围坐。我们可以根据不同学段、学科、教材，随堂、随机组织合作学习；我们把学生分成两人组、三人组、四人组等；合作时，可以同位交流、互教互学，也可以前后位转身交流。从某种意义上讲，围坐不应该是一种形式，而应该是一种良好的学习态度。

温馨提示

围坐学习可以分为"有形围坐"和"无形围坐"。

15 服务学习：在服务中培养社会责任感

　　服务学习是一种学习方式。它通过学校与社区的合作，把学校课程和社区服务联系起来，学生通过参与精心组织的服务活动，满足社区需要，并培养学生的社会责任感。服务学习有两大要素：一是服务学习的主体部分是社区服务，即教师与其他组织者针对社区实际需要，组织学生进行某种服务活动的设计、实施、评价与修正的过程。二是服务学习在本质上是一种学习方式，精心设计的服务活动有其明确的学习目标，在开展实际服务之前学生应有关于问题的背景、历史与相关政策的预先了解。在服务过程中要引导学生依据学习目标进行反思，以充分实现服务学习的教育价值。

　　服务学习的特征：一是强调课程学习与服务实践并重。服务学习必须是与课程相结合，配合课程的安排。学生将在课程上所学的知识和技能，运用到服务实践中。二是注重结构化反思活动。反思是服务学习一个重要组成部分。教师在服务前、服务中及服务后安排反思活动，帮助学生整合其课程学习与服务经验，达到学习效果。三是促使学生在服务实践中关注社会，培养社会责任感。

　　服务学习有两大基本形式：学校组织的服务学习与社区组织的服务学习。两者是大同小异的，不同之处在于，学校组织的服务学习直接融入学生的整个课程之中，可以促使学生直接应用课堂上学到的概念与理论；社区组织的服务学习首先着眼于社区团体本身的旨趣，主要引导学生关注社区中某一领域的活动，如资源回收、老人看护等。

温馨提示

以课程为纽带，实现服务与学习的有机统一。

16　创客学习：创造有意义的学习经历

创客学习是基于创客项目的学习，是学生围绕来自真实情境的创客项目，充分学习、选择和利用创客空间的学习资源，基于创客项目"自主选题、调查研究、创意构思、知识建构、设计优化、原型制作、测试迭代、评价分享"的全生命周期，在实际体验、探索创新、内化吸收的过程中，全面培养学生的创客精神与创客素养的一种新型学习范式。

创客学习是一种融探究、设计、创造、合作于一体的项目学习范式。

1. 创客学习是一种跨学科学习，需要运用科学、技术和工程知识去改造世界，具有前沿性、综合性和系统性的跨学科知识是创客创造的基石。

2. 创客学习是一种基于设计的学习。设计是一种将策略性解决问题的过程应用于产品、系统、服务及体验的活动。在复杂的产品设计与创造过程中，个体反思、知识建构、学以致用、创新实践和教学互动等子过程相互交织、并行发生和循环迭代。

3. 创客学习是一种注重学思结合的学习。创客学习倡导知、行、思、创的统一，将学与思紧密结合起来，做到学思结合与学思并重。

4. 创客学习是一种基于创造的学习。支持产品创造的新兴科技技术（如数字化设计与制造技术、增材制造（3D 打印）技术、开源软硬件技术、控制工程与智能制造技术等），为学习者提供了便捷化、智能化、数字化和工具化的技术支撑，大大降低了产品创新设计与制造的门槛。

5. 创客学习需要创造性学习文化。创客学习通过建立创造性学习环境、营造创造性文化氛围、实施创造性教学等途径，来激发学生的创造意识与动机、培养学生的创造性思维品质、塑造学生的创造性人格。

创客精神是创客学习的核心，我们可以从过程性视角将创客精神划分为匠技、匠心、匠魂三个维度，并根据学科类别的价值目标，构建基于人文学科之逆向项目式学习促进创客精神发展路径与基于科学学科之正向项目式学习促进创客精神发展路径，实现科学主义与工具理性的超越。①

温馨提示

　创客精神是创客学习的核心，创客学习需要提供有意义的学习经历。

---

① 申静洁，赵呈领，李芒. 创客教育：学科视域下提升学生核心素养的路径探析［J］. 中国电化教育，2020（6）：30－36.

17 沉浸学习：探索边界是根据好奇心来驱动的

沉浸学习是为学习者提供一个真实或接近真实的学习环境，学习者通过深度参与、高度互动而获得知识、提升技能、陶冶情感的学习方式。它通过虚拟现实技术、借助虚拟学习环境而实现。虚拟现实技术的特点在于，计算机产生一种人为虚拟的环境，把其他现实环境编制到计算机中去产生逼真的"虚拟环境"，从而使得用户在视觉上产生一种沉浸于虚拟环境的感觉。

在课程实施过程中，我们可以运用虚拟现实技术，让学习引人入胜。试想一下：弗莱格隆德（Vrygrond）小镇的某个男孩穆吉希（Mzukisi）热爱自然。有了虚拟现实技术，他现在能够跟随着一个水分子，看着它被太阳蒸腾，变成水蒸气从地面升到空中；然后水蒸气分子进入云层，乘风飘到森林上空，聚集在一起凝成水滴，再变成雨水降落到地面，流淌成小溪河流，最终被地面吸收。在土壤中，水会与其他分子结合，经由树木的维管组织输送到顶部的叶子。最后通过蒸发，重新进入到另一朵云中。在这样的沉浸体验中，穆吉希可能会对整个循环的某个过程产生好奇心。说不定他会好奇太阳的光线是如何将液体变成气体的，他可以将这个阶段放大显示，观察在阳光的照射下，水分子是如何在受热之后，断开彼此间的连接，然后变成水蒸气的。穆吉希甚至能够在迷你游戏中，自行扮演热力充沛的太阳，手动激活水分子，然后将其加热转变成气体。也许穆吉希对蒸发过程中的物理学不感兴趣，却对在树木中经历的生物学部分更有兴趣。那么他可以探索树木是如何将水分子从根部抽取出来，并了解水分子是如何借助凝聚和黏合性能，通过树木狭窄的管道，无视重力慢慢向上挪动，最后在叶片中蒸发成气体，离开这个环节。他可以再次扮演太阳，也许是通过轻触叶片促进蒸发，从而推动树木环节的整个系统蒸发。你也可以发挥想象力，设想一下其他一些上面描述的过程和对象。就像是通过阅读来学习的过程，我们从书本收到一系列信号和概念，并通过想象力将这些内容在头脑中变成画面，然后跟随好奇心强化学习：操纵概念、向边缘拓展、再观察事情如何展开。

在虚拟现实中，通过精心设计的教学方式可以反映并引发这种具有决定性的想象过程，在理想状况下，学习者的探索边界只会根据他的好奇心来定义。

温馨提示

用虚拟现实技术让学习引人入胜。

18 节庆学习：用主题节日把学习生活点亮

众所周知，孩子们几乎没有不喜欢过节的。中小学根据一定主题设计的校园节日是学校课程实施的重要形式，也是学校活跃学习氛围的基本做法。节庆学习即是围绕一个或多个经过结构化的主题节日进行学习的一种方式。在这种学习方式中，"主题节日"成为学习的核心，而围绕该主题的结构化内容成了学习的主要对象。

每个学期开始前，学校可以集体研究、策划不同主题的校园节日，以丰富多彩的节庆活动吸引学生，给他们的校园生活留下美好回忆。例如，绚烂多彩的"涂鸦节"、热火朝天的"劳动节"、趣味无穷的"游戏节"、传递温情的"爱心节"、生机盎然的"花卉节"、开阔眼界的"旅游节"……这些主题校园节日，融时尚、艺术、娱乐等元素为一体，有利于活跃学习氛围，丰富学习生活。

在具体操作方面，中小学要设计体现学生学习需求、具时尚元素的校园节日活动方案。当然，最好是让学生自己设计、自己策划、自己实施、自己评价。从选定主题到活动环节、活动呈现等都让学生参与进来，学生的学习主动性可以得到比较好的发挥。

如何让校园主题节日活动常态化、有持续的新鲜感？中小学要致力于机制建设和评价方式探索，如设置"最佳节日评选活动"，评选"最佳创意奖""最佳人气奖""最佳时尚奖""最佳娱乐奖"等奖项，让学生设计评价方案，参与评选；定期开展"校园节日大比拼"展示活动，通过"节日名片""节日卡通形象""节日故事""节日之花"，呈现丰富的节日文化。

当然，学校还可以编制《校园节日活动手册》，举办"年度品牌节日"论坛，集中展示回顾全年进行的活动。

温馨提示

让学生自己设计、自己策划、自己实施、自己评价校园节日。

第五章

学校课程评价的 18 种创意

从发展趋势看，学校课程评价强调评价的情境性、真实性以及过程性，重视学生解决问题的过程，重视采用灵活多样的评价方法调动师生参与课程评价的积极性。课程评价的发展历程彰显了不同历史时期的不同价值取向，学校课程评价对象从学生个体拓宽到了课程的方方面面，评价主体从行政管理者或专家团队拓展到了包括教师、学生以及其他课程利益相关者，课程评价的方式方法也越来越丰富。

美国课程论专家比彻姆认为，课程评价包含判断课程系统的效果，以及对课程设计合理性作出判断的过程。[①] 学校课程评价是价值判断的过程，其目的是检查课程目标、课程设计，以及课程实施是否实现了教育目的，实现程度如何，以判定课程之成效，并据此作出改进课程之决策的过程。当前，价值多元、主体多端、内容多维和手段多样，已成为学校课程评价最曼妙的存在。

课程评价的方式方法是多样的。它既可以是定量的方法也可以是定性的方法，测试或测量只是其中的一种方法，并不代表课程评价的全部。课程评价的范围很广，包括课程设计、实施、结果等要素，既可以对课程本身进行审议与认证，也可以对参与课程实施的教师、学生，以及学校发展情况作出分析和判断。

从发展趋势看，学校课程评价强调评价的情境性、真实性以及过程性，重视学生解决问题的过程，重视采用灵活多样的评价方法调动师生参与课程评价的积极性。课程评价的发展历程彰显了不同历史时期的不同价值取向，学校课程评价对象从学生个体拓宽到了课程的方方面面，评价主体从行政管理者或专家团队拓展到了包括教师、学生以及其他课程利益相关者，课程评价的方式方法也越来越丰富。

课程评价是学校课程发展最难解的要素之一。在学校课程深度变革过程中，广大中小学出现了形式多样的课程评价方法，如表现性评价、投票式评价、真实性评价、档案袋评价、争章性评价、评议性评价、协商性评价、量规式评价、护照式评价、游园式评价、审议性评价、问卷式评价、等第性评价、点赞式评价、排行榜评价……当然，在实践过程中，课程评价方法远远不止如此。在学校课程深度变革过程中，我们应遵循逻辑性、实践性以及多元化原则，以"场景研究"为基本策略，建立学校课程评价方法的立体图景。应该说，各种课程评价方法各有千秋，评价者应汲取各种评价方法的优势，根据不同评价目的和

---

① ［美］比彻姆. 课程理论［M］. 黄明皖，译，北京：人民教育出版社，1989：112.

情境，采取不同的课程评价方法。只有这样，我们才能在课程评价方法的运用上做到相得益彰，才能更好地实现课程评价之诊断、导向、激励、鉴定、决策、调整和提升功能。

不同评价方法的思维方式甚至思想方法的变化，都内含着不同的课程评价框架和思维结构。从总体上看，课程评价方法经历了实证化方法向人文化方法的演化。通过比较不同类型的课程评价方法，我们可以形成由课程设计评价、课程实施评价，以及课程结果评价交融的学校课程评价框架。我们根据中小学课程评价实践总结出学校课程评价的 18 种方式，供学校参考。①

01 表现性评价：用真实的活动表现来判断

表现性评价是 20 世纪 90 年代在美国兴起的一种评价方式。它是指教师让学生在真实或模拟的生活环境中，运用先前获得的知识解决某个新问题或创造某种东西，以考查学生知识与技能的掌握程度。表现性评价是注重过程的评价，在课程评价中受到普遍的重视。

表现性评价往往通过客观测验以外的行动、表演、展示、操作、写作等更真实的表现来评价学生的表达能力、思维能力、创造能力、实践能力。基础教育课程改革正在深入进行，各门学科的课程标准也相继出台。在新的课程标准

---

① 2017 年 11 月 11—14 日，第二届品质课程研讨会在上海市嘉定区召开。在此次研讨会期间，品质课程联盟发布《学校课程评价的 18 种创意》。

中，有学科实践、项目学习等内容，这反映了学生的动手能力及综合运用所学知识技能解决实际问题的能力受到了重视。在落实新课程标准的过程中，如何评价学生的这些能力，是广大中小学教师无法回避的问题。表现性评价是一种评价学生复杂学习的方法，对我国当前课程改革中遇到的评价问题，不无启发和借鉴意义。

表现性评价的特点是：评价时要求学生演示、创造、制作或动手做某事；要求激发学生高水准的思维能力和解题技能；使用有意义的教学活动作为评价任务；唤起真实情境的运用；人工评判而不是机器评分。

表现性评价可以分为两种，一种是限制式表现性评价，一种是开放式表现性评价。限制式表现性评价对评价的任务、目标有非常明确的要求，而且对被评价者的行动做了一定的限制。开放式表现性评价是一种对被评价者完成评价任务的材料、方法、结果不做限制要求的评价方法。例如，要求学生以"抗日战争"为主题做一次演讲发言就是一种开放式的表现性评价。

表现性评价的优点是，阐明学习目标真实的表现任务与复杂的学习目标的匹配程度比较高。当把这一任务呈现给学生或者告知学生家长时，就通过实际的例子而使学习目标更为清晰。表现性评价将学生置于真实的任务情境中，要求其执行一定过程或创造出产品，注重知识技能的整合与综合运用，这就可以对这种"做"的能力作出评价。

温馨提示

　　表现性评价往往通过客观测验以外的行动、表演、展示、操作、写作等更真实的表现来评价学生的表达能力、思维能力、创造能力、实践能力。

02 展示性评价：一种有意义的课程实施方式

展示性评价是为了改变传统书面评价无法囊括的内容，包括审美情操、学习习惯、学习能力等的评价。它的优势在于形式生动活泼，能向大众展现课程的具体面貌、特征以及学生的实际表现。可以说，展示性评价是一种真实的课程评价方法，更是一种有意义的课程实施方式。展示性评价有多种表现形式，可以采取小组展示形式，也可以采取个人展示形式，还可以采取"小组秀+个人秀"的方式进行。

例如，郑州市惠济区艺术小学策划了一次展示性评价。学习小组根据自己小组的优势选取展示内容。测评题目分为：制作徽标、诗配画、英语情境对话、科学制作等，这些题目的制定体现学科融合的理念。现场，三（3）班的艺美小组正在展示诗配画，该小组抽取的古诗是《小池》，四位同学分工合作，各显特长。"个人秀"则让学生充分显示自己的特长，有唱歌、弹钢琴、拉二胡、吹萨克斯、弹古筝、敲架子鼓，还有变魔术、玩魔方、折纸、跳啦啦操的，即使学生没有特别的展示项目，也可以选择跳绳、拍球、乒乓球原地颠球、前滚翻、倒立等，一句话，鼓励学生大胆地展现自己。每组展示结束后，全班的大众评委都为其点赞，主持人会给小组颁发"学雅乐园秀，快乐学习节"纪念证书，家长观察团的成员给他们拍照留念，孩子们露出灿烂的笑容，高高举起证书，充满了展示后的喜悦。

总之，展示性评价的特点是将主观事物客观化，抽象事物具体化，隐蔽事物公开化，呆板事物形象化，经验事物直观化。

03　真实性评价：聚焦多维学习目标的任务驱动

　　真实性评价是一种以学习者为中心的评价方式，它包括对学生个人和学习小组的学习产品、过程和进步的评价，重视学生的自我评价和档案袋评价。那么，如何对个人和小组的学习产品、过程和进步进行评价？如何指导学生进行自我评价？如何建立和管理档案袋呢？

　　真实性评价是一种要求学生通过完成真实任务来展示对所学知识掌握情况，以及对技能的意义运用能力的评价方式，它要求学生运用所学的知识和技能去完成真实世界或模拟真实世界中一件有意义的任务，用以考察学生问题解决、交流合作和批判性思维等多种复杂能力的发展状况。它集中关注学生的分析能力、综合所学知识的能力、与他人合作的能力以及书面或口头表达能力等。

　　例如，杭州市采荷第三小学"舌尖上的浙江"课程，让学生们带着任务实地走访超市，了解浙江美食，询问邻居最喜爱的浙江美食，编写综合小报，既可以培养学生日常生活口语交际的能力，又能够测试其数据收集和整理和推理能力。其他还有"汉字听写大赛"和"采三好声音"等实践活动。

由上面的例子可见，真实性评价包含一个真实性任务，即类似于某一具体领域的专家所面临的那些真实生活活动、表现或挑战，它具有复杂性和多维性特征，需要具备问题解决和批判性思维这样的高级认知思维。高级思维技能是指需要相对复杂认知操作的技能，如概念形成、分析以及问题解决。批判性思维是指运用高级智力过程的思维，如认真分析论点、思考其他观点、评价其他观点并作出适当的结论。

真实性评价主要具有以下特点：一是强调评价与课程、教学的统一，这有助于教师检查自己是否在测量所教的内容；二是全面的评价方法使教师能够测量学生学习的过程、进步和产品；三是自我评价表赋予学生学习的自主性和责任感；四是包含着详细标准的评价表在学生学习之前就向学生作出明确的解释，这有助于给学生学习提供清晰的指导；五是真实性评价的方法（如档案袋评价）不仅适用于学校课程和教学的评价，而且还与真实生活中的评价活动相一致。

温馨提示

真实性评价是一种要求学生通过完成真实任务来展示对所学知识掌握情况，以及对技能的意义运用能力的评价方式。

04 游园式评价：像做游戏一样轻松完成考试

考试常常让孩子们压力山大，如何让孩子们像做游戏一样轻松完成考试，玩出新意？北京、上海、浙江、河南等地小学低年级评价改革，尝试游园式评价。例如，浙江嘉兴南湖国际实验学校为学生设计的"游园式评价"活动项目有：果园寻宝、超市大赢家、海底拾贝、我行我秀、小鬼当家、打水怪等。游园项目设计不仅要抽查本学期各学科的学习情况，而且还结合学生的行为习惯和寄宿制学校的特点考查学生的生活独立自理能力、同学间交往合作能力等，将活动与智慧相结合。

以情境任务解决为载体的游园式评价，就是将学生的评价体现在学生感兴趣的真实情境中，将学生的素养检测渗透在游戏式的活动中，将知识、能力的检测融入情境任务的完成中。它完全改变了传统的书面期末考试的形式，极大地提升了低年级学生参与评价的热情。例如，郑州市金水区农科路小学一年级用游园会6项内容考查数学知识的掌握情况：掷骰子、猜猜看、找朋友、小医生、我会问、智多星。其中，掷骰子，学生随意掷2个骰子，用掷出的2个数字编加减法算式。猜猜看，学生从袋子中摸物，并判断其形状。找朋友，6个人一组，每人头戴有算式的头饰，在规定时间内找到和自己算式结果一样的同伴即获胜……学生们热情高涨，拿着答题卡在活动场地来回穿梭，最后，学生们都拿到了盖满印章的喜报。

由于以情境任务解决为载体的游园式评价形式新颖，学生乐于参与，因此学生能在游园的过程中自主地参与游戏活动。每一个考查游戏还设计了多套题目供学生自由选择，内容有难有易，体现层次性要求。例如，在"采呀采呀乐淘淘"的游戏中，学校准备了十幅不同的印在向日葵上的图片，让学生自由选择并采下一朵向日葵进行看图说话的评价。又如，蝴蝶谷中的每一只蝴蝶上都有一组题目，有给生字找朋友的，有找相同部首的字的，有找反义词的，还有找与拼音相对应的词语的，学生都可以自主地选择这些题目。

温馨提示

以情境任务解决为载体的游园式评价，就是将学生的评价体现在学生感兴趣的真实情境中，将学生的素养检测渗透在游戏式的活动中，将知识、能力的检测融入情境任务的完成中。

05 模块化评价：聚焦学科核心素养的具体要求

模块化评价依据 SOLO 分类评价理论。人的认知不仅在总体上具有阶段性的特点，在对具体知识的认知过程中，也具有阶段性的特征。人在学习新知识过程中表现出来的思维阶段是可以观察到的，因此称为"可观察的学习成果结构"（Structure of the Observed Learning Outcome，SOLO）。学习结果的复杂性主要包括两个方面：一是量的方面，即学习要点的数量；二是质的方面，即如何建构学习要点。也就是说，学生在具体知识的学习过程中，都要经历一个从量变到质变的过程，每发生一次跃变，学生在对于这一种知识的认知就进入更高一级的阶段，可以根据学生在回答问题时的表现来判断他所处的思维发展阶段，进而给予合理的评分。①

模块化评价即根据学生在回答问题时可观察的学习成果结构，来判断学生在回答某一具体问题时的思维结构处于哪一层次。这种分析学生解决一个问题时所达到的思维高度的评价方法，就称为 SOLO 分类评价法。根据 SOLO 分类评价法，把学生对某个问题的学习结果由低到高划分为五个层次：前结构、单点结构、多点结构、关联结构和抽象拓展结构。具体含义如下：处于前结构层次的学生基本上无法理解问题和解决问题，只提供了一些逻辑混乱、没有论据支撑的答案；处于单点结构层次的学生，找到了一个解决问题的思路，但却就此收敛，单凭一点论据就跳到答案上去；处于多点结构层次的学生找到了多个解决问题的思路，却未能把这些思路有机地整合起来；处于关联结构层次的学生，找到了多个解决问题的思路，并且能够把这些思路结合起来思考；处于抽象拓展结构层次的学生，能够对问题进行抽象的概括，从理论的高度来分析问题，而且能够深化问题，使问题本身的意义得到拓展。从上述分类中，我们可以看到，思维分类结构是一个由简单到复杂的层次类型，具体说来就是点、线、面、立体、系统的发展过程，思维结构越复杂，思维能力的层次也就越高。这也是模块化评价的魅力所在。

除了评价内容的多维，评价方式也是多样的，可以是日常观察、作业分析、表现性评价、纸笔测试等的综合运用。模块化评价力求能够准确评价学生思维能力所能达到的深度和广度，有很明显的优越性。首先，它具有较强的操作性，无论是文科的问题还是理科的问题，实践证明都基本上可以根据该方法进行思维层次划分；其次，它有利于教师制定教学目标，教师可以根据教学计划预先确定学生学习某一问题要达到哪一思维层次，并按照循序渐进的方法逐步提高学生的思维水平；再次，它有利于教师检测教学效果，可以较清楚地显示学生

① 马志强，沈诗淼，杜鸿羽. 基于 SOLO 分类理论的思维发展表现性评价研究 [J]. 远程教育杂志，2024，42（3）：52-58+67.

对某个具体问题的认识水平；最后，它设计开放性问题的质性评分，为检测学生的高级思维能力提供了一个切实可行的思路，对于帮助学生形成良好的思维习惯具有重要的作用。

温馨提示

　　模块化评价根据学生在回答问题时可观察的学习成果结构，来判断学生在回答某一具体问题时的思维结构处于哪一层次。

06　过程性评价：学习是给予自己最好的报酬

　　一般认为，过程性评价是一种在课程实施的过程中对学生的学习进行评价的方式。过程性评价采取目标与过程并重的价值取向，对学习的动机效果、过程以及与学习密切相关的非智力因素进行全面的评价。[①] 过程性评价主张开放的评价方式，主张评价过程与教学过程融合，主张评价主体与客体的互动。过程性评价的价值包括对学生的学习质量水平作出判断，肯定成绩，找出问题；促进学生对学习的过程进行积极的反思，从而更好地把握学习方法，促进可持续发展。

　　过程性评价是一个对学习过程的价值建构的过程，是在学习过程中完成的，

[①]　高凌飚. 关于过程性评价的思考［J］. 课程·教材·教法，2004（10）：15—19.

它强调学习者适当的主体参与，是一个促进学习者发展的过程，不可能通过一次评价完成，它应该是在学习过程中发生的、学习者参与的、渐进的价值建构过程。

例如，金华市东苑小学的学生成长记录册包括"成长的足迹"（"一日常规"养成评价表）、"成长的快乐"（荣誉奖励、健康档案）、终结性评价的"游考卡"和"成长的心声"等。一项项趣味性考核内容充分反映了学生的点滴进步，一件件作品成为学生不断前进的动力，一项项记录给予学生时时的激励，一张张喜报带给学生浓浓的人文关怀。精彩的成长记录册为学生提供了发现自我、展示自我、肯定自我的空间，满足学生体验成功、享受成功的需求，浓缩他们幸福、骄傲的童年生活。这些做法不仅关注学生的学习过程、学习方式、学习习惯，更加注重学生的个性特长和整体素养的提升，重建以过程性评价为主的学业评价体系。学校实施的各种评价改革，背后必然要有扎实的日常评价作支撑。譬如像语文的拼音、识字、朗读、说话、书写，等等，有些内容既难以进行纸笔测验，也无法完全纳入"快乐考试"，这就需要过程性评价来"保驾"，以一些基于课程标准且具有达标意义的、可以重复挑战的测查来保证学生的基础性学习水平，在每一个学生心里留下成长的烙印。

很显然，过程性评价是针对一般评价过分重视静态的、可量化和浅层次的学习成果，而忽视动态的、难以量化的和高层次的学习过程和效果而提出的，对促进教师教学方式和学生学习方式的转变，是有积极意义的。可以说，全面理解、认真落实过程性评价是新课程改革的一个关键。

温馨提示

　　过程性评价是一个对学习过程价值建构的过程，是在学习过程中完成的，它强调学习者适当的主体参与。

07 护照式评价：学习是通向未来的护照

护照式评价是以"学习护照"为载体，融目标、过程、评价于一体的评价方式。"学习护照"是有计划、有目的搜集记录学生成长经历的评价载体，是基于学生成长社区提出的、记录学生学业水平和成长轨迹的评价手册。具体来说，护照式评价再现了学生全面而有个性发展的经历，包含学生多方面的评价内容，汇集了学生成长过程中有代表性的作品与说明、活动详情记录与反思、综合成绩评价信息、活动表现与他人评价等一系列的第一手资料，为综合评价的客观真实性提供了相应的平台与原始数据。

例如，上海市黄浦区卢湾二中心小学护照式评价基于核心素养，以"学习护照"为载体，从学习兴趣、学习习惯和学习成果三方面记录并评价学生学习数学的成长轨迹，增强学生学好数学的信心和热情，使学生的学习由外在压力逐步转化为内在需求，从而有效地提高学习质量。他们在"好玩的数学课程"中采取"数学王国护照"评价方法，让学生带着"护照"开始一段奇趣的数学王国之旅。数学老师以经典益智游戏为活动载体，引领学生用数学的眼光观察世界、用数学的语言表达世界、用数学的思维思考世界，魔尺、七巧板、魔方、汉诺塔、华容道、九连环……从"学玩"到"会玩"到"玩好"到"玩转"，学生不仅玩得得心应手，还玩出了大格局、大境界：积累活动经验、浸润数学思想、活化策略方法、增强学习能力。在此基础上，一套多元、立体的课程评价手册《数学王国护照》应运而生。

对学习兴趣的评价，可将日常和节点相融合，综合考量老师、家长的日常观察、交流和学生每日的写话记录，加上每月一次的问卷调查进行评价。对学生学习习惯的评价，借助表格，将每天数学课后的师评、自评和同桌评价相结合，用"√"记录，每周每项获3个"√"及以上者，可获评一周单项好习惯星，记录在"学习护照"上，得到一个相应的章，使习惯养成可视化。每学期，可根据学生"学习护照"上的习惯章的内容和数量，了解学生学习习惯的养成情况，为后续学生学习习惯的培养提供依据和努力方向。对学生学业成果的评价，教研组细化评价标准后，可以借助按评价时间划分成长期的、短期的和"长短结合"的分项式评价，也可按内容进行"单元评价"，记录在"成长护照"上，使学业成果可视化。

护照式评价抓住忽视过程重视结果的评价弊端，将单一的"期末成绩报告单"进行"大变身"：变"一卷定优劣"为"多元见成长"，变"单一结果"为"丰富过程"，变"只见结果"为"展现变化"，变"单一主体"为"多向综合"，不断提高评价的科学性、专业性与客观性。

温馨提示

护照式评价再现了学生全面而有个性发展的经历，为综合评价的客观真实性提供了基础。

08 探宝式评价：追求卓越的自我发现

探宝式评价是一种指向真实性探究的实践性评价方式，是以"探宝"为抓手，系统展现学生的探究能力，以及在此基础上的知识创新。因此，探宝式评价是一种项目化、任务驱动性的评价方法。

探宝式评价注重建构驱动性、探究性真实任务，不仅关注评价任务的现实性，更关注这些任务是否指向对学生真实的、有现实价值的学业成就的考查。在美国，一所名为双河公立特许学校的哥伦比亚校区，四年级的学生正在学习历史课。通过这次学习，学生们不仅制作出了一份关于"美国独立之前如何成为英国第一个殖民地"的大事件时间表，还去实地拜访了弗吉尼亚居民，完成了关于美国不同种族的实地调查，并穿了当时人们的各种服装，扮演不同的历史人物，而且还采用多种角度撰写了一系列小文章，在富有趣味的活动中完成了学习任务，检验了学习效果。

上海市竹园小学的校园是极富空间感的，这里有许多探宝点，学生可以到各个探宝点"探宝"。这里有校园文化墙、模型展示区、栽培点、运动区、科技馆等，孩子们借助"探宝"能够了解各种知识以及问题，对学习有一种参与感。比如，"科技馆探宝"是为3—5年级的学生设计的一个生动活泼的科技教育活动。活动按照创造性学习的一般步骤，让他们通过参观展品、操作展品、动手做、小发明四个环节来培养创新能力。学校为此建立了一个"探宝式评价"平台，通过扫描校园里不同地方设置的二维码，学生可解答相关知识，让学生在玩耍中学到知识，熟悉校园。

陕西师范大学陆港小学有一座藏在校园里的博物馆，是占地18 000平方米的人文艺术空间。这个空间分为四大区域，分别是历史文化区、现代书画区、美育画展区和科技探索区。学校每周会定时组织学生沉浸式参观博物馆，每年都会设置一些博物馆岗位，竞选出喜欢文博的学生担任博物馆的讲解员、检查员等，负责博物馆的日常维护、运营及活动开展。学校为不同年级的学生设计了不同主题的博物馆课程，为他们"探宝"搭建支架，分享研学成果。学校把"探宝式评价"引入校园博物馆，学生学得特别带劲。在这里，学生沉浸式体验传统文化魅力，您可以看到《千里江山图》《洛神赋图》《百骏图》……看到颜真卿、柳公权等历史名家经典作品的复刻版，也有西安市书画协会100余位当代知名书画家作品展示。这里有极具关中风情的"古韵小院"，这里是学生的小舞台，学生在这里弹奏、说相声、表演和阅读。在历史文化区，有一处特别的"兵马俑展示区"，秦俑是等比例还原秦始皇陵博物院中的文物，学生可以通过沉浸式学习体验，近距离感受中华民族的璀璨瑰宝。顾明远先生说："教书育人在细微处，学生成长在活动中。"陕师大陆港小学致力于细微处育人，通过博物馆"探宝"开展特色教育，让学生沉浸式地体验中国文化，感受教育的艺术，值得点赞！

探宝式评价力图纠正标准化纸笔考试的弊端，通过复杂的、不良结构的现实任务，检验学生适应未来生活和专业领域发展的能力。探宝式评价和日常的课程教学相整合，就会成为促进学生真实性学业成就发展的有力手段。

温馨提示

探宝式评价注重建构驱动性、探究性真实任务，不仅关注评价任务的现实性，更关注这些任务是否指向对学生真实的、有现实价值的学业成就的考查。

09 评选性评价：营造积极向上的文化氛围

在很多中小学，有各种各样的评选活动，如特色学科评选、优秀教研组评选、精品校本课程评选、"小达人"评选、"小明星"评选、"校园好声音"评选等。这就是评选性评价。如某中学举办的"校园好声音"评选活动就是一个例子。

评选性评价是学校对学生素质进行评价和表彰的一种方式。评选标准和程序可能因学校而异，明确评选标准一般遵循标准的可衡量性原则，以便评委能够公正、客观地评价每个参评学生的表现。

评选程序一般如下：第一，提名阶段。学校或班级组织学生进行评选活动提名，学生可以自荐或由其他同学推荐。第二，材料提交。被提名的学生需要准备相关材料，如成绩单、获奖证书以及其他的证明材料等，以证明自己符合评选标准。第三，评审评议。学校或班级组织教师对提名学生进行评审评议，评审委员会根据评选标准和学生提交的材料进行综合评定。第四，公示和颁奖。评选结果会在适当的时间进行公示，确保没有异议后，举行颁奖仪式，向获奖学生颁发荣誉证书和奖品。

需要注意的是，不同学校、不同项目和不同班级可能会有不同的评选标准和程序。评选过程应该公开透明，让所有学生了解评选的流程和标准。

评选性评价是一项复杂而重要的任务。通过明确评选标准、选择合适的评委、公开透明的评选过程、合理的奖励措施以及持续的反馈与改进，我们可以构建一种更合理、公正且鼓舞士气的评选方法，这有助于活跃校园文化生活，展示学校素质教育特色，激发学生的兴趣爱好，培养学生对自然美、社会美、艺术美、创造美的认识和鉴赏能力，为学生搭建一个展示才华的舞台。

温馨提示

评选性评价是学校对学生素质进行评价和表彰的一种方式。

10 积分制评价：激励学生不断迈向学习的新高度

积分制评价是用积分（奖分或扣分）对人的能力和表现进行全方位量化考核的评价方法。积分制评价把积分制度用于对学生学习的激励和管理，以积分来衡量学习的水平和进展，反映学生的综合表现，调动学习者的积极性。

例如，依据小学生的心理年龄特点，把积分制度用于小学数学课堂教学和学生的数学学习中，根据学生在课堂上的纪律表现、课堂上的参与度，学习小组内部的帮扶活动，课后作业完成效果，教学目标完成情况等分别给予一定的积分奖励，在固定时间段根据每位学生所累积的积分多少对学生进行量化评价，通过评价激发学生的学习兴趣，提高学生学习的积极性，教师做到公平、公正地评价学生，可促进学生全面发展。

积分制评价是定量积分主导、定性评价为辅助的过程性评价方式。定量评价主要以积分的形式对学生的学习情况进行量化评比，最常用的有百分制；而定性评价多采用等级加评语的方式进行。

积分制评价的操作策略如下：

1. 与所有学生讨论制定积分评价标准，激发每一个学生参与的积极性。

2. 凸显评价的过程性激励功能，通过评价让学生更好地认识自己，把自己的优势发挥出来，促进每一个学生健康成长。

3. 评价方法的多样化，评价方法由教师评变成了学生互评、家长助评、教师导评的评价方式，可以从不同侧面、不同视点、不同角度对学生学习的全过程进行评价，使评价具有互动意义。

4. 评价内容的多维性，学生在学习过程中的情感、态度、价值观以及能力养成等，都可以进行量化考核。例如，课前学生能否自主预习，通过思考提出具有深度的问题；能否独立解决学习中遇到的困难；课堂上能否跟上教师的思维、是否具备主动学习的能力和综合思辨能力等，都可以赋予积分。

积分制评价是与等级制评价紧密结合的一种评价方式，定性、定量评价在评价过程中交错进行，让学生积极主动地参与评价过程，有助于培养良好的行为习惯，构建良好的师生关系，增强教师与学生互动。

当然，在积分制评价中，教师在关注积分的同时，也应该多关注学生的发展，所用的评价语言以鼓励为主，对学生客观、公正地评价，使学生树立起学习的自信心。

温馨提示

积分制评价是定量积分主导、定性评价为辅助的过程性评价方式。

11 差异性评价：让每一个孩子都闪光

由于遗传、环境等方面的影响，每个学生都是具有独特个性的。因此，评价的重点不是共性的标准要求，而应是每个学生特有的个别差异性。伴随着个性化教育思潮的出现，传统的划一性学生评价越来越暴露出其弊端，成为学生发展的障碍。基础教育课程改革倡导"面向全体，因材施教"的理念，淡化评价的选拔和甄别功能，发挥评价促进学生个性化发展的功能。差异性评价正是在这种背景下提出的。

差异性评价是以尊重学生的差异为前提，以促进学生个性化发展为根本目的，对学生个体的学习进程及身心变化进行有差异的评价。从差异出发，是差异性评价活动的起点。因此，差异性评价是基于对学生发展差异性理解的评价，是教师在利用多种途径正确认识学生发展差异的基础上，在评价目标、评价方式、评价内容以及评价主体等方面，采取的一种差异性评价模式。差异性评价是有差异的评价主体共同参与的评价，是对学生发展中的差异进行的评价，是借助各种不同的手段对学生进行的评价，旨在建立理解型的师生关系，提升教育生活的质量。

差异性评价可以包括课堂评价、作业评价及考试评价等方面。其中，课堂评价要注意评价语的适度性、评价内容的针对性、评价方式的灵活性；作业评价要关注作业设计与作业评定；考试评价要注意考试内容的梯度性和开放性、考试形式的灵活性与多样性、考试结果的人文性与延迟性。

总之，差异性评价是发展性、过程性和个体性评价方式，与划一性评价不同，它强调承认差异，尊重差异，主张从差异出发，为了差异发展而实施有差异的评价，有其独特的发展价值，有利于实现每个学生的最大化发展。

温馨提示

差异性评价是有差异的评价主体共同参与的评价，是对学生发展中的差异进行的评价，是借助各种不同的手段对学生进行的有差别的评价。

12 赛事性评价：促进学习的一股强大力量

比赛是促进学习的一股强大力量。以赛促学是一种有效的教学方法，也是激发学生学习兴趣的一种评价方式，我们称之为赛事性评价。可以说，对中小学生来说，让学生参加比赛是一种很好的课程实施方式，也是一种很好的课程评价方式。如足球比赛、演讲比赛、才艺大赛、少儿书画大赛等。

比赛作为一种课程评价方法，要事先拟定比赛规则和评分标准。例如，演讲比赛评分标准包含两大方面。一是内容（40分），具体标准是：（1）主题（15分）：主题明确、深刻，观点正确、鲜明；见解独到。（2）材料（15分）：材料真实、典型、新颖，结合实际，体现时代精神。（3）结构（10分）：结构完整合理、层次分明，论点、论据具有逻辑性；构思巧妙，引人入胜。二是表达（60分），具体标准是：（1）语音（20分）：语音规范20分，较规范17分，不够规范14分，不规范不得分。（2）感染力（20分）：语速恰当、声音洪亮，表达自然流畅，节奏张弛符合思想感情的起伏变化，具有感染力。（3）熟练程度（10分）：因不熟练，每停顿一次减5分。（4）态势语（10分）：自然得体，端庄大方。

如何有效地推进赛事性评价，落实以赛促学呢？

1. 设计多样化的竞赛形式，例如举办不同类型的竞赛，如知识竞赛、实验竞赛、创新项目竞赛等，以覆盖不同学生的兴趣和能力。

2. 通过团队竞赛形式鼓励学生合作，培养学生的团队合作精神和沟通能力。团队合作也有助于学生从同伴那里学习和交流思想。

3. 强调过程而非仅仅是结果，为参赛学生提供指导，让他们在准备过程中得到适当的支持，鼓励所有参与者都从中获得知识和经验。

4. 确保竞赛对所有学生开放，让每个人都有机会参与和展示自己的能力。

5. 鼓励家长和社区成员参与和支持竞赛，增强学生的参与感以及与社区、社会的联系。

13　面试性评价：面向复杂技能性任务的规范性评价

　　面试性评价是指将单纯的知识评价转变为模拟面试情景，将知识学习与面试过程进行有机结合的评价方法。面试性评价具有针对性、参与性、创造性和实践性特点。

　　1. 面试性评价将掌握考察点、把握实践需求、训练面试技能等作为目标，改变了传统评价单一将掌握核心考点作为目标的评价状况，能帮助学生更有针对性地学习，具有针对性。

　　2. 面试性评价注重师生关系的转变，教师从"主导角色"向"指导角色"转变，学生从"被动接受者"向"主动扮演者"转变。在面试性评价中，通过师生关系的转变，激发学生参与的积极性，其主体性得到充分发挥。

　　3. 面试性评价一改传统的教师讲授、解释，学生记忆、理解的静态封闭接受模式，把教师变为组织实施、引导评价者，学生作为面试课程的参与者，整合所学知识点融入面试场景中，具有鲜明的创造性。

4. 面试性评价案例来源于真实生活，具有较强的实践性和体验性，学生在面试过程中能充分发挥主观能动性，用所学知识与面试官进行互动，较好地完成面试准备、参与面试和面试总结的全过程，所学知识在训练中得到运用和巩固，因而更容易被学生所接受。

总之，面试性评价是根据特定学习任务之要求，遵循一定的程序，采用专门的题库、标准和方法，通过考官小组与应考者面对面的言语交流等方式，评价学习者是否达到学习要求的测评方法。面试性评价，是在学习任务分析的基础上精心设计与学习任务有关的问题和各种可能的答案，并根据被试回答的速度和内容对其面试作出等级评价。尽管面试性评价是通过考官与学习者之间的交流来进行的，但从形式到内容上，它都突出了标准化和结构化的特点，采用系统化、结构化的方法来评价学习者在学习任务方面的行为表现水平，面试题目对所有学习者都相同，面试考官的数量在 2 人以上，在对学习任务分析的基础上编制面试题目。正因为如此，面试性评价的实施过程更为规范，面试结果也更为客观、公平、有效。值得注意的是：考官的提问不能太随意，想问什么就问什么；同时评价要防止缺少客观依据，想怎么评就怎么评。这样的面试效果不理想，面试结果通常也很难令人信服。

温馨提示

　　面试性评价是在学习任务分析的基础上，精心设计与学习任务有关的问题和各种可能的答案，并根据被试回答的速度和内容对其面试作出等级评价。

14 情境性评价：课程实施和评价过程的有机统一

传统教学评价一般是在教学后进行的，本质是结果性评价，其目的在于对学习结果进行评判。当前课程改革倡导"教学评一体化"，如何将评价融入真实的学习任务与过程呢？

情境性评价是围绕特定情境中的学习过程而进行的质性评价，贯穿整个学习过程的状态与品质、思维与表达、探究与合作等。情境性评价意味着课程和评价"一体两面"，实现课程实施和评价过程的统一。

情境性评价的特点：

1. 形式多样性，如师生交流性评价、教师引导式评价、学生展示性评价、生生互动式评价等，充分调动学生学习、创生的主观能动性；

2. 功能多元性，具有调控性、诊断性、激励性、启发性、反思性功能，将情境性评价有机融入学习过程，最大化发挥评价的多元功能，充分体现评价的育人价值；

3. 过程动态性，通过师生的相互作用，借助倾听、探究、合作、分享、反思等方式，将评价视为动态教学过程的有机组成；

4. 主体参与性，既关注学生个体的学习发展，也整体观照学生群体的学习发展，根据学生个体实际进行积极性评价，关注合作精神。

情境性评价主要采取点拨、展示、互动三种评价方式。例如，某教师执教《笠翁对韵》，其中一篇模仿中央电视台《经典咏流传》形式，开课创设了与学生校园生活相关的"小西牛诗社"招募小小诗人的情境，先让诗社四位学生以诵读表演的形式，展示之前学习过的《笠翁对韵》篇章，并介绍诵读表演的妙招，教师相机点评和提炼方法：读、诵、演。此时的点拨源于学生又高于学生。接着教师提出学习任务：这节课以学习小组为单位，尝试用这样的方法完成一篇新的《笠翁对韵》诵读表演，刚才诗社的四位表演者充当小老师角色，参与各小组作艺术指导，从而将评价权利还给了学生。当每个小组经过 10 分钟排练开始展示时，诗社的四位表演者又变换角色，充当大众评委，还邀请老师作点评专家。在整个展示环节中，观众、大众评委、点评专家、表演者等展开多重角色互动评价。在任务驱动的情境中不断融入自然真诚的评价，学生的语言建构与运用能力得到发挥。[①]

由上述案例可见，情境性评价关于学习氛围评价，关注学生是否积极参与学习，能否在独立探究、合作分享中营造出浓郁的学习氛围；学习能力评价，关注学生在学习过程中能否积极思考、主动探究、乐于表达；学习效果评价，关注学生是否通过学习过程实现核心素养发展。

值得注意的是，情境性评价要突出学生的主体参与，突出学习动力、学习能力和价值生成评价，有效发挥评价的引导、激发、诊断、矫正等功能。情境性评价注重评价主体的多元互动，突出课程评价的过程性和激励性，较为准确地反映了学生学习水平和学习状况，发挥课程评价的多重功能。

温馨提示

情境性评价主要采取点拨、展示、互动三种评价方式。

---

① 陈燕，黄玉军，庾婷婷. 在情境性评价中激扬语文创生力［J］. 教育科学论坛，2023（7）：76 - 78.

15 议题式评价：考察综合运用多学科知识解决问题的能力

议题式评价是基于议题的评价策略，它以特定争议性议题为起点，让学生在开放民主的氛围中，直面社会冲突情境，深入现实问题讨论，真实观点理性表达，进而据此评估核心素养的掌握情况。在这里，议题是评价的中心，教师利用议题引领学生直面各种矛盾和争议，为合理解决问题而持续、深入、理性地思考及分析，努力寻求多种解决办法。因此，议题涉及的知识大多是跨学科的，颇具挑战性。学生必须综合运用多学科、宽领域、深厚度的知识去探究，充分权衡各方利益后提出解决方案。

议题式评价是以议题为中心，由过程评价（Process evaluation）、表现评价（Performance evaluation）、目标评价（Target evaluation）组成的评价模式（以下简称"PPT模式"）。PPT模式采用量表的形式呈现，由评价要素、评价维度、观察细则、等级评定、阶段评价和总体评价构成（详见表1）。[①]

表 1　PPT 模式量表

评价要素	评价维度	观　察　细　则	等级评定	阶段评价	总体评价	备注
过程评价	议题设置	议题是否有可议性？				
		主议题、子议题的表述是否明晰？				
		主议题与子议题之间的逻辑关系是否合理？				
	环节落实	教学指令是否具体？				
		是否有明确的思考、学习、探究任务？				

---

① 王昭霞. 高中思政课堂议题式教学评价模式探究［J］. 教学月刊·中学版（教学参考），2023（4）：60-64.

评价要素	评价维度	观　察　细　则	等级评定	阶段评价	总体评价	备注
过程评价	环节落实	每个环节之间是否有逻辑递进关系？				
		每个环节的过渡语句是否自然？				
	预期成效	是否实现了子议题目标？				
		学生的思维发展和语言表达是否具有连贯性？				
		课堂问题与学生回答是否有深度？				
表现评价	教师表现	议学问题的转换是否有合适的逻辑用语？				
		言语、教态是否得体？是否关注学生的课堂表现，并对学生进行正确的引导与评价？				
	学生表现	能否有效利用课堂教学中各环节的生成性资源？				
		在课堂活动中，是否主动参与课堂互动、小组合作、课堂探究？				
		在学习中，能否结合自己的经验，完整表述自己的观点？				
		议学过程中，表述是否有逻辑性与思维亮点？				
目标评价	教学目标	是否符合新课标？				
		是否定位准确，符合学生的实际情况？				
	素养目标	是否有现实意义？				
		是否在教学活动中落地？				

注：评定等级为 A 级（5 分）、B 级（4 分）、C 级（3 分）、D 级（2 分）。

议题式评价应关注以下几点：

1. 做细过程评价。

学生在学习过程中是否有获得是教师必须关注的问题。学生的获得既包括知识上的获得，也包括情感、观点上的获得。知识的获得依赖于教师对知识的理解及其对学生的传授，情感、观点上的获得依赖于教师收集的素材、运用的教学方法、设置的问题牵引等，这些都是在教学过程中得以实现的。

2. 落实议题教学。

PPT 模式是专门为议题式教学构建的。因此，该模式将评价重点放在了考查教师对议题式教学的落实情况，即过程评价要素部分。此要素包括三个维度、十个观察细则，占总分数的一半，属于特色性评价。其余两个要素，即表现评价和目标评价，在常规的非议题式教学课堂中也会用到，属于一般性评价。应用 PPT 模式时，评价者应重点关注教师设置的议题是否有可议性，主议题、子议题的表述是否明晰，二者存在怎样的逻辑关系。评价者还应仔细观察教师在每个环节的落实过程中，是否有明确的教学要求，这些教学要求能否有效地引导学生开展活动，并通过观察学生的表现，分析课堂教学是否达到了预期成效、是否完成了子议题目标等。

3. 凸显师生表现。

不管是议题的落实还是教学目标的实现，它们都是通过师生的表现体现出来的。在素质教育视域下，学生是课堂的主体，学生的语言、行为、思维等方面的表现应在评价中凸显出来；教师是课堂的组织者，教师的话题选择、问题引导、议题牵引是课堂教学的重要评价内容。因此，PPT 模式的第二个要素为表现性评价。评价者在评价师生的表现之后，再去评价目标的落实情况，这是一个由表及里的过程，符合人类的思维逻辑。

有效的评价是为了更好地促进教学，因此评价结束之后，上课教师要回顾观察细则，看看自己的课堂还有什么需要改进的地方，参评教师也可以把观察细则中体现出来的课堂亮点或不足记录到备注栏内，供上课教师参考。值得注意的是，PPT 模式虽然只有三个要素，但每个要素都有具体的评价维度和观察细则，若只有一位评价者来作评价，就难免会出现评价不全面或太过主观的情况。因此，在实际操作过程中，如果评价者不少于三人，建议每位评价者评价一个要素，最后将评价结果进行汇总并取平均值。这样，评价者就可以尽可能客观地评价每一个细则，为上课教师提供更具参考价值的意见和建议，从而有效地帮助教师提高教学水平，最终提升课堂教学质量。

温馨提示

　　议题式评价是以议题为中心，由过程评价、表现评价和目标评价组成的评价模式。

16 闯关式评价：勇于挑战的综合素质测试

　　闯关式评价是一种创新的学生评价方法，旨在通过设计一系列有趣且具有挑战性的关卡，让学生在参与过程中展示自己的知识和技能，同时体验学习的乐趣。这种方法通常应用于低年级学生，尤其是小学一、二年级的学生，以适应他们的年龄特点和认知水平。通过设计不同的关卡来考察学生在语文、数学等学科的综合素养，闯关式评价不仅检验学生的知识掌握情况，还激发学生的学习积极性和主动性，促进学生的综合素质发展。

　　例如，为了激发一年级学生的学习积极性和学习兴趣，体现"玩中学，学中玩"之精神，培养学生良好的学习习惯，浙江省淳安千岛湖镇第五小学通过一系列"学习大闯关"活动，把本学期所学的语文、数学、音乐、体育、美术知识穿插在游戏过程中，让学生在乐于参与，勇于挑战的活动中进行综合素质能力的测试。"学习大闯关"活动共设 9 关，每一关都有其游戏规则：第一关"有模有样来写字"，第二关"有滋有味来播音"，第三关"童心童画来说话"，第四关"眼疾手快来计算"，第五关"精打细算来理财"，第六关"动手动脑来拼图"，第七关"听听唱唱来表演"，第八关"动手动脚来展示"，第九关"快快乐乐来成长"，让学生在活动中完成综合素质能力的测试。

由上述案例可知，闯关式评价有以下几个特点：

1. 趣味性，通过设计趣味闯关活动，如"背诵小能手""朗读我最棒"等，使学习过程充满乐趣，吸引学生的注意力；

2. 综合性，评价内容涵盖多个学科领域，如语文的诵读、数学的计算等，以检验学生的综合素养；

3. 实践性，通过实际操作和问题解决，如数学中的"小小神算手""巧手小达人"等，培养学生的实践能力和问题解决能力；

4. 生长性，评价过程中，学生不仅能获得知识，还能体验到成功的乐趣，促进自我成长和自信心的建立。

闯关式评价适应学生特点，特别是低年级学生活泼好动，对新鲜事物充满好奇，闯关式评价能够满足他们的心理需求，提高学习积极性。通过多样化的关卡设计，评价学生的语言、数学、逻辑等多方面的能力，促进学生全面发展。通过趣味闯关的方式减轻学生的学习负担，同时保证学习效果。与传统笔试不同，闯关式评价更加注重过程和体验，鼓励学生通过实践和探索来学习和成长。

温馨提示

闯关式评价不仅检验学生的知识掌握情况，还激发学生的学习积极性和主动性。

17 满意度评价：通过不断调整提升学校课程品质

　　满意是对需求是否满足的一种界定尺度。当需求被满足时，我们便体验到积极的情绪反应，这称为满意；反之，则体验到消极的情绪反应，这称为不满意。学习满意是指学生对某一课程满足其需求和期望的程度的意见，也是学生在学习某课程后感受到满足的一种心理体验。

　　要评价学习满意度，必须建立一组与课程有关的、能反映学生对课程满意程度的评价项目。由于影响学生满意或不满意的因素很多，我们应该选择那些具有代表性的主要因素作为评价项目。学习满意度是一种心理状态，是一种自我体验。对这种心理状态要进行界定，否则就无法对学习满意度进行评价。

　　根据心理学家的梯级理论，满意度分成五个或七个级度。其中，五个级度为：很不满意、不满意、一般、满意和很满意；七个级度为：很不满意、不满意、不太满意、一般、较满意、满意和很满意。上述七个级度的参考指标类同学习满意度的界定是相对的，因为满意虽有层次之分，但毕竟界限模糊，从一个层次到另一个层次并没有明显的界限。满意度测评的结果是一个量化值，设定的测评指标必须是可以进行统计、计算和分析的。之所以进行满意级度的划分，目的是供学校进行课程满意度测评之用。建立课程满意度测评指标体系，能促使教师采取措施，改进课程，提升课程品质。

　　运用满意度评价进行诊断可以按以下步骤进行：一是满意度问卷调查，分析学生在满意度各要素上的满意程度，进而发现课程管理中的薄弱环节；二是满意度团体焦点访谈，探寻影响满意度的深层次原因；三是原因分析，根据调查结果和访谈发现的原因，制定可行的管理改进措施；四是实施管理改进措施；五是验证实施结果，进行新一轮满意度评价，比较采取改进措施前后的效果，开始新一轮的改进和发展。

18 审议性评价：集探究、决策、行动与反思于一体

　　审议性评价是基于课程实践的复杂性，对课程设计、实施、评价以及管理等各个环节进行必要的审视与调整的过程，是对课程问题进行识别与感知、分析与推理，形成最优课程决策的过程。在一定意义上，审议性评价即课程审议的过程，是集探究、决策、行动与反思于一体的实践过程。对课程进行审议性评价的目的是更好地提升课程品质，让课程更贴近学生的学习需求。

　　课程设计是预成性与生成性的有机统一。审议中决策的产生不是单向度的线性决定关系，而是双向的、多元互动的线索。在审议性评价过程中，各种观点不会轻易地融合，每个设计者在看似相同的课程价值观背后，蕴藏着深刻的经验背景、思维路径、判断原则的差异，只有透过具体问题的探讨、判断、决策才能表现出来。在交流中，课程设计主体的价值在于体现自我的特征，争执

本身是一种交流，事实上也是一种相互培训，最后消弭主体的特殊性，以达成统一。争端的解决有两种路径：一是争论中突然闪现出的前提性反省，于是提升了在同一水平上对立、矛盾的多个主体，放弃了固有的偏执，使大家的思维进入新的层面。二是审议过程的成功，要求所有的参与者都要在过程中带着某种标准或期待。这些标准或期待包括，专注地听取他人的观点和争论，谨慎地接受或拒绝而不是不假思索地同意或驳回，在说服自己立场和他人立场的价值中妥协，承诺审议最后接受的标准等。①

审议性评价是一个自上而下和自下而上的双向互动过程，是一个以解决不同情境下的实践问题为取向、以保障课程行动的实效性的动态过程。通过不断地审视、自省、分析、研讨，不断寻求课程群体的视野融合。在对课程进行审议性评价过程中，需要多次对同一问题进行反复的、不同范围的审议与评估，如此才能引领课程开发与设计走向理性和科学。

温馨提示

在审议性评价过程中，各种观点不会轻易地融合，每个设计者在看似相同的课程价值观背后，蕴藏着深刻的经验背景、思维路径、判断原则的差异，只有透过具体问题的探讨、判断、决策才能表现出来。

---

① 吕立杰，马云鹏. 基础教育新课程设计中的课程审议——一种实践理性的研究方式 [J]. 教育研究，2005（2）：73−78.

第六章

学校课程管理的 18 个智慧

好的课程管理能想办法把要做的事情和有关的人配合起来，把要完成的任务交给每一个岗位和具体的人。管理最重要的功能就在于造就人、培育人，实现人的价值提升。我们要从学校长远发展的角度，在课程变革实践中锻炼人、发展人，让每一位教师都成为课程高手。

当前，学校课程管理正走在民主与专业之途。随着课程管理权的不断下放，学校应通过增加课程管理主体能量，明晰不同层级管理主体的权责，形成各管理层级之间的联动机制。因此，校长在主导学校课程管理的同时，要合理分配各管理主体的责权关系，以科学有效的管理方式保证各管理主体之间的权力共享和制衡，确保课程管理的良好运行，提升学校课程品质。

科学管理之父弗雷德里克·泰罗（Frederick Winslow Taylor）认为：管理就是确切地知道你要别人干什么，并使他用最好的方法去干。[1] 在他看来，管理就是指挥他人用最好的办法去工作。现代管理学之父彼得·德鲁克（PeterF. Drucker）指出：管理是一种工作，它有自己的技巧、工具和方法；管理是一种器官，是赋予组织以生命的、能动的、动态的器官；管理是一门科学，一种系统化的并到处适用的知识；同时管理也是一种文化。[2] 德鲁克的观点很深刻，它道出了好的管理之要义。

好的管理有明确的取向。课程管理是一种有价值取向的工具。不同的课程管理模式与方法内蕴不同的价值观。学校课程管理价值观常常在社会与个人、外在与内在、预设与生成的矛盾运动中融合，并随着社会变迁而转向，最终让学校课程变革扎实落地。

好的管理有合理的目标。作为课程管理者，就是要在课程建设过程中去找到并制定合适的目标。制定合适的、具有一定挑战性的目标，并将目标和措施、资源相匹配，这便是课程管理。

好的管理有明确的主体。建设什么课程，谁来负责，如何把课程建设具体落实到人？这是学校课程管理要考虑的基本问题。好的课程管理能想办法把要做的事情和有关的人配合起来，把要完成的任务交给每一个岗位和具体

---

① 孙耀君. 泰罗和"科学管理"理论［J］. 经济管理，1980（3）：58-59.
② 陈小强. 德鲁克的管理思想述评［J］. 经济学动态，1994（10）：66-69+41.

的人。

好的管理有科学的决策。如何找到正确的问题？怎么把课程决策做好？如何选择最有利且风险最小的决策点？如何倾听不同的意见、尊重不同的意见？要想做一个科学的课程决策，需要有一个完整的课程决策体系。

好的管理有良好的监控。为什么好多事情落实不下去，就是因为没有足够的监控的工具和监控的措施。有效的监控是为了实现目标，而不是为了搜集信息；是为了改变未来，而不是事后的校正。

好的管理有专业的精进。管理最重要的功能就在于造就人、培育人，实现人的价值提升。西方谚语说：上帝在给一个人任务的时候，通常也会给他一份才能。我们要从学校长远发展的角度，在课程变革实践中锻炼人、发展人，让每一位教师都成为课程高手。

总之，管理是一门科学，它必须有科学的理论和方法来指导；管理是一门艺术，它要灵活运用管理的技巧和诀窍。离开了科学，艺术就会变成简单的经验；离开了艺术，科学就会变成僵化的教条。只有创造性地运用管理科学，学校课程管理才称之为智慧。在课程变革过程中，学校有多种多样的课程管理方法可供选择，如价值引领、制度建构、组织建设、时间管理、知识管理、情境领导、项目管理、对标管理、文化管理、链式管理、特色聚焦、顶层设计、空间管理、问题驱动、赋权教师、行动研究、共享决策、专业协同、资源调配、目标管理、现场管理以及评价导航等。这里辑录的 18 种学校课程管理模式或方法（此处统称为"智慧"）是我们根据前人的研究和实践探索整理出来的，目的是为学校课程管理者提供思考路径和实践借鉴。[1]

---

[1] 2019 年 11 月 2 - 5 日，第四届品质课程研讨会在郑州市金水区举行。在此次研讨会上，品质课程联盟发布了《学校课程管理的 18 个智慧》。

01 价值引领：一切为了所有学生的全面发展

　　在管理学中，价值管理又称基于价值的管理，它是一种基于价值的管理方法。在学校课程变革过程中广泛地引入价值管理，是依据学校教育哲学和课程发展愿景，设定符合学校文化的若干价值信念，并具体落实到课程建设的全过程。

　　学校课程建设只要与学校的价值信念一致，师生就可以直接决策或解决问题。价值管理对学校的好处在于能够确定学校办学理念和发展愿景，建立学校教育信条，更好地凝聚人心以增加自信，更好地服务学生的全面发展。价值引领就是实现学校教育使命（办学理念）、战略定位和发展目标，推进学校治理，变革学校文化，推进课程深度变革。

　　价值引领不仅是一种管理理念，还是一种可操作的管理技术。在本质上，价值引领是一种管理模式、一整套指导原则，是以促进学校课程品质提升为目的的行动范式。基于价值的课程管理，就其结果而言，是通过学校课程哲学建构而使课程充满价值关怀；就其过程而言，以价值为基础的课程管理是一种管理模式，它包含了重新定义学校课程理念和目标、重新设计课程架构和体系，重新确定课程实施和运营程序，重新建立课程评价与管理保障体系等运作过程。一句话，以价值为基础的课程管理是一种管理方法，其价值在于最大化地促进学生的全面发展。可以说，学校课程变革关注"价值引领"，就是以师生发展价值最大化为核心追求，以立德树人为根本任务。

　　以清华大学附属小学为例，学校以"成志教育"为价值引领，课程建构分为纵向和横向两个维度，以及这两个维度融合产生的探索性主题课程群。在纵向层面，学校构建了成志教育价值统领下的小学六年"启程、知行、修远"三进阶目标。学校把理想信念、立志成志、奋斗精神等糅入学校课程中，以进阶的方式推动育人效果的增加。在横向层面，提出了"1+X"课程结构和实施内容："1"是基础，以全学科育人的整体教学和全体验实践活动优质落实国家基础课程；"X"是由"1"创生的儿童个性课程，包括学校个性课程、学段个性课程、学生个性课程。学科课程是以主题为统领，重构单元教学内容，充分挖掘学科的育人功能与价值，实现学科协同育人；活动课程则强调活动创生，包括文化考察、公益服务、创意与制式、情境体验四类主题实践活动。"1"与"X"不断融合成为一个有机的整体，最终实现大写的、完整的基础"一"。而在横纵整合层面，打破学习空间，促进学科育人和活动育人的整合。学校课程实施有四个取向，即价值性、挑战性、周期性、融合性。价值性，就是以成志主题引领，从知识学习到价值体认，每节课用"主题"牵动，寻找每个主题与儿童生命成长的契合点与生长点；挑战性，就是要以具有挑战性的任务激发兴趣，推动自主合作与创新性学习，让学生从中实现深度获得；周期性，就是要实现学习的可持续发展，通过关联性的学科学习与主题实践，形成长周期循环的长效机制；融合性，就是打破学科课堂边界，融合其他学科、学生生活、信息技术等，推动课内外一体，提供完整的教育情境。这四个特性作为课程内容选择与实施的原则，依据学生年龄及课程内容特点，设置"大、中、小、微"学时，并以此作为教师教学、学生学习效果的重要评价指标。持续十余年的主题课程群，以年度或学期为周期，用经典阅读和成志人物为轴线，横向打通学科壁垒，形成学科内、学科间、消弭学科整合三条路径。主题课程群的探索，是一种面向未来的以儿童发展为价值追求的课程形态。总而言之，价值引领对学校课程发展的价值不仅在于能够提升学校文化品位，凝练学校课程理念，确定学校课程目标，还可以凝聚人心，增强文化自信，服务师生发展。

02 制度建构：以规约的形式表征教师的集体课程意识

　　学校课程制度，是学校共同遵守的、落实课程计划和课程方案、促进学校课程实施与课程开发、课程管理与课程评价有效性的一系列规程和行为准则，是学校实现课程自主更新的机制。课程制度往往涉及学校的课程价值，学校与国家课程、地方课程和学校课程的关系、教师与课程以及学生与课程的关系，是对学校进行课程选择、课程决策、课程开发与课程实施的价值规范和行为规范。

　　对学校的课程实施与课程开发来说，学校课程制度能够为学校课程实施和课程开发行为提供价值规范与目标导引，为学校课程行为提供价值合理性、程序合理性、技术合理性的基础和依据。学校如何创造性地实施国家课程和地方课程，开发哪些校本课程，都需要学校课程制度为其提供指导思

想，提供制度规范。根据郭元祥教授的研究，学校课程制度建设应关注如下要素：①

1. 价值澄清。

任何课程制度，首先必须有课程的价值澄清，必须为了保证实现课程价值而建立基本的价值实现规范。在学校课程制度中，价值澄清一般应涉及以下两个方面的问题：一是理解具体课程的性质与实质、价值与功能，形成合理的课程本质观和课程价值观。学校课程制度应对学校的课程开发、教师的课程实施提出建立课程本质观和课程价值观的基本规范，超越狭隘的甚至错误的课程理解。二是完整地理解和把握课程目标，明确各门课程对学生素质发展的整体要求，建立完善的学校课程实施与课程开发的目标体系。学校课程制度应该为课程目标的整体实现提供制度保证和制度规范。

2. 行为导引。

学校课程制度中的行为导引大致分为三个层次，第一个层次是以教育价值观为理念基础、以课程为核心的人才培养模式的设计及其行动策略。以课程为核心要素的人才培养模式的设计及其相应的行动策略，是学校课程制度的重点内容之一。第二个层次是学校与教师在课程实施、课程开发上符合价值性、合规律性的课程实施行为方式。通过课程制度的建立，引导教师理解学生在各个课程领域素质发展的基本规律，把握各门课程对学生素质发展的核心价值，引导教师理解教学方式变革的意义，把握课程教学方式变革的基本要求和操作规范。第三个层次是课程开发与课程实施的行为细则。学校课程制度在明确课程价值观的基础上，体现可操作性，具有一定的课程教学活动的实施细则。

3. 程序文明。

学校如何进行课程选择、课程决策、课程开发以及课程管理，需要有完善

---

① 郭元祥. 学校课程制度及其生成［J］. 教育研究，2007（2）：77－82.

合理的程序。一般来说，学校课程制度需要从以下几个方面规范基本的课程实施程序。一是学校的课程决策与规划程序。课程审议与决策是学校课程实施的重要环节。课程审议和课程决策对明确课程视野下的人才培养模式和办学模式，优化学校的课程结构，理解各门课程的性质定位，进行课程价值澄清以及课程目标的再度设计具有重要意义。学校课程制度应明确课程审议与决策机构的人员组成及其职责、工作程序，确立学校课程规划的意义，研制学校的课程实施方案。二是学校的课程开发与实施程序。从课程实施的个性化和创造性立场看，学校的课程实施过程实质是进行课程再开发的过程。从严格意义上说，学校不能机械照搬国家课程制度规定的共性标准简单地执行，教师不应拿来教材就上课，而需要有对国家课程的再度创造和校本课程的开发。谁来开发？开发什么？基本流程如何？都需要有课程开发制度作程序文明的保证。三是课程教学质量与学生学业成就监控程序。课程教学质量与学生学业成就监控程序是课程教学评价制度的一种表现方式，通过建立课程教学评价程序和具体方式，将课程教学评价纳入规范有效的轨道。

总之，课程制度是一种以规约的形式表征的全体教师所具有的集体课程意识，课程制度建设应体现对学校的文化影响力。学校课程制度的有效性，不仅取决于制度的合价值性，还取决于制度生成过程的合理性，以及制度运行过程的规范性。

温馨提示

学校课程开发需要课程制度为其提供指导思想、制度规范和行为导引。

03 组织建设：为实现课程建设目标而职责清晰地协同行动

从管理学的角度看，所谓组织，是指这样一个社会实体，它具有明确的目标导向、精心设计的结构以及有意识协调的活动系统，同时又同外部环境保持密切的联系。通俗地说，组织是指人们为实现一定的目标，互相协作结合而成的集体或团体，如课程领导小组、特色学科建设小组、社团课程建设小组、综合实践活动课程小组等。在学校课程建设过程中，组织是人们按照一定的目的、任务和形式编制起来的特定人群。在一定意义上，组织建设是课程建设的一个重要方面。

学校课程组织建设可分为不同类型，如按组织的职能分类，可分为决策性组织、研究性组织和操作性组织。决策性组织是一种沟通思想、分享决策的组织，学校课程领导小组等都属于决策性组织；研究性组织是对学校课程进行研究的组织，特色课程研究小组属于研究性组织；操作性组织是学校课程建设与实践组织，学科课程建设小组等都属于操作性组织。

组织人员在课程组织中的地位和相互关系，如组织机构的设置以及管理权限划分，组织关系主要包括组织结构和组织权力。组织类型是组织关系的基础，它决定组织关系，决定组织的性质；而组织关系是组织类型的外在表现。组织是由若干个人或群体所组成的、有共同目标和一定边界的社会实体。它包含三层意思：一是组织必须以人为中心，把人、财、物合理配合为一体，并保持相对稳定而形成的一个社会实体；二是组织必须具有为本组织全体成员所认可的共同目标；三是组织必须保持一个明确的边界，以区别于其他组织和外部环境。上述三条，是组织建设的必要条件。

学校课程组织建设可以从以下几个方面入手：一是战略化，即学校课程战略决策的具体化，如学校课程领导小组，要紧密围绕决策目标和课程方案进行，要有多方面的人员构成。二是部门化，即课程建设分工的具体化。学校在课程建设任务分工的基础上，自上而下地对各种任务加以归类，将相同或相近的工作并归到一起组成工作单位，形成一个个专业化的工作部门，如学科课程建设小组、社团课程建设小组等。三是权责化，即对各层次各部门的权力和责任范围及其相互关系加以明确具体的规定。

课程组织的权责有三种类型：一是直线职权，它是某项职务或某部门所拥有的包括作出决策、发布命令的权力，也就是通常所说的直线指挥权。相应地，它就要对一个组织或部门业务成果负主要责任。二是参谋职权，它是某职位或某部门所拥有的辅助性职权，如咨询、建议权等，相应的职责也就是向主管人员提供咨询和建议。三是职能职权，它是某职位或某部门所拥有的原属于直线主管的一部分权力，它介于直线职权和参谋职权之间。学校在课程组织建设过程中要注意处理这三种职权的关系：在强化直线职权的同时，要建立严格的主管人员责任制，要注意充分发挥参谋职权的作用，职能职权要适度。

例如，为进一步深化义务教育课程改革，某校结合自身实际，建立学校课程建设领导小组，并设置了六个工作小组。首先，学校成立课程改革领导小组。组长：校长；副组长：主管副校长；组员：学科教研组组长以及骨干教师若干。主要职责：对学校课程改革的实施工作作出决策和部署，确立选修课程体系，整体规划学校课程，建立课程开发的保障机制；负责总体协调、校情分析、人事安排、经费投入、政策支持、资源开发等方面，并及时管理和调控实施过程，全面掌握新课改的整体实施状况。根据课程建设具体分工，设六个小组。（1）课程规划小组。组长：校长。组员：若干。主要职责：综合分析学校的培养目标、学生的课程需求、教师的个性专长以及学校拥有的优势资源，规划课程体系；审定学校课程的设置。（2）课程开发小组。组长：主管副校长。组员：若干。主要职责：制定《拓展课程申报开发办法》《课程审定奖励管理办法》，组建课程开发团队；落实选修课程的设计与开发（课程开发流程为填报课程开发意向单、立项、编写课程纲要、评估、审核、认定）。（3）选课指导小组。组长：教导主任。组员：教师若干及年级段组长。主要职责：选课指导中心负责制定学生选课的各种具体政策，编制《学生选课指导手册》。指导中心提供学校详细的课程安排，并对学生的选课提供建议和咨询；学科组负责本学科选课指导、咨询。（4）课程实施管理小组。组长：校长。成员：教师若干。主要职责：全面负责学校新课程实施的教学管理工作，根据国家、省、市课程指导意见和计划，结合学生的选课情况，制定学校的课程编排、设置课程课表、确定上课教室、统计学生名单，检查了解教学进度及学生参与的情况，实施全程管理。（5）课程评价认定小组。组长：主管副校长。组员：教师若干及教研组长。主要职责：负责学校课程实施教学质量的评价与反馈，主要负责制定评价方式和手段标准，形成《学生学分认定管理办法》，严格按学分认定的程序操作，建立学生学分档案，及时激励和评价学生的学习情况。（6）课程建设服务保障小组。组长：总务主任。组员：教师若干及各年级段组长。主要职责：设法为实施课程改革提供必要的物质后勤保障；加大经费投入、改善办学条件；安排好功能教室、学生活动室；加大图书馆、实验室、校园网等设施建设。

值得注意的是，学校推进课程组织建设要让价值观成为课程建设组织的灵魂，充分发挥学校教育哲学的引领作用；坚持问题导向，激发课程建设组织的活力；建立组织学习体系，实现组织的自我蜕变；建立课程建设组织的评价体系，实现责权利统一。

温馨提示

学校课程组织建设可分为不同类型，按组织职能可分为决策性组织、研究性组织和操作性组织。

04 时间管理：在时间理性与学习生活之间寻找平衡点

时间管理的目的是有效地运用时间，它是一种理性和提醒。现代管理学之父彼得·德鲁克（P·F·Drucker）认为：有效的时间管理主要是记录自己的时间，以认清时间消耗在什么地方；管理自己的时间，设法减少非生产性工作的时间；集中自己的时间，由零星而集中，成为连续性的时间段。[①]

著名管理学家科维提出了时间管理理论，他把工作按照重要和紧急两个不同的程度划分为四个"象限"：既紧急又重要、重要但不紧急、紧急但不重要、既不紧急也不重要。时间管理的一个重要观念，是应有重点地把主要的精力和时间集中地放在处理那些重要但不紧急的工作上，这样可以做到未雨绸缪，防患于未然。[②] 一般来说，时间管理涉及时间结构、时间形态和时间管理方法等三个方面，具体如下：[③]

1. 时间结构问题。时间结构主要由下列要素组成：一是时轴，反映了时间的无始无终，它有方向性和不可逆性，时间具有持续性、流动性和瞬间更替性；二是时序，即时间的先后，反映了事物发生的时间前后与持续时间长短；三是最佳时区和最佳时机，当某些因素进行最佳组合后，就出现最高的工作效率，发挥最佳时间效能，拥有最佳时区，获得最佳时机；四是时隔，即两件事之间的时间间隔。反映在时轴上的时序、最佳时区、最佳时机和时隔，是时间结构的诸要素，是探究课程的时间结构需要考虑的因素。

2. 时间形态问题。时间是存在的基本形式，因此，时间形态总是通过具体的物质形态表现出来。例如，一个人的成长，会经历童年、少年、青年、壮年、

---

① 张隆高. 德鲁克的管理思想 [J]. 南开管理评论，1999（3）：74 - 80.

② 王怀勇. 心理学视角下的时间管理 [J]. 科学，2013，65（3）：56 - 59.

③ 金哲. 关于开创时间学的探索 [J]. 社会科学，1980（3）：154 - 158.

老年等阶段，这既表现了人在不同阶段的物质形态，又反映了时间在人身上不同阶段的具体表现。时间由过去、现在和将来等三种基本形态构成，其中现在是当前的现实。在现在，过去还有影响；在现在，将来已经萌芽。我们必须从现在的实际情况出发，总结过去，预测未来，更好地驾驭时间规律。我们懂得过去、现在和将来，就能够深刻地理解哪些事情是现在应该办的，努力办好它；了解哪些事情现在没有条件办，应该积极创造条件，争取时间办好它。在时间的长河中，过去、现在和将来三种基本时间形态的具体内容，是随着时间的推移而变化的。重视时间问题，深入研究时间形态，就能更好地帮助我们把握课程的时间进程。

3. 时间管理方法，主要有整体管理法、阶段管理法与瞬间管理法。所谓整体管理法，是对某一事物发展全过程所占有的整个时间区域进行全面规划，统筹安排，科学地组织与协调时间，使时间管理趋于科学化；所谓阶段管理法，是对整个时间区域的某一阶段进行具体的时间管理，合理地分配时间，科学地使用时间，不断提高时间效率；所谓瞬间管理法，是指研究时间瞬息变化与发展特性，使人们灵敏地反映事物瞬息变化的状态，揭示事物之间在瞬间变化中的内在联系，以适应事物发生的突变性与不确定性。

在学校课程建设过程中，时间管理应遵循以下原则：

1. 以学习为中心。在学校课程变革过程中，时间管理要以学习为中心，要围绕学生发展这一核心，丰富学生学习经历，让学生充分体验学习生活的意义和价值，要按照学校的教育价值观推进课程建设。假如教育价值观不明确，我们就很难知道什么对学生发展最重要，当价值观不明确，时间分配就很难作出取舍。时间管理的重点不在于管理时间，而在于如何分配时间可以让学生学习生活达到充分程度以及发展的最佳程度。我们永远没有时间做每一件事，但永远有时间做对学生来说最重要的事。

2. 落实课程计划。课程计划是国家教育行政部门制定的纲领性文件。全面贯彻落实课程计划，认真上好每一节课，提高课堂教学效率，是发展素质教育的根本保证。学校领导要高度重视课程计划的落实，坚决按照"五育并举"的要求，配齐师资，开齐课程，用足课时，给课程实施以时间保证。为落实好课表，防止"吃课"现象，可以采取双管齐下的办法，一是不安排语、数教师兼本班的其他课程；二是学校领导每天抽查各班课表执行情况，对随意调课、"吃课"的老师予以坚决制止，要制定严格的制度加以规范。此外，我们还要特别注意：不少学校和教师仍然偏重于考试科目的课程教学，家长对孩子的成长关注也集中在考试科目上，常常导致非考试科目课程不能开足、上齐。如果一个学校不能严格按课程计划开足、上齐每门课，那么这将严重阻碍学生素养的全面发展。严格落实课程计划，在时间理性与学习生活之间寻找平衡点，是时间管理的基本法则。

3. 塑造时间观念。时间标准是守时制度的要求，守时制度要求学生按时到校，按时完成作业和课程要求等。实际上，时间标准是一种权力。学校通过作息时间安排使学生领会到时间的课程意义，进而使学生对时间怀有敬畏心理，基于敬畏心理按时完成学习任务。学校要求学生每天按时起床，按时早读，按时做操，按时学习，按时睡觉等，时间观念慢慢扎根，守时意识慢慢生长。时间观念规训着学生、创造着心灵。

4. 提升学习效率。学习是紧张的，很多人首先会想到的就是怎么挤时间：压缩睡觉的时间、压缩吃饭的时间、压缩娱乐的时间等，把一切学习以外的时间都压缩到极致，仿佛就是时间管理的终极目标。其实，时间并不是最重要的，重要的是效率。我们要让学生学会根据不同内容的学习特点来安排时间，面对那些需要大量的阅读、理解、背诵的东西，就要安排时间比较长、精力比较充沛、不容易受到干扰的时间段来做。那些精力不太旺盛，比较容易受干扰的时间用来做题。因为做题的时候需要动笔演算，可以强迫你集中注意力，即使周围环境比较吵闹，即使你精力不太好，仍然可以达到练习的效果。除了要挤时间学习外，还要学习挤时间休息，劳逸结合。

值得注意的是，时间是最宝贵的财富。在学校课程变革过程中，时间管理还需充分考虑不确定性，合理地利用时间，使时间价值最大化。

温馨提示

　　学校要求每天按时起床，按时早读，按时做操，按时学习，按时睡觉等，时间观念慢慢扎根，守时意识慢慢生长。时间观念规训着学生、创造着心灵。

05 知识管理：促进显性知识和隐性知识的相互转换

　　德鲁克认为，知识是企业最重要的资源，知识和创造、运用知识的能力已经成为企业取得竞争优势的重要源泉。[①] 知识管理是知识经济时代的一种管理思潮与管理方法。在信息时代里，知识已成为最主要的财富来源，组织和个人的最重要任务就是对知识进行管理，知识管理将使组织和个人具有更强的竞争力。

　　所谓知识管理，就是在组织中构建一个量化与质化的知识系统，让组织中的信息与知识，通过获得、创造、分享、整合、记录、存取、更新、创新等过程，不断地回馈到知识系统内，形成永不间断的累积个人与组织的知识，并成

---

① DruckerP. Post-Capitalist Society［M］. London：Butterworth Heinemann，1993：25－27.

为组织智慧的循环，在组织中成为管理与应用的智慧资本，有助于作出正确的决策，以适应社会的变化。一句话，知识管理是对知识、知识创造过程和知识的应用进行规划和管理的活动。

对学校和教师来说，知识管理已成为一个重要机遇，学校课程发展越来越依赖于学校所拥有的知识和智慧，激活学校的显性知识和隐性知识，利用知识为学校发展服务是时代赋予我们的使命。所谓显性知识，是以文字、符号、图形等方式表达的知识；隐性知识是未以文字、符号、图形等方式表达的知识，存在于人的大脑中。日本知识管理专家野中郁次郎提出了显性知识和隐性知识相互转换的 SECI 模型：①

1. 群化，隐性知识转换为隐性知识，即通过共享经验产生新的隐性知识的过程。比如，一个新进教师通过观察老教师的课程开发经验，通过谈话和讨论，获得关于课程开发的知识与技能。在这个过程中，学校有必要明确以下问题：如何识别他人的课程开发经验？如何沟通协作？如何总结和传递课程开发经验？

2. 外化，隐性知识转换为显性知识，即把隐性知识表达出来成为显性知识的过程。比如，将学校或教师的课程开发经验总结成有关的论文或研究报告。在此过程中的主要挑战是：缺乏一套有效的办法和流程来捕捉隐性知识，缺乏贡献隐性知识的激励环境。

3. 融合，显性知识转换为显性知识，即显性知识组合形成更复杂、更系统的显性知识。比如，从多个来源收集、整理和学习课程开发的有关文献，并获得新的发现、得到新的有关课程开发的知识和理论。在此过程中的挑战是：大量知识被隐藏，难以被阅读到，存在于不同介质中的知识难以整合。

4. 内化，显性知识转换为隐性知识，即把显性知识转变为隐性知识，成为教师的实际课程开发能力的过程。比如，通过阅读大量的课程理论和实践的书

---

① 饶勇. 知识生产的动态过程与知识型企业的创建——对野中郁次郎 SECI 知识转化模型的扩展与例证分析 [J]. 经济管理，2003（4）：44-49.

籍来丰富自己的课程知识，增强课程意识和能力。在此过程中的主要挑战是：纸上知识，缺乏实践；信息量过大，缺乏指导。知识管理是组织识别自己拥有的知识，并对其加以整理、转移和管理，以便有效地利用知识，获取竞争优势的过程。

为了实现显性知识和隐性知识之间的良性循环，学校课程建设必须努力做到以下几点：组织能够清楚地了解它已有什么样的经验，需要什么样的知识；有清晰的激励措施鼓励知识共享，让教师从知识管理中获得意义和价值。组织知识要能够及时传递给那些需要它们的人，要使那些需要它们的人能够及时获取；不断生产新知识，对有繁殖力的知识进行引入，对组织知识进行定期的总结和合法化。知识管理，说到底就是为学校实现可编码化显性知识和隐性知识的共享提供新的途径，其价值在于通过知识共享，运用集体智慧增强学校的核心竞争力。

因此，在学校课程管理过程中，知识管理要遵循以下三条原则：一是积累和生产，知识积累和生产是推进知识管理的基础；二是公开和共享，一所学校内部的信息和知识要尽可能公开，使每一位教师都能接触和使用学校积累和创造的知识；三是交流和激励，知识管理的核心就是要在学校建立有利于交流的组织结构和文化气氛，鼓励教师之间进行知识交流和分享。一所学校要进行有效的知识管理，服务学校课程变革，关键在于建立起系统的知识管理体系。

温馨提示

知识管理，说到底就是为学校实现可编码化显性知识和隐性知识的共享提供新的途径，其价值在于通过知识共享，运用集体智慧增强学校的核心竞争力。

06 情境领导：把最适当的管理方式运用到最合适的人身上

情境领导理论由行为学家保罗·赫塞博士（Paul. Hersey）和肯尼思·布兰查德（Kenneth Blanchard）提出。赫塞和布兰查德认为，领导方式应同下属员工的成熟程度相适应，在下属员工渐趋成熟时，领导者依据下属的成熟水平选择正确的领导风格取得成功。赫塞和布兰查德将成熟度定义为：个体对自己的直接行为负责任的能力和意愿。它包括两项因素：工作成熟度与心理成熟度。前者包括一个人的知识和技能。工作成熟度高的个体拥有足够的知识、能力和经验去完成他们的工作任务而不需要他人的指导。后者指的是一个人做某件事的意愿和动机。心理成熟度高的个体不需要太多的外部鼓励，他们更多靠内部动机激励。①

赫塞和布兰查德把下属的成熟度由低到高设定为四个阶段：M1 至 M4。M1：这些人对于执行某任务既无能力又不情愿，他们既不胜任工作又不能被信任；M2：这些人缺乏能力，但却愿意从事必要的工作任务，他们有积极性，但目前尚缺乏足够的技能；M3：这些人有能力却不愿意干领导者希望他们做的工作；M4：这些人既有能力又愿意干让他们做的工作。②

情境领导理论使用两个领导维度：任务行为和关系行为。每一维度有高有低，从而组合成以下四种具体的领导风格。（1）指示（高任务—低关系），领导者定义角色，告诉下属应该干什么、怎么干以及何时何地去干。（2）推销（高任务—高关系），领导者同时提供指导性的行为与支持性的行为。（3）参与（低任务—高关系），领导者与下属共同决策。领导者的主要角色是提供便利条件与沟通。（4）授权（低任务—低关系），领导者提供极少的指导或支持。如何使领

---

① 方志远. "情境领导"理论评述［J］. 领导科学，1994（4）：25-26.
② 付爱民. 保罗·赫塞的情境领导模型［J］. 企业改革与管理，2009（5）：62-64.

导者的领导方式或风格与下属员工的成熟程度相适应，是赫塞和布兰查德的情境领导理论的关键。他们认为，当下属的成熟度水平不断提高时，领导者不但可以不断减少对活动的控制，而且还可以不断减少关系行为。

管理有两种基本行为：一是命令行为。所谓命令行为，就是领导者用命令的方式规范部属的行为，采取单向沟通来界定部属的工作角色，命令部属应该做什么，不应该做什么，如何做，采取什么方法完成任务，而且密切控制和监督部属在工作中的表现和行为。命令行为的特征有三：结构完整，凡事交代得一清二楚；完全控制，部属工作的每一方面、每一步骤和方法均在领导者的组织指挥下进行；严密监督，对部属的一举一动严加督导，有错必纠，谨防问题的发生。二是支持行为。所谓支持行为，就是领导者用支持的态度来协同部属的工作行为，采取双向沟通来塑造部属的角色，对部属的工作提出任务、目标，支持和激励部属完成，参与部属的决策，同时关心部属、倾听他们的意见，促进彼此间的主动。支持行为的特征有三：放手支持，授权部属独立采取对策去解决问题；激励鼓动，提出问题，启发部属自觉积极思考问题的症结所在，提出自己解决问题的方法；沟通协调，关心部属，及时倾听他们的意见，就问题达成共识，取得相互支持。

管理主要有四种模式：（1）指挥式。第一种情境的领导是高命令、低支持的行为，乐于向部属发号施令，规定他们的工作及其做法，一句命令一个动作，而极少给予支持。（2）教练式。第二种情境的领导是高命令、高支持的行为，即给部属发布许多命令，严格控制，但另一方面，支持程度也很高，能倾听部属的意见，鼓励他们自觉行动，就好像"教练"一样。一个好教练的方法是"步骤是严谨的，而好的行为会给予赞扬和帮助"。（3）支持式。第三种情境的领导是高支持、低命令的行为，即问题由领导者提出，决策由执行者负责。领导者提出问题，而由部属作决定，让部属了解做事的方法，若部属的决定有问题，领导者可采取另一种方式反映给部属再作进一步的思考，制订出较佳的解决方案。（4）授权式。最后一种情境的领导是低命令、低支持的行为，即领导者对部属高度信任和放权，采取"无为而治"的态度，对部属只给予命令，而未给予任何规定，也不提其目标和方法，甚至不提出问题，放手让部属自顾自地去完成任务。

情境领导理论认为，工作行为：（1）D1阶段的部属。当一员工刚投入工作时，一般来说，工作热情高，但经验不足，工作能力偏低，对这样的人，我们称之为"热情"的初始者，即D1。（2）D2阶段的部属。当一员工投入工作之后，经过一段时间，对环境开始有所认识，逐步适应，工作能力也有所增强，但初始"三把火"的工作热情亦已降温，这样一种人，我们称之为"梦醒"的工作者，即D2。（3）D3阶段的部属。当一员工投入工作已积累相当经验时，工作能力比一般水准要高，但对环境习以为常，工作意愿时好时差。这种人，我们称之为"勉强"的贡献者，即D3。（4）D4阶段的部属。当一员工步入稳定发展时期，认识到工作与自身的价值，工作态度积极、热情，工作能力增强，经验丰富，能够竭尽全力工作，对于这类人，我们称之为"成熟"的表现者，即D4。

在课程管理实践中，管理模式搭配组合：（1）S1—D1指挥型领导。高命令、低支持的领导方式较为适合D1这类能力、经验不足但热情高涨的初始者。（2）S2—D2教练型领导。高命令、高支持的领导方式对D2这类工作能力有所增强、但热情开始降温的工作者效果较佳。（3）S3—D3支持型领导。低命令、高支持的领导方式与D3勉强的贡献者相适应，多给予支持和鼓励，关心D3工作中的问题，及时给予指导和帮助，较为合适。（4）S4—D4授权型领导。低支持、低命令的领导方式最为适宜能力、经验业已成熟，工作热情状态最佳的D4这类成熟的表现者，授权放手让他们创造性地去完成任务。

肯尼思·布兰查德说："没有最好的领导形态，只有最适当的领导形态。"[1]

---

[1] 李芸. 基于西方领导学视角下的权变理论［J］. 哈尔滨商业大学学报（社会科学版），2007（5）：50-52.

情境领导特别强调领导要因人而异，因材施教。学校课程管理是专业性、实践性很强的工作，需要细节性地落实管理。情境领导理论对学校课程管理有重要指导意义，我们在学校课程管理中可以根据教师的工作成熟度与心理成熟度采取不同的领导形态，把学校课程建设落到实处。

温馨提示

　　学校课程管理是专业性很强的工作，需要根据教师的工作成熟度与心理成熟采取不同的领导形态，把学校课程建设落到实处。

07 项目管理：在限定的时间内完成一个明确的任务

　　项目是在一定的约束条件下（主要是限定时间、限定资源），具有明确目标的一次性任务。项目是一个动态的概念，具有以下典型特征：一是时间性，项目有明确的开始时间和结束时间；二是独特性，每个项目都有自己的特点，每个项目都不同于其他的项目；三是目标的明确性，每个项目都有自己明确的目标，为了在一定的约束条件下达到目标，在项目实施以前必须进行周密的计划；四是组织的临时性和开放性，项目开始时需要建立项目团队，项目团队中的成员及其职能在项目实施过程中会有变化。项目管理是为满足项目有关各方对项目的要求与期望，运用系统的观点和方法，对项目涉及的所有工作进行有效管理，即从项目决策开始到项目结束的全过程进行计划、组织、指挥、协调、控制和评价以实现项目目标的过程。

美国项目管理学会（PMI）提出了项目管理的九项内容：（1）项目范围管理，是为了实现项目的目标，对项目的工作内容进行控制的管理过程。它包括范围的界定、范围的规划和范围的调整等。（2）项目时间管理，是为了确保项目最终的按时完成的一系列管理过程。它包括具体活动的界定，如活动排序、时间估计、进度安排及时间控制等多项工作。（3）项目成本管理，是为了保证完成项目的实际成本、费用不超过预算成本、费用的管理过程。它包括资源配置、成本预算以及费用控制等工作。（4）项目质量管理，是为了确保项目达到客户所规定的质量要求所实施的一系列管理过程。它包括质量规划、质量控制和质量保证等。（5）项目人力管理，是为了保证所有项目关系人的能力和积极性都得到最有效地发挥和利用所做的一系列管理措施。它包括组织的规划、团队的建设、人员的选聘和项目的班子建设等一系列工作。（6）项目沟通管理，是为了确保项目的信息的合理收集和传输所需要实施的一系列措施，它包括沟通规划、信息传输和进度报告等。（7）项目风险管理，涉及项目可能遇到各种不确定因素。它包括风险识别、风险量化以及风险控制等。（8）项目采购管理，是为了从项目实施组织之外获得所需资源或服务所采取的一系列管理措施。它包括采购计划，采购与征购，资源的选择以及合同的管理等项目工作。（9）项目集成管理，是指为确保项目各项工作能够有机地协调和配合，所展开的综合性和全局性的项目管理工作和过程。它包括项目集成计划的制订，项目集成计划的实施，项目变动的总体控制等。①

在学校课程建设过程中，项目管理要明确项目主管，对项目进行正式授权；

---

① 项目管理时代已经到来——访美国项目管理学会（PMI）中国东部分会主席杨磊［J］. 项目管理技术，2003（1）：17-19.

编制项目范围说明书，给出项目范围的基本描述；制订项目实施计划，形成项目推进流程，落实人力资源保障条件；指导项目执行，落实项目事项和目标；监控项目工作，管理项目实施过程；调整项目，优化项目落实；完成所有项目活动，评估项目质量。学校课程建设中的项目管理可分为五个过程组，每个过程组的主要目标为：（1）启动过程组：明确并核准项目或项目阶段；（2）规划过程组：确定和细化目标，并为实现项目目标和完成项目要解决的问题范围而规划必要的行动路线；（3）执行过程组：协调人与其他资源以实施项目管理计划；（4）监控过程组：定期测量并监控绩效情况，发现偏离项目管理计划之处，以采取纠正措施来实现项目的目标；（5）收尾过程组：正式验收产品、服务或成果，并有条不紊地结束项目或项目阶段。项目管理的过程组包括以各自的依据和成果相互联系的项目管理子过程，一个过程的结果或成果变成了另一个过程的依据。

总之，学校课程建设采取项目管理方法，最重要的是质量、进度与成本三要素。其中，质量是项目成功的必须与保证，质量管理包含质量标准、质量保证与质量控制；进度管理是保证项目能够按期完成所需的过程，要注意任务分解和落实；成本管理是保证项目在批准的预算范围内完成项目的过程，包括资源投入、成本预算与成本控制。在课程建设过程中，为了更好地提升课程管理效能，学校可以设置项目管理中心，对课程建设进行项目化管理，如学科课程建设项目、综合实践活动课程项目等。

温馨提示

　　学校课程建设采取项目管理方法，最重要的是质量、进度与成本三要素。

08 对标管理：在完整落实课程政策要求中推进课程变革

　　课程政策是由政府部门颁布的在一定时期内关于课程目标、设置、实施与管理等方面的文件，它作为课程的文本化指导形式，规定了学校未来一段时间内的课程方针、课程内容、课程实施和评价等方面的要求。课程政策象征着课程改革的必要性、进步性、合理性、合法性以及自由的扩展。

　　然而，课程政策旨在解决特定的课程问题，唯有学校有效地落实课程政策，才能真正实现课程政策的意图，整体提升课程品质。如若课程政策仅停留于书面文件或口号宣传，那么它不但没有什么用处，反而会使基层学校对课程政策产生疏离感。一项课程政策，承载着政策制定者和课程实践者对教育教学质量的期待，希望获得最理想的课程实践成果。因此，课程政策对学校推进课程实践具有重要指导意义。

　　对标管理是支持组织不断改进和获得竞争优势的重要管理方式之一。在学校课程变革过程中，对标管理是指学校按照有关课程政策要求，以课程政策要求作为标杆，从各个方面与课程政策要求进行比较、分析、判断，通过理解课程政策的要求来推进学校课程变革，改善自身的不足，不断提升学校课程品质的良性循环过程。所谓"标"就是课程政策，"对标"就是对比课程政策要求，寻找学校课程发展的空间与生长点。

　　推行对标管理，就是要让学校把目光紧紧盯住课程政策的要求，明确课程政策要求，完整落实课程政策要求。一个完善的课程政策必须依靠成熟的实践路径，即人们在课程实践中能够找到具体的指导路径，并且根据政策的要求及时获取课程实践的反馈情况，以利于完善学校课程体系。课程政策必须为可能发生的课程问题作出清晰的指示。但是，我们也不能要求一个课程政策解决所有已经发生的课程问题。课程政策从文本形式转化为行动中的课程政策，要求我们关注其实践转化的成果，只有这样才能将课程政策的出发点与政策实践的结果化形式联系起来。学校应致力于让课程实践实现政策意义和价值，让课程政策在实践中找到落地的智慧。

斯滕豪斯指出：课程研究的核心就是努力缩小理想化课程理念与实际运作中的差距。① 学校要达到这一目标就必须重视课程政策的落实研究，协调课程政策中各方关系，积极听取来自各方的意见和建议，完善课程政策推进的评价机制。在学校课程变革过程中，运用对标管理，通过对比课程政策要求找差距，对比课程政策要点抓落实，对照课程政策标准提问题，从宏观目标、过程控制和微观细节等方面，全方位地为学校课程深度变革提出整体解决思路，全面提升学校课程品质。具体实施步骤如下。

1. 确定对标管理的内容和对象。实施对标管理首先要解决为什么对标、跟谁对标、怎样对标的问题。为什么对标是学校在开展对标前必须搞清楚的首要问题，也是对标管理的起点；跟谁对标即关注课程政策；怎样对标即对标的组织方式。对标管理的基本前提是内容清晰、标杆明确、组织方式正确。开展对标工作，首先要进行现状分析，只有发现自身的优势劣势，才能有针对性地选择改进的方向、内容和方法，少走弯路，避免决策失误和资源浪费。

2. 研究分析与标杆的差距和原因。明确了对标标杆，就要搜集标杆信息，研究分析标杆情况，主要是标杆的优势及原因，能量化分析的尽量量化，然后对照标杆样本进行详细比较，从中查找自身存在的差距或不足。知己知彼，才能有效对标。能否准确地研究分析好标杆情况，搜集和掌握标杆信息是最为关键的。

3. 明确对标的目标和预期。通过与标杆样本的对照分析，看到了自身存在的差距，为制定对标管理的目标和预期效果创造了条件，也为下一步制订有针

---

① 纪德奎. 斯滕豪斯"过程模式"探微［J］. 沈阳师范大学学报（社会科学版），2005（2）：19 - 22.

对性的实施方案和行动计划提供了依据，奠定了基础。

4. 制订对标管理方案与行动计划。依据对标内容、对标标杆、对标目标等，结合自身实际情况，从最迫切、最关键、最薄弱的问题和环节入手，研究谋划对标实施方案，制订对标具体措施及行动计划。实施方案中不仅有组织、有目标，更要有具体对标内容、对标标杆；措施要具体，有分析、有对策，针对性强，可操作；行动计划要明确时间要求、目标要求，有路线图和时间表，分阶段、定标准、有考核，并将管理理念融入实施方案和行动计划之中。

5. 组织实施与监控。在组织实施中，各条线对标管理必须与实际工作紧密相连，以对标管理促进工作，提升和改进工作质量。同时，要突出监控与督导，抓出实效。

6. 对标结果分析与交流分享。对标不是一次性的活动，而是一项长期的系统工程，是一种固定的常态管理手段和机制。每一阶段性的对标工作结束后，要开展对精细化对标成果的总结分析，包括成效和不足，组织交流分享，归纳提炼成功经验和模式。

总之，对标管理是学校完整落实课程政策、提升学校课程品质的一种管理方法，是学校发展素质教育、全面落实立德树人根本任务的课程变革之路。

温馨提示

　　对标管理就是要让学校把目光紧紧盯住课程政策的要求，努力缩小理想化课程理念与实际运作中的差距。

09 文化管理：让课程变革与学校文化产生深度共鸣

现代管理学之父彼得·德鲁克在《管理》一书中把管理与文化明确地联系起来，他认为，管理不只是一门学科，还是一种文化，有它自己的价值观、信仰、工具和语言。管理文化是组织全体成员的价值标准和行为方式，它代表着组织的目标、信念和价值观，是管理中最核心的成分。①

人类发展到现在，管理理论经历了三个发展阶段：一是经验管理。没有成型的管理规律、成文的管理制度可以遵循，企业完全按照经营者自己的设想，凭经验、直觉去管理。二是科学管理。1911年，泰勒的《科学管理原理》一书问世，使企业管理由漫长的经验管理阶段迈进了划时代的科学管理阶段，用流程、制度管理人。三是文化管理。强调以人为本，其本质是以人的全面发展为目标，通过共同价值观的培育，在系统内部营造一种健康和谐的文化氛围，使全体成员的身心能够融入系统中来，变被动管理为自我约束，在实现社会价值最大化的同时，实现个人价值的最大化。

管理是一种文化。当我们把管理活动视为文化现象，从文化的视角来考察和研究管理，对管理进行文化研究；当我们把文化视为一种管理手段，管理效率依赖于诸如价值系统、管理哲学等文化变量；当我们形成了上下共同遵守的文化传统和不断变革的一套行为方式，将教育价值观和办学理念渗透于课程决策、实施、评价等全过程中的时候，我们的管理便是文化管理了。说白了，管理文化是一种文化样式，其核心是管理的价值观念；文化管理是一种管理模式，其核心是以价值观管理。

管理模式的更迭暗示着人类文化的演进，经验管理时代有经验管理时代的

---

① 李世讴. 管理文化的反思与前瞻 [D]. 重庆：西南师范大学，2001：8.

管理文化，科学管理时代有科学管理时代的管理文化，但不能说有了管理文化就有了文化管理。文化管理是管理的最高层次，它通过学校文化的培育，来实现管理模式的更新。文化规定了学校教育所追求的远大目标，以使命和愿景引导学校内涵发展，以价值追求激励师生；文化是一股强大的凝聚力量，具有极强的向心力；文化是一种无形的、非强制性的行为规范和人际关系准则，充满人性关怀。大道至简，悟者天成，文化是最简单的管理方法。

学校课程文化变革需要从三个方面着手：一是建立基于学校价值观的教育哲学，让教育品牌与学校价值观共享；二是让故事传递学校文化内涵，让每一个人都从这些故事中感受学校文化；三是将学校课程理念和学校文化结合起来，让课程变革与学校文化产生积极互动和深度共鸣。课程变革要求的不是个别的变化，而是整个学校的变化。富兰强调变革的实质就是"文化重建"。在他看来，"文化重建"是比"组织重构"更深刻、更全面的变化，它使变革能够真正实现并得以持续和提升。学校课程变革应首先转向对学校文化的重建，只有将学校课程建设根植于学校文化上，使学校哲学真正落实到学校课程中，学校才能走向内涵式、优质化的发展之路。

在学校课程变革过程中，文化管理有三个基本向度：第一，确立以人为本的管理理念，充分尊重每一位教师，满足教师的合理需求，让每一位教师的潜质发挥到最佳。学校课程建设强调教师的课程价值观，强调精神与文化的力量，满足每一个孩子的学习需求，激发个体和团队的力量。第二，善于突出文化个性，打造学习型文化。文化的生命在个性，有个性的文化才具有吸引力，才能展示出强大的生命力。文化作为学校核心竞争力的重要组成部分，和技术不同，技术可以照搬，但文化却不行。学校课程变革要突出文化特色，彰显文化魅力，就要善于打造学习型文化，强调全员学习、团队学习，引导教师通过学习不断提高自身素养，通过学习不断增强自身的适应能力和创造能力。第三，用文化引领管理，以文化提升效能。坚持以人为本，强调开发多元文化，采用多元形式占领管理阵地，通过典型示范、文体活动、宣讲会等多种形式，构建和谐的文化氛围，让每一位教师在参与文化变革的过程中，深刻理解学校教育哲学，认可学校核心价值观，在潜移默化中受到文化的熏陶，自觉投身到学校文化建设中，参与到具体的文化管理项目中，以文化来提升管理效能。

总之，学校文化变革与课程建设应该是相辅相成的。学校文化是课程建设的土壤，课程是学校文化的生长点。学校课程融入文化元素，以文化来呈现学校的价值理念和愿景目标，让文化活动发展成课程管理的手段，全面展示文化力量，这对学校课程改革实现立德树人这一根本任务是有积极意义的。

温馨提示

　　管理文化是一种文化样式，其核心是管理的价值观念；文化管理是一种管理模式，其核心是以价值观管理。

10　链式突破：从技术层面再造学校课程变革流程

学校课程变革是一个不断生长的过程。在学校课程建设过程中，链式管理就是将课程设计、实施、管理和评价等方面有机整合起来，做好计划、协调、监督和控制等各环节的工作，使它们形成相互关联的整体，真正按照链的特征推进学校课程发展流程，使得各环节既相互关联，又具有处理设计流、实施流的自适应能力。采取链式管理有利于突破学校课程建设过程中一个个难题，推进学校课程深度变革。

学校课程管理应基于流程再造，努力建立以学习为中心的课程变革流程。要清晰地识别学生的学习需求，通过系统设计推动流程再造，实现课程变革价值。在这方面，可以通过寻找课程变革的"链接点"或者"触点"，再造课程建设流程，诸如课程变革的共识点，课程哲学的厘定；课程规划的建构点，课程图谱的建构；课程实施的切入点，课程实作的深入；课程设计的缓冲点，课程纲要的编制；课程推进的汇聚点，课程指南的设计；课程深化的关键点，课程路径的活化；课程提升的引爆点，课程整合的实施；课程文化的关注点，课程空间的创意；课程管理的介入点，课程制度的运营；课程提升的研究点，课程成果的提炼……如此，学校课程变革便可以连点成线，彰显学校课程变革的整体思维；循序渐进，凸显学校课程变革的渐进深入；化大为小，实现学校课程变革的过程突破；变虚为实，激励教师参与学校课程变革。

"触点变革"是链式管理的具体形式。什么叫"触点"？我们帮助项目学校通过选择合适的切入点来推进学校课程变革，将切入点做精做透，以点带面，推进学校课程深度变革。"触点变革"意味着从技术层面解决学校课程实施中遇到的问题，形成经验和方法。我们希望学校将课程实施的经验加以总结和分享，形成面上可以推广的课程智慧。基于学校在课程实施中遇到的具体问题，通过梳理、聚焦，我们以研讨的方式集中解决；通过提炼方法，总结经验，建构模型，将学校课程变革中的好做法上升为可以推广的、带有普适价值的"课程理论"。我们或采取问题聚焦方式，集中研讨、解决学校在课程实施过程中遇到的实际问题；或采取典型引路方式，重点推介区域内学校课程建设方面富有成效的经验。

例如，针对学校课程建设如何进入学科这一问题，上海市嘉定区紫荆小学以"特色学科建设的'三棱锥'模型及其应用研究"课题为抓手，增强教师的学科领导力，推进学校课程深度变革。他们认为，学科既是以知识系统为表征的"学科课程",又是以学科教研组、备课组建制为依托的"学科团队",还是以知识授受为活动形态的"学科教学"与"学科学习"。它是一个由学科课程、学科团队、学科教学以及学科学习构成的一体四面的三棱锥,即"学科三棱锥"。学科的四大构成要素是一个不可分割的有机整体,从这四个要素出发构建特色学科是一所学校走向优质的标志。(1)加强学科课程建设,形成"1+X"学科课程群。"1"是指基础型学科课程,"X"是指学科延伸课程。每位教师基于学科特点和自己的教学主张开发了系列"X"课程,形成了各学科课程群。(2)提炼学科教学经验,凝练学科教学共识。教学是学科重要的组成部分,如何让学科教学更有品质,是每一个有思想见解的教师的共同追求。(3)加强学科团队建设,提升学科教师素养。一流的学科团队是学校实力的象征。加强学科团队建设,关键在于培养学科带头人,培育良好的团队文化氛围。(4)加强学科学习研究,形成学法指导手册。每一门学科都有不一样的学习方法。学法指导要联系学科实际、教材实际、学生实际,教师可以帮助学生进行总结,并在教学活动中激励学生进行互动分享,指导学生进行自我调控,帮助学生构建自己的学习方法体系。由此,学校通过发展优势学科,突破薄弱学科,带动学校所有学科上水平、上台阶,推动了学校课程深度变革。

综上所述,链式管理是一种由点及面、由虚入实、化大为小的链条式课程管理方法,是学校提升课程品质的常用方法。学校可以采用链式管理方法,优化学校课程建设流程,建立灵活的组织形式以及完善的支持系统,提升学校课程品质。

温馨提示

采取链式管理有利于突破学校课程建设过程中一个个难题,推进学校课程深度变革。

11　特色聚焦：依托课程实现学校特色发展

一所学校在具体工作或项目层面可以有几个或多个特色，但就学校整体办学而言，这些特色产生于学校文化。这是因为，学校文化是以校园为空间、以师生为主体、以活动为基本形态的一种组织文化，是师生共同具有的思想观念、价值取向以及行为方式，它决定着学校的精神面貌和气质，影响着人才培养的目标和结果。

所谓学校特色，它是一所学校基于文化价值、对教育哲学独特的理解而形成的有学校个性的教育理想和理念，是一所学校基于个性理念而形成的教育教学行为特征。显然，从育人属性上看，文化和特色在物质形态和意识形态上有一致的地方，但文化范畴比特色要丰富，特色蕴涵其中，并表现为文化，文化倾向于内隐，特色倾向于外显。一般地说，学校课程要有特色就必须融入学校文化。

1. 文化赋予课程以特色。

学校文化深刻地影响着课程理念和目标，是有个性的课程文化的内隐性要素。课程建设是一个复杂的改进、渐进过程，它不只是课程内容、结构、实施和评价的物质建构，还包含着明确课程价值取向、形成课程理念和目标的文化建构。具体而言，课程理念要与学校办学理念相吻合，课程目标要与育人目标相衔接，这是由课程的"立德树人"根本任务所决定的：学校课程支持育人目标的实现，育人功能的发挥主要依赖学校课程。

2. 课程体现学校文化。

学校课程在文化统领下建构，与学校文化高度融合，在实施过程中传递学校文化、塑造师生的精神骨骼。如果作为文化核心的价值理念不能在课程教学中得到落实，那么它只能是表层的、抽象的、形而上的教育哲学。当下，不少学校的课程与文化出现"两张皮"现象，课程是缺乏独特课程观的课程、无特色的普适性工具。

3. 课程实现特色发展。

特色课程是根据育人目标，建构学校整体课程，开发整合性课程集群。特色课程有以下两个特点：一是与育人目标对应，二是有统一的课程主题。学校特色课程的主题，也是学校特色发展的方向，主题的设定既要考虑其辨识度，也要考虑其包容性。特色课程开发要根据育人目标，分别开设不同内容的具体课程供学生选择，并根据内容的相似性，组成不同的课程群；要制定课程纲要，开发具体课程，明确课程目标与内容；要整合课程资源，深度实施课程，落实课程评价和管理。特色课程实施还要注意研究学科整合问题，并把学科课程的实施纳入特色课程建设范畴。同时，我们也要防止把特色课程当作一个筐，什么东西都往里装。特色课程只是学校课程的一部分，其他课程应有其独立的空间。学校特色课程与其他课程之间的关系，既交叉整合，又相对独立。

总之，依托学校课程建设实现学校特色发展，其实质是加强不同课程、不同育人载体、不同学习方式间的协调与配合，突出主题性；其关键是强化设计，实现办学传统与学校发展愿景的关联，突出时代性与未来性。

温馨提示

学校文化深刻地影响着课程理念和目标，是有个性的课程文化的内隐性要素。

12 顶层设计：让理性精神照耀学校课程变革

如何推进学校整体课程变革，需要我们根据国家课程政策要求，考虑学校实际，做好学校课程顶层设计。完善学校课程顶层设计，主要应关注以下问题。

1. 把生长作为课程第一要义。

1902 年，杜威在《儿童与课程》一书中提出：教育过程的基本要素是未成熟的儿童以及体现成人成熟经验、社会目的、意义和价值的课程。他指出："儿童和课程仅仅是构成一个单一的过程的两极。"他以一个全新的视角揭示了一个观点，即课程内容的逻辑顺序与儿童生长的心理顺序在本质上是一致的，它们都是儿童主动活动的结果。为此，他提出要研究儿童不同发展阶段的需要与可能性，给儿童提供有助于其"生长"的课程。他说："儿童的世界是一个具有他们个人兴趣的人的世界，而不是一个事实和规律的世界。儿童世界的主要特征，不是什么与外界事物相符合这个意义上的真理，而是感情和同情。"同时，"兴趣的价值在于它们所提供的那种力量，而不是它们所表现的那种成就。"儿童需求是课程的核心。儿童需要什么、喜欢什么，就给他配什么样的课程，这是学校课程建设的人学逻辑。学校课程变革的一切均需从这一点出发。围绕学生，聚焦学习，增强学力，是学校课程变革的中心任务。生长是学校课程的价值原点，是学校课程的第一要义。除了生长，课程别无所求，这是学校课程深度变革的旨趣所在。

2. 清晰学校课程变革的起点。

学校课程情境是学校课程变革置于其中并受其影响的办学背景和育人情境，具有传统性、现实性、整体性、差异性以及变动性等特点。学校课程情境的构成因素复杂多样，包括学校内外部的诸多因素。清晰学校课程情境，是学校课程发展的起点和前提。英国课程学者劳顿指出：课程开发必须关注宏观文化背景，研制课程要先进行"文化分析"。的确，课程生成于特定的时代背景与文化架构之中，是文化选择的结果，我们不能脱离社会现实以及学校具体情境在"真空"中开发课程。只有在"情境慎思"的基础上，我们才能准确把握学校课程变革的宏观背景，深刻理解课程变革的文化架构，进而准确地揭示课程的本质，制订出立足在地文化资源、基于学校发展现实的课程方案。除了关注宏观文化背景，学校课程建设还必须对学校微观情境进行分析，将关注的焦点放在具体学校和教师身上。英国课程学者斯基尔贝克在对具体的学校情境进行微观层面分析的基础上，构建学校课程研制模式，其中心及焦点在于具体的、单个学校及其教师，并认为课程研制是促进学校获得真正发展的最有效的方式。这种模式由五个具体阶段构成：分析情境、拟定目标、设计方案、实施方案、评估与评价。这是斯基尔贝克课程开发"情境模式"的基本做法。

3. 让思想的光辉映照学校课程。

派纳说：课程是一个高度符号性的概念，它是一代人努力界定自我与世界的场所。它允许人们从不同的视域来理解课程，通过个性化的"复杂会话"，课程那被久久遗忘的意义得以澄明："学校课程的宗旨，在于促使我们关切自己与他人，帮助我们在公共领域成为致力于建设民主社会的公民，在私人领域成为对他人负责的个体，运用智力、敏感和勇气思考与行动。"正因为如此，每一所学校都可以有自己独特的课程文化，都可以有自己独特的课程哲学，并让思想的光辉映照学校课程。学校课程变革不是纯粹的技术问题，需要对学校发展愿景和目标进行重新明确。学校课程变革是一种彰显学校价值的文化，是一种基于学校情境的课程创生，因此学校课程顶层设计，应该体现学校文化，需要通过研究办学历史与传统，对办学理念进行追根溯源，以进一步明确学校课程理念。

4. 让学校课程变革富有理性精神。

1949年，现代课程理论之父泰勒在他的专著《课程与教学的基本原理》一书中，提出了课程开发的"泰勒原理"。由此，他建立起了课程研制活动的四个基本环节：确定基本目标，选择学习经验，组织学习经验，评价学习结果。我们认为，学校课程变革不是漫无目的的"跑野马"，而是基于目标的导引，建构学校课程体系的过程。在学校课程设计实践中，具体操作如下：首先，确定学校育人目标。育人目标的确立必须依据全面发展的教育方针要求，结合学校课程理念，精准地确定学校育人目标。提出育人目标应注意以下几点：首先，培养目标要符合全面发展的要求，切合实际，与学生发展阶段相适应，表述应通俗易懂，生动形象。其次，厘定学校课程目标。学校课程目标是育人目标的年段要求和具体表现，它可以对照国家课程方案的要求和学校的特定实际。最后，建构学校课程体系。基于课程目标，建构学校课程体系：横向上，要求对学校课程进行逻辑梳理与分类，搭建学校课程结构；纵向上，要求按照年级与学期时间序列匹配课程，形成可见的课程图谱。可以说，学校课程体系建构是目标导引的理性精神照耀学校课程变革的过程。

5. 激活学校课程变革系统。

英国课程学者斯滕豪斯在 1975 年出版的《课程研究与研制导论》中，首倡课程开发的过程模式。过程模式重视基于"教育宗旨"的课程活动过程，强调通过对知识形式和活动价值的分析来确定内容，主张通过加强教师的发展来激活学校课程，要求教师在课程开发过程中，通过反思澄清隐含在课程实践过程中的价值要素，增强课程变革的价值理解力和判断力。因此，课程变革必须激活包括教师和学生在内的课程实践过程，回归课程的实践旨趣。美国课程学者施瓦布认为：课程是一个相互作用的"生态系统"，它是建立在对课程意义的"一致性解释"基础上，通过这个"生态系统"要素间的相互理解、相互作用，实现学生学习需求的满足和德性的生长。的确，课程对学生的成长与发展的影响是整体性的，其内在的力量是系统发生的，我们需要多维度地系统聚合，以促进课程与生活的全面融通。因此，多维的课程实施路径、多元的课程评价方法以及多角度的课程管理体系是学校课程深度变革的"生态系统"。推进学校课程深度变革必须激活这个"生态系统"，才有可能真正使得学校课程变革"扎根过程"，才有可能真正触及每一个儿童真实的自我，帮助他们获得独特个体的成长经历与体验。

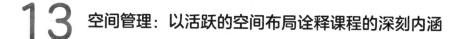

温馨提示

　　学校课程变革是一种彰显学校价值的文化，是一种基于学校情境的课程创生。

13 空间管理：以活跃的空间布局诠释课程的深刻内涵

　　有人说：当我们的教室越来越像标准化生产车间的时候，美国小学的教室越来越像个性化的温暖的家，在这个温暖舒适的"家"里，集中了尽可能丰富的教育资源，让孩子们触手可及，乐在其中，随时可以展开各种学习和研究；当我们把孩子严格限定在校园里学习的时候，美国已经把大自然、社区、各种场馆等空间都当作了孩子学习的课堂。这种空间上高度开放的教育，与生活、社会和大自然高度融合，孩子们的学习不再是与世隔绝的，而是生机勃勃的、丰富多彩的、情趣盎然的。①

　　我们认为，学校课程管理要善于发现空间的"意义结构"，要努力以活跃的空间文化布局诠释"空间即课程"的深刻内涵。现在，我们有很多学校已经意

___

① 李振村. 空间即课程［J］. 人民教育，2015（12）：18－23.

识到了"空间课程领导力"的价值。诸如以下一些做法都值得我们赞赏：办学理念视觉化、具象化，充分展示一所学校的文化气质；办学特色课程化、场馆化，让办学特色成为课程美学；教室空间资源化、宜学化，让每一间教室都释放出生命情愫；图书廊馆特色化、人性化，让沉睡的图书馆得以唤醒；食堂空间温馨化、交往化，让喧闹的餐厅不仅仅是就餐；楼道空间活泼化、美学化，让孩子们转角遇见另一种美……

我们应当超越对空间的一般认知，重塑空间价值观念，提升空间课程领导力。通过设计、再造、巧用空间，从物理设施、学习资源、技术环境、情感支撑和文化营造等维度上，对空间功能进行整体再构和巧妙运营，将课程理念转变为看得见的空间课程，让空间最大程度地满足不同学生的发展需要。因此，通过空间的变化来促进学校课程变革，是每一位校长必须考虑的问题。这不仅仅是建筑上的事情，也不是一件简单的盖房子的事，而是关乎教育的问题；不仅仅是为了解决学习空间的问题，更要通过空间的变化，表达出我们对学校课程变革的追求；不仅仅是设备设施上的先进，还要通过实践创新，体现出办学理念的先进性，能够给师生的教与学提供便捷的支持；不仅仅是一所学校内部的事情，而是学校作为社区的一个成员，能够成为促进社区文明的行动之地。因此，学校的建筑不只是作为一个物理意义上的楼房，本身应是一种课程意义的存在。

空间是一种课程存在。学校管理者必须从教育角度解读空间与人的关系，清晰地看待学校、看待生活在这个空间里的人。我们的话题涉及了方方面面，大到空间如何呈现，每一处大空间的划分，师生们如何使用这个空间；小到这个空间需要准备几个插头，门锁应该是怎样的等，这些都应该成为我们不断考量的话题。在这些空间里，教师的教与学生的学应该是什么样的、学校与社区的关系、学校的管理等，都应该成为我们重新审视课程文化的绝佳契机。因为课程文化包含了课程内容主题、课程表现方式、课程实施方法、课程学习中的人际交往、课程成果展示、课程实施对学生发展的影响等内容。

学校课程发展不是闭门造车的结果，而是相关的社会资源积极互动的过程，个性化课程实施需要开放性课程文化支撑。首先，学习场所的开放性。校内，要努力开辟教室外的学习场所。改变学习资源标准化的配备方式，创造条件建设主题化、个性化的学习场所。校外，努力实现社会办学资源的共享，把青少年宫、社区公共设施、企业等纳入学校课程资源的管理范畴。其次，师资资源的开放性。统筹一线教师、学校管理者、家长与其他社会人士的力量，改变一线教师在课程实施中单打独斗的格局。最后，建立新型的学习组织方式，统筹课堂、校园、社团、家庭、社会等五个阵地，拓宽学校课程的实施渠道。探索校外社团等新型的学习组织方式，以利于拓展学习的时间与空间。[1]

三亚市第九小学建设支持型的校园环境，加强学校显性和隐性文化建设，使之与学校课程实施的要求协调一致，并努力把更多的学校活动纳入课程实施管理范畴，使之与课程理念更趋统一。显性文化主要是校园环境的布置。在学校课程的实施中，把课程内容、主题文化元素、学生学习成果有机地渗透在学校廊道、学生活动空间、校园小品等环境建设中，实现环境文化建设与课程文化的协调一致。隐性文化除课程文化以外，还包括节庆活动、创新校园科技文化艺术节等活动形式，围绕学校的学生培养目标和育人理念，结合学校课程实施，丰富学生参与机会，改变学生参与形式，让学生开展角色体验、行动学习，不断总结改进，形成校园传统，营造浓厚的校园文化氛围，发挥校园文化的育人功能。[2]

北京市中关村四小的"空间"课程值得我们借鉴：（1）班级和教室。学校的基本空间单位，由单个班级过渡到以班组群为基本的空间单位，各班为一个班级组群，成为师生的家庭式学习基地，图书、器材、电脑等教学设施合理安

---

[1] 王显才，李雪. 重构空间课程创建未来学校 [J]. 吉林教育，2021（12）：4-5.

[2] 黎逊. "空间"即课程，处处皆育人——三亚市第九小学的"空间课程"建设纪实 [J]. 新教育（海南），2016（11）：52-53.

排在每个空间里，为师生学习提供了最大的便利，不同年龄段的学生安排在每个"组群"之中学习，实现大孩子与小孩子的共同发展，共同进步，"孩子最好的老师是孩子"，在这里有了具体体现，处处都是教室。相对固定的教室、班组群外共享的开放教室以及学习创造中心，为学生的独立学习、合作学习、探究学习提供了空间和环境保障。这三种不同的教室构成了一个随处学习的空间。(2) 处处都是图书馆。图书馆不再是封闭、单独的空间，不再只是集中在一处，而是合理适宜地分布于学校的各处，方便学生和老师的使用，多种用途的设计更易于分享交流。同时，学生与老师也将十分方便地随处获益于数码学校和云学校中的各种数码资源，这些数码图书馆和资源，是经过精心选择适合学生发展的。(3) 处处是博物馆或艺术馆。学校里的许多空间能够用来做一些主题展览，展品来源也是多样的，孩子的、家长的或者由某些组织提供的，周期性的专题展览，以及积累校史的发展历程。(4) 处处是演出的场所。满足孩子爱表现的天性，既是孩子多种能力综合运用的场所，又是连接学校和社区的纽带。(5) 处处都是孩子们喜欢的地方。如果学校里有死角，或者有很少人去的地方，这样不安全的事情就会发生。学校的每个地方都应该是孩子喜欢去的地方，学校应该成为孩子们的生活中心以及学习中心。

总之，如何最大限度地让校园空间成为课程的有机组成部分，如何最大限度地让每一个物理空间释放教育能量，如何突破教室和校园围墙限制，让社区、大自然和各种场馆成为课程深度推进的生命空间，是 3.0 课程的美好期待。我们对课程的理解要革新空间观念、建立空间思维、拓展空间视域、探索空间方法。课程的空间建构要着眼于课程的空间本体与空间生成，激活课程空间中主体的生存状态和交往方式，围绕人与未来、人与物、人与人、人与自我的关系，课程空间本质上就是学习机会、资源供给、交往规约和文化场景。通过创造学习机会、聚合学习资源、构建交往情境、重塑学习场景，有助于提升课程空间品质。

温馨提示

　　空间是一种课程存在。学校管理者必须从教育角度解读空间与人的关系，清晰地看待学校、看待生活在这个空间里的人。

14　问题驱动：以问题为导向推进学校课程变革

　　问题是驱动管理的契机，问题管理是一种管理模式。

　　学校课程变革过程中，学校总会遇到不同的问题，问题总是以不同的形式表现出来。我们认为，问题是目标与现实的差距。没有了目标，也就没有问题；目标和现实的差距有多大问题就有多大。因此，所有的问题本质就是目标的问题，目标错，问题就错；目标变化，问题亦随之变化。学校课程管理如果能够掌握并理解这个基本原理，就会在课程建设方面有所突破。问题管理是以解决问题为导向，以挖掘问题、表达问题、归结问题、处理问题为线索的一整套课程管理范式。借助问题进行的课程管理意义在于防患于未然，及早解决阻碍学校课程发展的问题，提升学校课程品质。例如，面对学校课程的碎片化、大杂烩问题，建立有逻辑的学校课程体系，运用持续不断提出问题的方法，循序渐进解决问题的课程管理模式，就有利于完善学校课程结构，梳理学校课程逻辑。说白了，问题管理最重要的目的在于拓展我们的思维深度，不是对现状不闻不问，而是将问题的发现变成一种经常性的课程制度，用问题管理的方法促使我们不断超越自我，提升品质。

在课程建设过程中，采取问题驱动的管理方法包括如下四个步骤：第一，了解情景，挖掘问题。首先必须对问题产生的情景有一定的了解，了解得越多，越有利于工作；其次要在了解情景的基础上识别问题，这是指掌握了一定的信息，但是没有掌握详细事实，对问题有一个模糊的、大概的认识；最后，澄清问题，这要求更清楚地理解问题，确定实际发生的问题和应该发生的事情，以及这个问题出现的时间、地点、涉及人员和其他信息。第二，寻找原因，把握关键。明白了问题之后就需要分析问题产生的原因。对各因素进行分析，把握问题产生的最根本、最关键的原因。第三，设计对策，付诸实施。分析了问题赖以产生的根源，就可以对症下药了。设计的对策要针对实质原因，并且考虑到其他影响因素，还要符合客观规律和实际条件，切实可行，把精心设计的对策付诸实施，并检查问题是否真正得到了解决。如果问题仍然没有得到解决，说明分析原因和设计对策环节没有处理好，这就要返回前面步骤，直到问题得到解决为止。

因此，在课程建设过程中，运用问题管理方法必须把握如下基本要求。

1. 树立问题意识。问题管理不仅是一种管理方法，还是一种思维方法。因此，要实现学校课程发展，必须多发现问题，多解决问题。要想做到这两点，前提就是人必须具备问题管理的观念，在这种观念的指导下，通过刻意的训练，养成提出问题的思维习惯。

2. 把握问题属性。我们要善于区分显性问题和隐性问题。学校课程管理中的问题有的显而易见，有的深藏不露。对于显性问题，人们可以直接进行分析解决，这是狭义的问题管理方法。广义的问题管理方法包括挖掘隐性问题，挖掘隐性问题需要人们具有一定的理论知识、敏锐的观察力和耐心细致的工作态度。

3. 寻找问题原因。引起一个问题的原因可能只有一个，也可能有很多。一个较为复杂的问题背后可能隐藏着非常复杂的原因。这就要求在分析的时候进行全面诊断，既要发现直接原因，还要寻找间接原因；既要分析根本原因，还要考虑潜在原因。这些因素都对问题的产生起着推动的作用，但是力量大小却各不相同。

4. 寻找问题对策。对策要区分不同原因，这体现在两个方面：第一，对策是针对根本原因而制定的，这是最重要也是必须遵循的原则。如果不是这样，根本问题解决不了，即使在一段时间内把问题解决了，也并不是长久之计。第二，在根本问题得到解决的基础上，也要把握其他因素的影响，改变问题产生的条件和环境，这也是非常必要的。

5. 养成钻研习惯。人们通常都倾向于回避问题，这是人的性格使然。人们总是看到成绩，看不到问题，甚至发现问题的时候回避问题。众所周知，回避问题不可能使问题自行消失，结果只能使问题迭出，直至转化为危机，才不得不被动地进行解决。因此，学校管理团队要带领大家养成钻研问题的习惯，对于已经发现的问题力求解决，不达目的誓不罢休；对于隐性的问题鼓励大家去发现，去挖掘。

6. 建立管理制度。问题管理广泛地存在于学校管理活动之中，因此要建立程序化的问题管理制度，以保障问题管理方法得到充分合理的运用。问题管理制度的强制性和问题管理中创造性的思维并不矛盾，前者只是外在的管理，而后者则是内容的自由发挥。这个制度不仅包括发现问题、分析问题和解决问题这一系列过程的规范，还包括对每个岗位上问题管理的具体要求，如经常性分析面对的主要问题、产生原因、解决思路与方案、支持条件等。

温馨提示

　　问题管理是以解决问题为导向，以挖掘问题、表达问题、归结问题、处理问题为线索的一整套课程管理范式。

15 赋权教师：为教师参与学校课程变革提供空间

教师与课程之间的内在关系已经成为当代课程研究的共识。[1] 教师的课程认同是学校课程变革的前提，教师的课程参与是学校课程变革的基础。中外课程改革的实践不断证明，离开了教师的课程认同，脱离了教师的课程参与，任何完美的课程改革方案都是空中楼阁。诚如英国课程学者凯利（A. V. Kelly）所言："任何教育实践质量的优劣，在很大程度上都取决于负责此事的教师；任何课程改革的努力，如果没有意识到此点，而只是从课程领域的外部进行尝试的话，都注定不会成功，或最多只是一些细枝末节的改动。"[2] 由教师发动的自下而上的课程改革充满创造性激情，只有教师带着实践中的困惑和改革热情，积极投身课程变革之中，他们生成的理念、获取的经验、设计的课程才能广泛扎根于学校，真正有利于学生的发展。

学校是教师与课程内在关系得以建立的场域。在这个场域中，教师主动性地、批判性地、创造性地介入课程运作的决策、设计、实施、评价基本环节，创造性地规划与处理课程，建构符合教师自身的价值观，以及"教师即课程"的课程生成形态。在学校课程管理过程中，赋权教师的主要策略如下。[3]

1. 确认教师的课程身份，为教师参与课程改革赋权。

教师的课程身份是教师在课程中的地位、角色及相应的权利与行为规范等，其取决于课程改革的制度设计。由国家推动的自上而下的课程改革，与由学校推动的自下而上的课程改革，有着不同的制度设计，它们对课程改革中的教师

---

[1] 蒋士会，欧阳修俊. 课程与教师的关系考辨 [J]. 广西师范大学学报（哲学社会科学版），2012，48
   (5)：130 – 133.

[2] 叶秀丹. 教师即课程：教师与课程关系的重新审视 [J]. 教育理论与实践，2017，37（20）：28 – 30.

[3] 陈丽华. 教师即课程：蕴涵与形式 [J]. 课程·教材·教法，2010，30（6）：10 – 13.

身份也有不同的规定。同时，教师的课程身份取决于教师的课程身份认同。国家课程改革的制度设计，需要教师自觉认同自身的课程身份，真正实现课程身份的转换。要改变把自己看作课程方案的执行者，认为课程开发是学科专家和课程专家等人的工作，在课程改革中产生被动服从思想的认识。为此，帮助教师正确理解自己的课程身份，建立起自觉的课程身份认同，能够真正促进教师创造性地参与课程改革，实现教师在课程改革中的专业发展。教师在参与课程开发时，必须以课程标准为依据，以学科内容为基础，学会从学科专家和课程专家的角度思考和解决课程问题，注重课程内容的科学性，加强课程实施的创造性。作为个体经验创造者的教师，在参与课程开发时，以课程标准为依据，以学生发展的实际状况为起点，以所在学校的真实条件为基础，充分运用个体教育经验，创造性地开发课程资源，富有个性地推动课程开发。

2. 激活教师的课程意识，为教师参与课程改革提供能量。

教师的课程意识，是教师基于对课程系统的整体感知和把握，而表现出来的对课程问题的敏锐洞察和积极反应，是存在于教师观念层面中或明确或隐含的"课程哲学"，它既包含教师在教育行为过程中的课程观，又包含教师在课程实施过程中的方法论，具有个人性、生成性、导向性等重要特点。教师的课程意识，反映了教师解决课程问题的能力和水平，影响着教师参与学校课程改革的范围和程度，既是学校课程改革内源发展的前提，又是学校课程改革内源发展的结果。一方面，明确的课程意识支配着教师的教育理念、教育行为方式、教师角色，乃至教师在教育中的存在方式与生活方式。富兰认为，一切学校变革的结果和外显形式都只是展露于世人面前的冰山一角而已，潜藏于深海之中的强大支撑则是教师意识层面的变革。如果课程没有进行改革，一切教学改革的效果在刚性课程的制约下都会被制约和消减。只有教师先行转变思想观念，树立课程意识，推行课程改革，落实学习方式变革，才真正有利于学生的发展。另一方面，学校课程深度变革的过程，也是教师课程意识逐渐明确、丰满、成熟的过程。因此，学校课程改革和教师课程意识是双向互动的关系。学校课程改革有助于教师课程意识的增强，教师课程意识的增强能有效推动学校课程改革的顺利进行。

3. 参与课程开发，为教师参与课程改革提供空间。

学校积极开发课程，有利于进一步满足学校学生的个性化发展需求，促进学生个性发展；有利于学校品牌的塑造，促进学校内涵发展；有利于真正推动教师角色转变，促进教师专业发展。随着学校课程变革的深度推进，教师的课程意识和课程决策权力日益增强，其角色也开始发生积极的变化。这种变化主要表现在，教师成为课程的研究者、设计者和评价者，成为学校课程变革的主体，在课程发展中发挥更大的作用。随着教师参与能力的增强，他们参与课程开发的范围和程度也必然得以扩大和加强，教师的课程开发能力也会得到更多锻炼。教师是课程开发的主体，教师课程开发能力是决定学校校本课程质量的关键因素。教师的课程开发能力是在参与学校校本课程开发活动的过程中逐渐培养出来的。因此，学校需要系统地规划课程开发，鼓励更多教师参与课程开发，让教师在参与课程开发的过程中，实现自身专业发展，帮助学生个性发展，推动学校内涵发展。①

总之，课程开发为教师课程意识发展搭建了平台，提供了发展和检验教师课程意识水平的机会。同时，课程开发对于满足学生的个性发展、实现学校的特色发展，具有重要意义。

温馨提示

　　只有教师带着实践中的困惑和改革热情，积极投身课程变革之中，他们生成的理念、获取的经验、设计的课程才能广泛扎根于学校，真正有利于学生的发展。

---

① 郭元祥，杨钦芬，余娟，等. 教师即课程：意蕴与条件 [J]. 教育研究与实验，2008（6）：1-7.

16 行动研究：以研究促进学校课程品质提升

　　随着课程改革的深入，教师作为课程研究者的角色越来越受到重视。[①] 通过研究来解决遇到的问题，通过研究来深化课程改革，这已成为教师开展工作的一种必要方式。教师必须依靠研究工作增进自己的创见，才能真正推进学校课程变革。为整体上促进教师群体开展课程行动研究，许多学校立足本校实际，以教师为主体，以多种方式研究和解决课程建设中的重要问题，取得了许多有价值的研究成果，创造性地推动了学校课程变革。

　　学校鼓励教师参与课程行动研究，首先需要正确理解教师研究的性质与特点。教师的研究是在课程实践过程中进行的，以真实问题为研究对象，以促进自身专业发展和提升课程品质为目的，属于典型的行动研究。行动研究，既是在行动中的研究，又是为了行动的研究，行动与研究具有高度内在关联，具有整体性和统一性。教师的行动研究，是在教师的教育教学过程中，在参与课程改革的行动中进行的。因此，教师的研究工作与课程改革是融为一体的，教师成为研究者是以整体的姿态、以创造的激情，把教育、教学、研究视为工作的整体构成。换言之，教师既是行动者，又是研究者，是以行动开展研究，以研究促进行动的研究者。

　　可以说，课程行动研究是由课程参与者为提高自己对课程实践活动及其依赖的背景的理解进行的反省研究，是用以诊治特定课程情境中的问题，或在某种程度上改善特定课程教学环境的一种手段，是课程自觉的一种唤醒方式。

---

① 霍秉坤，黄显华. 课程行动研究模式之探讨 [J]. 华东师范大学学报（教育科学版），2000（4）：21－30.

我国中小学在长期的实践过程中，总结形成了若干有效的校本研修方式，包括专业引领、同伴互助和个人反思。这三种研修方式对学校课程变革具有独特意义。专业引领，提供理论导向，为教师参与课程变革提供发展方向和行动目标；同伴互助，促进分享交流，为教师参与课程变革提供技术支撑和情感支持；个人反思，建构个人知识，为教师参与课程变革提供内在自觉和思考空间。这三种方式的综合运用与三种研究力量的有效整合，是开展课程研究的关键。

在实践中，影响行动研究的首要因素即教师的个人参与意愿，激励教师积极参与课程研究，成为研修活动开展的首要工作。除了制度建设等外部规定性要求外，专家引领和同伴互助是非常重要的因素。换言之，专家引领和同伴互助为教师的个人研究提供了团队支持，避免了教师个人在研究过程中的无助感和焦虑感。学校要有效整合校内外各种研究力量，建设课程研修团队，以团队研究带动个人研究。斯滕豪斯就曾经提出过几种教师从事研究的方式。例如，教师与同事合作，由同事来观察自己的教育教学，或者教师训练学生来观察自己的教学活动，或者教师通过各种形式的记录来作为研究的资料等，综合各种研究方式之后，斯滕豪斯建议教师与专业的研究小组进行合作，开展共同研究。①

明确的研究主题，是提升课程行动研究成效的重要保障。为培养教师的课程意识，课程研修主题应该聚焦学校课程改革，而且这项工作的开展不能停留在经验探索与总结的层面，而是需要以研究的方式，组织教师集体攻关。教师参与课程研究，属于行动研究的范畴，教师参与课程变革的过程，与行动研究具有内在的一致性。刘良华教授对校本课程开发与教育行动研究进行了深入比较分析，认为两者在立场、价值取向和操作程序等方面具有高度的相似性。例如，两者都不是技术层面的术语，都有强烈的实践倾向，都秉持现场本位立场，都力主权利的再分配，以及有大致相同的理想程序等，进而主张以教育行动研

---

①　汪霞. 课程行动研究：理念、基础和需要 [J]. 教育科学，2001 (3)：9 - 12.

究促进校本课程发展，指出即使在较为严格的"研究"意义上，学校课程发展中也有必要引进行动研究，以行动研究促进学校课程发展。[①] 换言之，课程开发过程，应该也是行动研究过程，脱离了教师的行动研究，课程开发难以取得预期成效。

　　总之，学校应整合校外专家等多方研究力量，以教师为研究主体，以课程问题为研究对象，有计划地稳步推进课程变革，让课程开发过程，同时成为学校教师的行动研究过程，让教师的课程意识在研究中不断生根、内化和发展。

温馨提示

　　教师的研究是在课程实践过程中进行的，以真实问题为研究对象，以促进自身专业发展和提升课程品质为目的，属于典型的行动研究。

17 共享决策：构建完整的学校课程决策体系

　　学校课程决策是以学校为本位，决策学生学习怎样的课程的过程。课程决策作为课程运作的首要环节，其核心问题是权利问题，而权利是与职责对等的，

① 刘良华. 走向批判：教育行动研究的新方向 [J]. 当代教育论坛，2003（5）：66-68.

共享课程权利与承担相应的职责构成了课程决策机制的核心。[①]

1. 秉持以学习为中心的决策理念。当前，学校课程决策出现了许多新的动向：在理念上强调个性化学习，强调知识学习与生活经验融通，关注校本课程决策的文化视角；在评价上强调真实性评估等。以学习为中心应渗透于学校课程决策之中，通过为每个学生提供个性化的课程，确保每个学生达到最高限度的发展。

2. 增强学校课程决策能力。课程改革赋予了学校课程决策的权利，给了学校课程决策的自主权。但从现实情况看，学校对课程决策自主权的使用还很不够，还放不开手脚。这既有作为一项新的事物学校层面还不熟悉如何使用的问题，也有升学考试等客观因素的制约问题，当然也有观念的问题。既然国家赋予了权利，学校就应该积极探索，大胆使用。从学校发展的各个方面来看，学校课程决策是当前和今后中小学发展的一个重要契机。学校应充分运用自身的课程决策权利，增强自身的课程决策能力，克服依赖上级课程管理部门的思想，积极创造条件，在课程政策框架下自主决策学校课程事务。[②]

3. 调动课程决策主体的积极性。校长、教师、学生、家长、专家、社区代表等都是课程决策主体。（1）注重学生参与课程决策。当前，学生参与课程决策受重视的程度在提高，学生参与课程决策的范围在扩大，而且，人们通过研究发现，学生参与课程决策有助于增强学生学习效果。（2）家长在学校课程决策中具有不可忽视的作用。应利用各种条件发挥好家长在学校课程决策中的作用，尤其是要调动其参与课程决策的积极性和主动性。实际上，在家长参与学校管理方面国内外都有很好的经验，在家长参与学校课程决策方面不妨借鉴。

4. 建立民主开放的课程决策团队。学校课程决策是一个民主、合作、开放

[①] 丁念金. 试论我国基础教育课程决策机制的转变 [J]. 课程·教材·教法，2001（5）：11–15.

[②] 裴少静，和学新. 课程决策研究的进展、问题及前瞻 [J]. 河北师范大学学报（教育科学版），2011，13（6）：20–26.

的过程，需要校长、教师、学生、家长以及社区代表的广泛参与。在学校层面建立课程决策团队，凝聚了与学校课程利益相关的人员，能够使每个不同的角色以不同的立场、视野分析问题，使学校课程决策更具民主性、针对性，也有利于学校组织合作文化的形成。施瓦布倡导建立学校课程决策共同体，即学校领导层、课程专家、教师、学生、学生家长、社区代表等走到一起，形成一个团体，彼此交流、对话，即课程决策的群体审议制。从我国中小学课程决策现状看，要提高学校课程决策的有效性，就必须建立一支课程决策团队，发挥各参与主体的积极作用。要将学校课程决策团队纳入课程决策体制中，形成决策共同体，不断加强共同体内部成员之间的交流、沟通与合作。要保障每类决策主体都有话语权，以民主的姿态吸纳每位成员的意见。①

5. 完善的课程决策支持系统。当前，学校时间、场地、硬件设施、升学考试制度，以及课程政策等因素对学校课程决策有较大的制约作用。学校课程决策也离不开来自教育行政部门和教育科研机构等方面的支持。学校课程决策水平的提高必须有一套完善的支持保障系统。主要包括教育行政有关部门的政策和财政支持，校外专家的指导等。中小学在课程决策中经常咨询的校外专家主要包括学科教学专家和教育行政领导。实际上课程决策更需要咨询课程专家。课程专家是掌握课程理论、决策理论的专门人员，他们能够在学校课程决策过程中向校长、教师、学生、家长提供咨询或决策指导，可以帮助他们明确课程理念和定位。学科教学专家则可以帮助各科教师了解本学科发展态势，帮助他们拟定课程目标、选择课程内容。校长、教师虽然处于管理和教学的第一线，但他们毕竟不是专门的理论研究者，对于学校课程决策技术层面的东西了解有限，因此需要来自校外的课程专家、学科教学专家的专业帮助，以增强教师的课程决策意识和决策能力，增强教师的课程决策专业能力。

6. 加强学校课程决策制度化建设。学校课程决策是课程运作的重要环节之

---

① 和学新，高飞. 学校课程决策的过程及其实现路径 [J]. 教育科学研究，2014（6）：5－10+22.

一，与课程开发、课程实施、课程评价一样需要有完善的制度化决策体系。制度化对于提高学校课程决策效率，优化决策效果有重要意义。一是要制定合理完善的学校课程决策机制；二是要确立学校课程决策工作的程序，使学校课程决策的操作过程有章可循；三是要制定一系列的行为规范，明晰各个决策主体在决策中的职责，明确各自在职责范围内履行的权利和义务；四是要建立与其他学校之间的定期合作交流制度，因为学校之间在课程决策问题上的相互切磋交流对于双方学校的发展都是一个良好的契机；五是要注意建立合理有效的学校课程决策监控机制，发现在课程决策过程中哪些方面实现了目标，达到了哪些标准；存在哪些问题与不足；哪些方面需要改进。通过监督、评估，可以使学校课程决策处于制度化的反思、评估体系中，使得学校课程不断得到改进。

温馨提示

　　课程决策作为课程运作的首要环节，其核心问题是权利问题，而权利是与职责对等的，共享课程权利与相应的职责构成了课程决策机制的核心。

18 专业协同：指向课程能力增强的教师合作

　　教师合作是教师专业发展的重要向度。有主体的意愿、可分解的任务、共享的规则、互惠的效益是教师合作的基本要素。① 教师要基于由这四要素构成的合作体开展专业行动，其行动方式包括协同教学、同伴互导等，以促进自身的专业发展。学校要通过组织再造、制度创新、资源支持，为教师合作提供专业支持。

教师合作是促进教师专业发展的重要路径，有效的教师合作的运作涉及两个相互关联的问题，一是怎样建构具备合作要素的教师合作共同体，二是教师基于合作体应开展哪些方面的实践行动。不管是合作体的建构，还是教师的实践行动，必须明确它们的指向，也就是要明确通过合作以达到哪些方面的专业发展。只有指向明确的教师合作行动，才是愉快的、有效的、专业的合作。② 一般地说，教师合作的实践框架如下。

1. 建构基于基本要素的教师合作体。合作基本要素为人们建立了一种分析与思考的框架，以此判断教师合作的真伪，可以帮助我们建构专业发展的合作体。教师专业合作必须出于教师自愿，必须以任务来维系分工合作，必须将规则视为合作法典，追求各方的互惠。

2. 基于合作体的教师专业实践。教师要在合作体中，通过对话、倾听、讨论等交流方式，开展多样化的专业合作。基于合作体开展专业行动，融入日常的学校生活和专业的教学生活中，让教师通过诸如课程研修、课程展示、分享课程实施与评价经验等方式，向对方敞开心灵，获得专业合作实践的契机。

3. 创造教师合作的学校文化。教师开展专业的合作行动，可能会遇到一些阻力，最大的障碍莫过于学校固有文化的抵制。哈格里夫斯（Hargreaves）认为，学校存在四种类型的教师文化：个人主义文化、分化的文化、合作的文化、硬造的文化。个人主义和分化的文化是学校中最为常见的；硬造的文化是教师基于行政的压力而进行的不自愿的合作；而合作的文化最理想，也是最缺乏的。

---

① 李丽花. 行动理论视域下的教师合作 [J]. 当代教师教育，2024，17（2）：33－40.
② 崔允漷，郑东辉. 论指向专业发展的教师合作 [J]. 教育研究，2008（6）：78－83.

正是个人主义、分化的、硬造的这三种常见的学校文化影响并制约真实性合作的顺利推进，学校要倡导合作的教师文化，更为重要的是实现自身的深度变革，再造学校组织，更新学校制度，提供资源支持，为教师合作提供强有力的专业支持，使基于合作体的教师合作成为日常行动。①

总之，我们要通过合作，增加教师之间的知识流动，充分利用教师个体所拥有的知识与经验来推进学校课程变革。通过交流和分享，发现彼此的隐性知识；通过对话与讨论，发掘更深层次的知识；通过群体思维，激发产生新的知识。强调团队协作，实现成员的知识共享和流动，就能快速提高团队的知识总量和集体智慧，增强学校的核心竞争力。因此，良好的团队协作，不但能培养强大的课程专家，也能创造强大的学校文化，可谓是个体和群体的双赢。

温馨提示

只有指向专业发展的教师合作行动，才是愉快的、有效的、专业的合作，而不会成为指令性的人为合作、日常性的工作联系或者为了获得外在奖励的合作。

---

① 李洪修. 课程变革下教师合作的理论思考 [J]. 天津市教科院学报，2007（2）：50－52.

后记

"品质课程"源于嘉定，起于蜀山，成于玄武，兴于金水，融于东湖，盛于西安，美于三亚……其影响已超越既定的时空。

　　2013年，上海市嘉定区提出"传承教化之风，镕铸品质教育"的理念。时值嘉定区与我们研究所合作，致力把"品质教育"打造成区域教育名片，由笔者负责其中的"品质课程"项目研究与指导工作。如何把"品质课程"项目做出品质，做出影响力？结合自己已有研究成果，我从学校整体课程规划入手，提升学校课程领导力，逐步进入学科深处，推进学科课程群建设，聚焦课程改革难点问题，推进"触点变革"，并由此提炼了迈向3.0学校课程的"首要课程原理"，形成了瀑布式区域课程改革模型。功夫不负有心人，我们的努力大面积地提升了嘉定区中小学幼儿园的课程品质，"品质课程"首战告捷！

　　2016年，我们团结全国各地有志于提升课程品质的同仁，成立了品质课程联盟，建立起了一个开放的、分享型课程共同体，建设了一个给予建设性专业意见的、创造性的交流互动平台。品质课程联盟以"推进课程深度变革，提升学校课程品质"为宗旨，通过现场观摩、网络传播以及学术研讨会等平台，以课程研究与分享带动区域和学校课程发展。从2016年至2024年，我们已经召开了六届品质课程研讨会或学术交流会。每一届品质课程大会都有特定的主题，都以线上线下相结合的方式进行，面向全球现场直播。

　　2016年11月13—16日是值得记忆的日子。在合肥市蜀山区，我们举办了全国首届品质课程研讨会，研讨会的主题是"推进课程深度变革，提升学校课程品质"。这次研讨会由上海市教育科学研究院普通教育研究所、合肥市蜀山区教体局、品质课程联盟共同主办，旨在进一步推进素质教育，深化课程改革，落实立德树人根本任务，发展学生核心素养。来自全国50多个地区的校长和教师全程参与，人数达到1600多人。这是一次盛况空前的会议，我们有幸见证了这一过程。作为品质课程联盟召集人，我在大会上作了题为《迈向3.0的学校课程变革》的主旨报告，指出3.0学校课程变革的关键特征，阐述了迈向3.0课程变革的路径与方法。在这次研讨会上，品质课程联盟发布了《学校课程深度变革的 18 条建议》，为推进学校课程深度变革提供了一揽子操作性建议。

2017 年 11 月 11—14 日，第二届品质课程研讨会在上海市嘉定区举行，研讨会的主题是"让学校课程深度变革成为常态"，会议由上海市嘉定区人民政府、上海市教育科学研究院主办，上海市教育科学研究院普通教育研究所、上海市嘉定区教育局、上海市嘉定区教育学院、品质课程联盟共同承办，吸引了来自北京、天津、上海、浙江、江苏、四川、江西、河南、海南、山东等近 70个市（县）区的 1600 余名课程研究专家、教科研人员、中小学校长以及一线教师参会。此次研讨会采取"主题报告+专家点评"和"课程博览+专家互动"等形式，分享区域推进学校课程深度变革方面的区域行动与前沿观点，以及嘉定区在课程建设方面的实践智慧和标杆经验，七个分会场的课程观摩，让大家全方位、多视角地了解了嘉定区推进品质课程建设的成果。在此次研讨会上，品质课程联盟发布了《学校课程评价的 18 种创意》，为学校课程评价这个难点问题的解决提供了操作性意见。

2018 年 11 月 17—20 日，第三届品质课程研讨会在南京市玄武区举行。研讨会的主题是"走向学科深处的课程变革"，会议由上海市教育科学研究院普通教育研究所、南京市玄武区教育局、南京市玄武区教师发展中心、品质课程联盟联合主办。来自全国各地的课程领域专家、教育行政领导以及一线学校校长、骨干教师约 2000 人参加了会议。研讨会分"视界·课程发展""交锋·课改观点""高地·课改实践""阅悟·课程场景""聚智·区域经验"等五个板块内容，分享了玄武区区域性、持续性、深层性地推进课程改革，促进每一所学校高质量发展的区域抉择和实践路径；畅谈近十年课程改革的历程与经验，畅想未来学校课程改革的发展与可能，观点交锋、学术争鸣；来自玄武的六位中小学校校长代表分别从整体架构、深度学习、美好图景、深度变革、政策回应、实践精进等方面汇报了学校在深度推进课程改革中的创新举措和实践智慧，展示了"玄武课程论"的创意实践与方法学；以"课堂观摩+名师点评""课改论坛+专家深度对话"等形式，分享玄武区在走进学科深处推进课程实施方面的标杆经验和对品质课程的共同理解与追求；来自全国各地的品质课程联盟实验区代表，从"整体设计""特色聚焦""学科深处""区域智慧"等方面分享了区域推进学校课程深度变革的探索与实践。在大会闭幕式上，品质课程联盟发布了《学校课程实施的 18 种方式》，为中小学推进学习方式变革提供了样例。

2019 年 11 月 2—5 日，第四届品质课程研讨会在郑州市金水区举行。来自全国各地的专家学者、教育行政领导、学校校长、骨干教师等共 2300 余人参加了会议。本次研讨会由上海市教育科学研究院普通教育研究所、郑州市金水区人民政府主办，由郑州市金水区教育体育局、郑州市金水区教育发展研究中心、郑州未来教育研究院和品质课程联盟承办。研讨会围绕"以学习为中心的课程变革"之主题，聚焦"区域智慧与前沿观点""学校课程与文化变革""热点聚焦与深度对话""课程博览与现场聚焦""联盟智慧与全真观察"等五个板块交流研讨，在 1 个主会场、11 个分会场，为参会人员共带来 63 场主题报告、22 节精彩课堂教学展示和 35 位专家点评互动，展示了一批金水区各中小学、幼儿园课程建设成果，呈现了一批可学习、可复制的区域提升学校课程品质的成功经验，为参会人员带来最前沿的课程建设观点。来自全国各地的品质课程项目实验区优秀代表从区域探索、实践研究、课程管理和生态建构等方面分享了区域推进学校课程变革的探索与实践。在此次研讨会上，品质课程联盟发布了《学校课程管理的 18 个智慧》，为扎实学校课程管理提供了多样的经验借鉴。

2023 年 9 月 16—19 日，第五届品质课程研讨会在南昌市东湖区举行，1400 余名来自全国各地的课程领域专家、教育行政领导及一线学校校长、骨干教师参加会议。此次研讨会围绕"聚焦育人质量的课程变革"这一主题，安排了"区域智慧与前沿观点""学校课程与文化变革""热点聚焦与深度对话""课程博览与现场聚焦""联盟智慧与全真观察"等五个板块的交流研讨活动。研讨会分为 45 场主题报告、22 节精彩课堂教学展示及 48 位专家点评互动三个环节，展示了一批中小学、幼儿园课程建设成果，分享了东湖区品质课程实践探索的成功经验，呈现了一批可学习、可复制的区域提升学校课程品质的优秀案例。

品质课程联盟发布了《高品质课程的 18 个关键特征》，为参会人员带来最前沿的课程建设观点。

2024 年 9 月 27—30 日，由上海市教育科学研究院普通教育研究所学术指导，陕西师范大学教育学部、西安市教育科学研究院、西安浐灞国际港管理委员会主办，中小学（幼儿园）品质课程联盟、西安浐灞国际港教育局、陕西师范大学实验小学"名校+"共同体承办的 2024 年中小学（幼儿园）品质课程学术交流会在西安国际会展中心成功举办，这算是第六届品质课程研讨会。来自北京、上海、重庆、江苏、浙江、广东、江西、湖南、河南、安徽、山东、辽宁、海南、广西、内蒙古等 20 余个省市的专家学者，以及一线校长和教师近2000 人参会。本次学术交流会以"激活学习需求的课程图景"为主题，内容包含"区域智慧与前沿观点""学校课程与教学变革""热点聚焦与深度对话""课程博览与现场聚焦""区域探索与联盟智慧"等板块，展示了西安市以评价牵引高品质课程发展，提升区域课程建设水平，持续探索课程革新方法，孵化优秀课程改革的成果。西安 50 余所学校在 14 个分会场向与会代表进行了课程展示。1 个主会场、14 个分会场、50 余所学校、69 场主题报告、51 节课堂展示、76 位专家点评、1 场深度对话、1 场权威发布，基础教育全学段、全类型学校，多方式展示西安课程建设成果，为提升课程品质提供了许多有价值的经验。来自品质课程实验区的代表分享了课程育人的"嘉定故事""玄武经验""浦东同心""萍乡探索"以及"沈阳图景"，凝聚了区域推进品质课程的实践智慧。在此次学术交流会上，品质课程联盟发布了《"一校一策"课程规划 18 问》，为学校研制"一校一策"课程规划提供了看得见的问题解决思路。

《高品质课程的意蕴与方法——提升学校课程品质 108 条》一书是品质课程联盟在六届学术研讨会上发布的提升学校课程品质的实践性建议之集成。本书从高品质课程的关键特征、学校课程深度变革的操作建议、学校整体课程规划的主要问题、学校课程实施的多样方式、学校课程评价的创意做法、学校课程管理的实践智慧等六个维度凝练了高品质课程的意蕴与方法。每一个维度设有

18 条意见，共计 108 条；每一条意见都是一个观点、一条建议或者一个做法，结集出版方便查阅与浏览，以为高品质课程建设提供总体性思路和操作性建议。

　　本书汇集了国内诸多专家学者的研究成果，凝聚了众多中小学校长和教师的实践智慧。因为每一届品质课程研讨会的"18 条"都是基于当年的实际梳理的，索引文献未必都做到位了，事后补证难免疏漏，所以本书所引专家学者的观点以及中小学校长和教师的实践案例可能未一一作出注释，这里对成果的原创者表示深深的谢意，是你们的研究，为提升学校课程品质指明了前行的方向！感谢品质课程联盟的同志们，感谢热心参与的校长和老师，是你们的探索，让"品质课程"拥有活泼泼的生命气象！感谢华东师范大学出版社王焰社长，感谢刘佳编辑，是你们的成全，让"品质课程"拥有纯粹的文化传播空间！

杨四耕

2024 年 10 月 10 日于上海市教育科学研究院